이상민 교수의 창의력 영어

이상민 교수의

창의력
영어

종이와
나무

시작하며

창의성이란⋯ "To see a world in a grain of sand and a heaven in a wild flower, hold infinity in the palm of your hand and eternity in an hour." - William Blake, 〈Auguries of Innocence〉

　내가 창의성에 관심을 갖게 된 것은 선생이 아닌 엄마로서였다. 다른 엄마들도 그렇겠지만, 아이들을 키우면서 경이로움을 자주 느꼈다. 특히, 인간이 참으로 창의적이구나 하는 생각을 많이 했다. 그런데 우리나라 교육을 살펴보고는, 그것만으로는 아이들의 창의성을 키워주기 어렵겠다는 판단을 했다. 공교육과 사교육 모두 꼼꼼히 살펴보았는데, 그 어느 것도 아이들의 창의성을 키워줄 수 있을 것 같지 않았다. 오히려 안타깝게도 둘 다 창의성을 죽이는 쪽에 가까웠다. 창의성 교육 외에도 부족하다고 느꼈던 것은 영어교육이었는데, 공교육은 여러모로 부족한 점이 많았고, 사교육은 쓸데없이 지나친 부분이 많았다. 그래서 창의성을 결합한 영어교육을 직접 해야겠다고 결심하게 되었다. 워킹맘이었던 나는 아이들과 같이 있어주는 시간도 많지 않았기에 스스로가 가장 잘 할 수 있는 것을 아이들에게 해주고 싶었고, 결국 아이들을 직접 가르치게 된 것이다. 다시 말해, '엄마표 창의 영어교육'이었다.

　큰 아이를 가르치기 시작할 때부터, 이 경험을 다른 학부모님들, 선생님들과 나누어야겠다는 생각을 했다. 그리고 언젠가는 그 내용을 책으로 써내려고 했다. 책을 만들겠다는 생각은 십 년이 넘게 가지고 있다가 겨우 이루게 되었다. 이 책은 엄마표 영어교육의 경험과 교실 현장에서

학생들을 가르치던 경험을 바탕으로 쓴 것이다. 큰아이가 고등학교에 다닐 때, 내가 농담 삼아 "엄마가 널 가르친 경험을 바탕으로 책을 쓰려고 하는데, 네가 수능에서 영어는 만점을 받아줘야 책이 팔릴 것 아니겠니? 아무리 창의적 영어교육을 했다고 해도 수능에서 영어점수가 엉망이면 누가 이 책을 사보겠니?"라고 말한 적이 있다. 그리고 수능 영어 1등급을 받으면 책 한 권이 팔릴 때마다 인센티브를 주겠다는 당근도 제시했다. 그런데 결국 큰아이가 대학을 졸업하고 나서야 책이 세상에 나오게 되었다.

이 책에 수록된 활동의 대부분은 내 아이들과 그 친구들, 혹은 직접 가르친 학생들과 실제로 해본 활동들이다. 가끔은 같은 활동을 대학생인 학생들과도 해보고, 당시 초등학생이던 내 아이와 그 친구들과도 해보았다. 불가능한 일일 것 같지만 그렇지 않았다. 이 말은, 같은 활동이라도 수준과 깊이, 그리고 분량을 조절하면 어떤 나이, 어떤 영어 수준의 학생이라도 이 책에 실린 활동을 충분히 해낼 수 있다는 것이다.

이 책의 가장 큰 장점은 뭐니 뭐니 해도 창의성에 지대한 관심을 갖고 있는 영어교육 전문가 엄마가, 자신의 아이들이 받았으면 하는 교육을 직접 아이들에게 해준 경험을 나눈다는 데 있다. 엄마가 원하는 교육을 하기 위해, 창의성 발달을 위한 교육방법과 활동을 고민하고 고안하여 직접 만든 창의 영어교육 프로그램이다. 이를 바탕으로 아이들과 함께 공부한 과정이 이 책에 집약되어 있다. 이 책이 창의성과 영어교육에 관심이 있는 많은 학부모님들과 선생님들께 작으나마 쓰임이 되었으면 하는 바람이다.

목차 | contents

chapter 3 수렴적 사고

창의성과 영어 교육

C H A P T E R

1

창의성이 뭐지?

　여기 세 개의 이미지가 있다. 무엇일까? 우선 맨 마지막의 날개 달린 차는 대강 짐작이 갈 것이다. 나머지 두 개는 짐작하기 어려울 수도 있는데, 이 이미지들은 모두 창의성에 대한 글로벌포럼에서 선보였던 사진들이다. 첫 번째 사진은 패트리 프리드먼Patri Friedman이라는 젊은 과학자가 주도하고 있는 '씨스테딩seasteading'이라는 프로젝트의 개념도다. 씨스테딩은 바다 위에 도시를 건설하는 프로젝트인데, 도시들이 모듈로 구성되어 있어서 한 쪽을 떼어내 다른 도시에 갖다 붙이거나 도시 전체를 다른 곳으로 이동시킬 수도 있다. 두 번째 사진은 진공관 기차vacuum tube train의 개념도이다. 이 기차는 완성되면 진공관 안에서 시속 6,500km라는 엄청난 속도로 움직일 수 있을 것이라고 한다. 뉴욕에서 서울까지 약 2시간 반에 올 수 있는 속도

다. 세 번째 사진은 비행 자동차flying car이다. 도로에서는 자동차처럼 달리고 주유도 하다가 필요할 때는 날개를 펴서 비행기처럼 사용하고, 다시 날개를 접어서 자기 차고에 주차할 수 있다.

너무 공상과학 같은 이야기처럼 들리는가? 하지만 이 세 프로젝트는 현재 실제로 진행되고 있는 것들이다. 진공관 기차는 현재 5km 정도의 진공관에서 실제 실험을 앞두고 있고, 비행 자동차는 이미 개발이 완료되어 상용화를 모색하는 단계라고 한다. 이처럼 우리가 공상과학으로만 생각하고 있는 것들을 어떤 이들은 상상력과 창의성을 발휘하여 실제로 실현시키고 있다(참고로 이 세 프로젝트는 모두 미국에서 진행되고 있는 것들이다).

21세기는 창의성의 시대

앞서 언급한 프로젝트들은 인간의 상상력과 창의성으로 어떤 것까지 할 수 있는가를 보여주는 사례들이다. 사실 우리는 상상력과 창의성으로 많은 것들을 이루어내고 인간사회를 계속 발전시키고 있다. 인류의 역사를 살펴보더라도 창의적인 인물들이 얼마나 많은 위대한 업적을 이루었는지 쉽게 알 수 있다. 과거에 그랬듯이 앞으로도 인간사회에서 창의성은 큰 역할을 할 것이다. 특히 21세기에 들어오면서 창의성은 더욱 강조되고 있다. OECD는 창의성을 '21세기의 핵심역량' 중 하나에 포함시켰다. 21세기를 살아갈 우리 아이들에게는 창의성이 가장 중요한 자산이 될 것이다.

학생 42%
"수업시간, 질문 한 번도 안해"

本紙, 학생·학부모 여론조사
학부모 70% "학교가 개성 무시"

국가별 15세 청소년들의 주당 학업 시간 PISA, 2003년, 단위: 시간

한국
그리스
이탈리아
호주
일본
독일
스웨덴

학교 수업
학교외 학업

학력은 OECD 최상, 공교육 만족도는 바닥
자신감 억누르는 교육 현장

한국 교육에서 '창의성'을 저해하는 요인

● 동기와 호기심을 주지 못하는 교육
● 정답 맞히기만 강요하는 교육
● 획일적인 모범생만 만드는 교육
● 실패를 용납하지 않는 교육

※한국교육개발원(KEDI)이 올해 10월 대학생 3085명과 기업인, 연구원, 대학 교수 등을 인터뷰한 결과임.

그러나 안타깝게도 우리나라의 공교육 시스템은 학생 개개인의 창의성을 개발하고 발달시키기엔 아직 역부족인 것 같다. 옆의 신문기사는 우리나라 교육의 이러한 창의성 부족을 지적하고 있다. 이 기사에 따르면 우리나라 교육은 동기와 호기심을 주지 못하고, 획일적인 모범생들만 만들고 있으며, 주입식 교육으로 정답 맞추기를 강요하고, 실패를 용납하지 못하는 것으로 나타났다. 이런 것들이 모두 창의성을 저해하는 요인이다. 학교 공부 대신 다른 분야에 관심을 가지면 문제아 취급을 받기 쉬운 교육 풍토 또한 창의적 인재들이 성장하지 못하게 되는 요인이다. 결국 많은 학부모들이 현재의 교육 시스템으로는 학생들의 개성과 특성을 반영한 창의성 교육이 효율적으로 이루어지기 어렵다고 생각하고 있다.

우리나라 교육에 대해 많은 사람들이 느끼는 이러한 문제점을 저자도 똑같이 느끼고 있다. 이 책의 서문에서 밝혔다시피 저자가 창의성 교육에 처음 관심을 갖게 된 것은 아이들을 학교에 보내면서부터였다. 한마디로 학교 교육이 아이의 창의성을 키우기보다는 억누른다는 사실을 인식하게 되었던 것이다. 그래서 아이들을 위해 무엇을 해줄 수 있을까를 고민하다가, 영어와 창의성을 결합한 엄마표 교육을 해보자고 생각하게 되었다. 이 책에서 앞으로 독자들과 나누게 될 생각과 경험의 많은 부분은 이처럼 저자가 실제로 아이들을 가르치면서 얻은 경험과 결과를 바탕으로 한 것이다.

"독창적이고 유용한 아이디어가 필요해!"

창의성이란 대체 무엇일까? 창의성과 창의성 교육에 대해 이야기
하려면 우선 창의성이 무엇인지부터 알아볼 필요가 있다.

우리말 '창의성'에 해당하는 영어 'creativity'의 어원은 그리스 신
화에서 유래했다. 힘과 에너지를 상징하는 제우스와 기억을 담당하
는 므니모시네 사이에서 영감을 뜻하는 9명의 여신, 즉 뮤즈가 탄생
하게 되었다. 이 뮤즈가 바로 창의성을 담당하는 여신들이다. 뮤즈를
묘사한 그림들을 보면 악기가 같이 등장하는 경우가 많은데, 뮤즈가
창의성이 많이 요구되는 음악과 예술을 관장하는 여신으로 알려져
있기 때문이다. 우리는 흔히 '피카소의 뮤즈, 비틀즈의 뮤즈, 단테의
뮤즈'라는 식으로 말하곤 하는데, 이때 뮤즈란 위대한 예술가와 문인
들에게 창의성과 영감을 주는 여인들이라는 의미다.

창의성의 어원에 대해 살펴보았으니 이번에는 창의성의 사전적 정
의를 알아보도록 하자. 대표적으로 브리태니커 사전은 창의성을 '새
로운 것을 만들어내는 능력이나 발견해내는 능력'이라고 규정하고
있다. 다른 사전에서도 비슷한 의미로 풀이하고 있는데, 좀 더 구체
적으로는 창의성을 '문제에 대한 해결, 새로운 방법, 또는 새로운 예
술적 형태를 만들어내는 것'이라고 정의하고 있다. 옥스퍼드 사전에
서는 특히 '새로운 생각, 상상'에 초점을 맞추어 창의성을 정의한다.
이러한 사전적 정의를 종합해보면 창의성은 '새로운 무언가를 만들
어내는 능력'이라 할 수 있다.

창의성 연구에 기여한 학자들의 정의를 살펴보면 창의성에 대해서

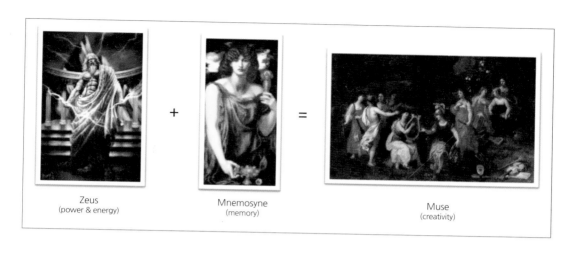

Zeus
(power & energy)

+

Mnemosyne
(memory)

=

Muse
(creativity)

너무나 다양한 정의를 내리고 있음을 알게 된다. 그러나 크게 보면 이 다양하고 복잡한 창의성 정의들은 두 가지 입장으로 정리할 수 있다. 하나는 창의성을 '개인적인 차원'에서 정의하는 것이고 다른 하나는 '사회적 현상'으로 보는 것이다.

개인적 차원의 창의성이란 창의성을 개인의 더 나은 삶과 행복을 추구하는 데 활용하는 것을 말한다. 이처럼 개인적 차원의 창의성이 개인적인 삶의 범주에 머무르는 데 반해, 사회적 차원의 창의성은 개인의 창의적인 업적이 사회적으로 인정받고 파급효과를 만들어 내어 사회적 현상으로까지 나아가는 경우이다. 모차르트, 아인슈타인, 피카소는 사회적 차원의 창의성을 발현한 대표적인 인물들이다.

창의성에 대한 정의 가운데 가장 많이 인용되는 것이 창의성은 '확산적 사고divergent thinking'라는 규정이다. 이것은 사실 좁은 의미의 정의이다. 하지만 많은 창의성 교육 프로그램이나 창의성 검사가 이 정의에 바탕을 두고 이루어지고 있다. 예를 들어, 어떤 사물에 대한 용도를 물으면 주어진 시간 내에 최대한 많은 답을 하고, 그 답이 다양하고 독특할수록, 또 답의 범주가 많을수록 창의적이라고 판단하는 식이다. 창의성에 대한 넓은 의미의 정의는 확산적 사고 외에 '비판적 사고'와 '수렴적 사고'까지 포함하며, 또 창의적인 아이디어는 새롭고 독창적일 뿐만 아니라 '사회적으로 가치 있고 실용적이어야 한다'는 의미까지도 포함한다.

이렇게 창의성에 관한 사전적 정의와 여러 학자들의 정의를 종합해보면 두 개의 중요한 키워드를 찾아낼 수 있다. 바로 '독창성과 유용성'이다. 우선 독창성이란 신기한 것, 새로운 것, 남이 여태껏 생각하지 못했던 것을 말한다. 그렇다면 어떤 생각이나 노하우, 발명이 신기하고 새롭기만 하면 다 창의적인 것일까? 결론적으로 말해서 어떤 아이디어가 정말 새로운 것이긴 한데 전혀 실용성이 없다면 그것은 창의적인 것이 아니다. 말하자면 유용성이 입증되어야 한다. 우리는 어릴 때 머릿속으로 여러 가지 상상과 공상을 하곤 하는데, 이런 것들은 결국 대개가 그냥 머릿속 생각으로만 끝나기 일쑤다. 그렇게 되는 이유는 그 생각 자체가 실용적이지 않거나, 혹은 우리에게 실천력이 없어서일 것이다. 아무튼 진정한 창의성이란 머릿속에만 존재해서는 안 되고 실제로 사용이 가능한 형태로 발전되어야 하는 것이다.

창의성도 교육으로 길러질 수 있을까?

창의성에 대한 이론을 일일이 설명하는 것은 이 책의 목적이 아니므로 여기서는 최대한 간략하게만 짚고 넘어가기로 하자. 창의성은 기본적으로 인간의 머릿속에서 일어나는 현상이므로 한마디로 설명하기는 불가능하다. 그 결과 많은 학자들이 다양한 이론으로 창의성을 설명하고 있다. 대표적으로 프로이트는 창의성을 심리역동적 관점에서 보고 무의식 사고의 작용을 중요하게 생각했다. 이와는 달리 인지적 접근법에서는 창의성을 일반 지능 중의 하나, 또는 비슷한 것으로 보고 적절한 테스트를 통해 측정 가능한 것으로 여긴다. 몰입이론으로 유명한 칙센트미하이Mihaly Csikszentmihalyi는 '창의성-동기-몰입'의 상호 연관성을 주장했다.

이들은 창의성에서 주로 인지적·정서적 측면, 즉 인간 '개개인의 특성이나 성향'을 더 강조한다. 이와 달리 사회적 접근법을 택한 학자들은 창의성에 있어서 '환경과 교육'의 중요성에 더 주목한다. 이 둘을 통합한 것을 통합적 접근법이라 한다. 통합적 접근법은 개인적인 특성, 즉 지능이나 성향뿐만 아니라, 그 개인이 속해 있는 사회·환경·교육체계 등이 모두 복합적으로 작용하여 창의성 발달에 영향을 준다고 본다. 현재는 창의성에 있어서 개인적 특성과 사회적 영향이 모두 중요하고, 그 둘 사이에 서로 영향을 미친다고 보는 통합적 접근법이 우세하다. 결론적으로 개인의 창의성은 타고나는 것이기도 하지만 환경에 영향을 받기도 한다는 것이다. 그만큼 교육의 역할이 중요하고, 창의성을 기르고 키워주는 교육도 얼마든지 가능하다는 얘기다.

칙센트미하이 『몰입의 즐거움』의 저자이자 심리학자

창의성과 관계된 요인들은 무엇이 있을까?

/ 지능과 창의성

창의성과 관련하여 많은 사람들이 궁금해 하는 것 중 하나가 '지능과 창의성의 관계'인데, 현재까지는 이 둘 사이에 크게 관계가 없는 것으로 알려져 있다. 물론 지능이 너무 낮은 경우에는 창의성 발현에 어려움을 겪을 수 있겠으나 일정 수준의 지능(IQ 120 정도로 알려져 있다) 이상이면 지능이 창의성 발현에 영향을 미치지 않는다고 한다. 간혹 학부모들 중에서는 '우리 아이는 창의성이 전혀 없어요'라고 말하는 경우가 있는데(물론 그 말은 과장이겠지만), IQ가 제로(0)인 경우가 없는 것처럼 창의성도 제로(0)일 수는 없다. 인간마다 지능에 차이가 있는 것처럼 창의성도 정도의 차이는 있지만, 인간이면 누구든지 갖고 있는 능력이다.

/ 동기와 창의성

창의성에 영향을 미치는 요인인 인지 스타일, 성격, 동기 등은 창의성에 대한 개인의 태도라고 볼 수 있다. 이 요인들도 창의성과 마찬가지로 어느 정도는 타고나겠지만, 적절한 교육을 통해 발현이나 발달, 그리고 바꿀 수 있는 부분도 상당히 크다. 특히 이 요인들 중 '동기'는 사는 동안 생겼다가 사라지기도 하고 또 사라졌다가 다

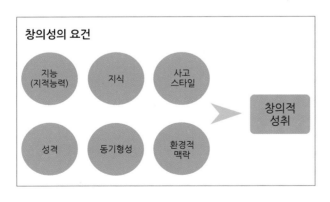

창의성의 요건

지능(지적능력) · 지식 · 사고 스타일 · 성격 · 동기형성 · 환경적 맥락 → 창의적 성취

시 생기는 과정이 반복된다. 처음에는 창의적인 사고나 결과물에 대해 전혀 아는 것이 없고 좋아하는 것을 찾지 못했더라도, 후에 어떤 사건이 계기가 되어 동기가 생길 수도 있다.

/ 지식과 창의성

창의성에 영향을 미치는 개인적 요인 중 지식은 상당히 중요하다. 많은 학자들이 지식은 창의성과 상당한 상관관계가 있는 것으로 보고 있다. 말하자면 지식과 노력이 뒷받침되어야 창의적인 성과물을 낼 수 있다는 것이다. 유명한 발견이나 발명치고 노력 없이 우연히 이루어진 경우는 거의 없다. 그 유명한 뉴턴의 사과도 우연히 발견된 것이 아닌 것처럼 말이다. 뉴턴이 과학적 지식을 갖고 있었고 자연의 법칙에 대해 항시 호기심을 갖고 탐구를 했기 때문에 떨어지는 사과를 보고 '아하!' 하는 순간이 생긴 것이지, 과학에 대해 아무 배경지식 없이 그냥 어느 날 떨어지는 사과를 보고 만유인력의 법칙을 발견한 것은 아니다.

그러고보면 역사적으로 유명한 창의적 인재들은 대부분 한 분야에서만 두각을 나타내는 경우가 많다. 물론 다빈치와 같이 다방면에 뛰어난 인재도 있지만 그런 경우는 아주 드물고, 대부분은 한 분야에서만 이름을 떨쳤다. '과학의 아인슈타인, 미술의 피카소, 문학의 셰익스피어, 음악의 모차르트' 하는 식으로 말이다. 모차르트 같은 인재가 심포니도 작곡하고 상대성 이론도 발견해낸다는 것은 거의 불가능한 이야기다. 이러한 사례를 보면 어떤 분야에서 창의적인 결과물을 내기 위해서는 그 분야에서 상당한 지식을 쌓아야 한다는 것을 알

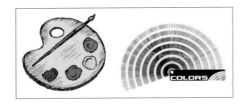

수 있다.

　창의성에서의 지식은 팔레트에 비유할 수 있다. 몇 가지 색깔밖에 없는 팔레트를 가진 사람과 무수히 많은 색깔이 담긴 팔레트를 가진 사람은, 비슷한 레벨의 창의성을 갖고 태어났다고 가정할 때, 많은 색깔을 갖고 있는 사람이 유리한 것이 당연할 것이다. 지식이 많을수록 그 분야에서 창의성을 발휘할 가능성이 높아진다는 얘기다. 셰익스피어는 동시대의 사람들과 비교할 때 어휘량이 두 배 이상 많았다고 한다. 그래서 같은 장면을 묘사하더라도 남들보다 더 적확하고 정교한 표현을 할 수 있었던 것이다. 물론 창의성의 발현에는 이런 색상이나 어휘와 같은 날 것의 재료만 있다고 되는 것이 아니며, 이 재료들, 즉 어휘나 팔레트의 색상을 조합하는 능력도 필요하다. 셰익스피어는 어휘량만 많았던 것이 아니라 그 어휘를 가지고 훌륭하게 조합을 하여 위대한 문학작품을 만들어낸 창의적 인재였던 것이다.

✏️ 환경적 요인

　앞에서 살펴본 지능, 성격, 인지 스타일 등은 상당히 선천적인 요소, 즉 본성nature이라고 볼 수 있다. 반면에 환경은 후천적 요소, 즉 교육nurture에 해당한다. 여기에는 개인이 받고 있는 교육과 그 환경, 가정과 사회적 가치체계 등이 포함된다. 가정적인 요인에는 아이와 부모의 관계, 가족의 구성원, 부모의 양육태도 등이 포함된다. 특히 부모의 양육태도와 관련해서는 권위적인 부모보다 아이의 자율성과 독립성을 많이 보장해주는 민주적인 부모가 자녀의 창의성 발달에 도움을 주는 것으로 알려져 있다. 가정과 마찬가지로 학교에서도 학생들의 이야기를 들어주고 독립적으로 학습을 할 수 있도록 보장하는, 비권위적이고 개방적인 학습환경을 만들어주는 교사가 학생들의 창의성 발달에 도움을 준다. 무엇보다도 창의성의 중요성을 인식하고 창의성 발달을 돕고자 하는 부모와 교사의 태도가 중요하다.

교실환경 외에도 전반적인 학교환경, 교육과정, 교육철학, 더 나아가 교육과 창의성에 대한 사회적 분위기 등이 창의성 발달에 영향을 미친다. 그러나 이 책에서 이러한 거시적인 요인까지 다루기에는 한계가 있으므로 여기서는 우리가 할 수 있는 부분, 즉 부모와 교사의 영향력까지만 다루기로 하자. 이미 많은 연구에서 부모와 교사의 태도와 역할이 아이의 창의성 발달에 지대한 영향을 미치는 것으로 밝혀져 있는 만큼, 이 둘의 역할에만 집중을 해도 큰 효과를 볼 수 있을 것이다.

창의적 인재는 어디가 다를까?

역사적으로 창의적인 인물이라고 하면 누가 떠오르는가? 좀 전에 거론했던 20세기를 대표하는 과학자와 화가인 아인슈타인과 피카소를 떠올리는 사람도 있을 것이고, 레오나르도 다빈치나 스티브 잡스와 같은 통섭형 창의적 천재를 생각하는 사람도 있을 것이다. 이처럼 역사적으로 유명한 창의적 인재들을 살펴보면 약간의 공통점을 찾을 수 있다. 그래서 창의성 연구를 할 때 많이 쓰이는 방법 중 하나가 역사적으로 창의적인 여러 인물들의 특징과 성격, 특성, 지능, 배경, 교육, 환경 등에 관해 조사를 하여 그 공통점을 도출해내는 것이다.

연구 결과, 창의적 인재들은 다음과 같은 특성을 갖고 있다고 한다. 독립심, 자신감, 모험심, 호기심이 강하다. 또 열성적이며 자발성과 유머감각도 뛰어나다. 또한 폭넓은 관심사를 갖고 있고, 성찰적이며, 자신의 일에 대해 철저한 경향이 있다. 그리고 창의적 인재는 어느 정도는 위험을 감수하는 경향risk-taking이 있는데, 위험 감수를 전혀 하지 않으면 새로운 것에 대한 도전이 불가능하기 때문이다. 이와 함께 모호함에 대한 참을성tolerance of ambiguity이 높다는 특징이 있다. 모호함에 대한 참을성이란 하나의 정답으로 요약되지 않거나, 답을 도출하는 과정에서 애매모호한 것들이 나와도 그것을 견딜 수 있는 내성을 의미한다.

이러한 특성들이 모두 선천적으로 타고나는 것이라고 생각할지 모르겠지만, 저자의 경험으로 보건대 꼭 그렇지는 않다. 저자는 고등학교에서 모든 것이 하나의 정답으로 귀결되는 문제풀이를 주로 하다가 대학에 갔다(한국에서 공부한 대부분의 사람들처럼). 그러다가 대학에서 영문학을 공부하는 동안 문학작품을 바라보는 다양한 시각 사이에서 모호함을 심하게 경험하게 되었다. 공부를 해도 하는 것 같지 않고, 정해진 정답이 없기에 무엇을 공부해야 할지 몰라 몹시 난감했다. 즉 모호함에 대한 참을성이 없었던 것이다. 그 뒤 미국에서 박사과정을 하는 동안 처음 포스트모더니즘에 대해 공부하게 되었는데, 포스트모더니즘에서는 아예 답 자체가 하나로 귀결되어서는 안 된다고 주장하는 것이었다. 결국 요즘 아이들이 쓰는 말로 거의 '멘붕' 상태가 되어버렸다. 그런데 어느 순간 포기했다가 또 다시 몰입하여 생각하고, 또 포기하고, 다시 생각하고 하는 일련의 과정을 겪다 보니 나름대로 모호함에 대한 친숙함이 생기게 되었다. 지금에 와서는 이 모호함에 대한 참을성이 저자가 교육자로, 그리고 학자로 살아가는 데 상당히 도움이 되는 특성 중 하나가 되었다.

왜 창의성 교육이 필요할까?

그렇다면 창의성은 왜 필요한 것이고 왜 창의성 교육을 해야 할까? 창의성 연구의 대가 중 한 사람인 토런스Torrance 교수의 말을 빌자면 창의적 사고는 정신건강, 교육적 성취, 직업적 성공 및 인생의 여러 영역에 긍정적인 영향을 미치는 중요한 요인이기 때문이다. 즉 창의성을 갖고 인생을 살게 되면, 매일 매일의 일상을 지루하지 않고 즐거운 것으로 만들 수 있다.

나아가 창의성 개발은 개인의 생산성을 최대화시키고, 점점 복잡해지고 있는 사회에 적절히 대응하고 적응할 수 있도록 도와준다. 창의성이 부족하다면 다변화하는 21세기 사회에 기여하는 인물이 되기는 어렵다. 20세기 산업사회에서 성공하기 위해서는 세상에 대한 사실과 문제를 해결하는 방법에 대한 절차를 외우는 것만으로도 충분했다. 그러나 21세기 창의적 시대에는 이를 창의적으로 응용하고 활용할 수 있어야 한다. 단순한 기술이나 지식은 인간의 몫이 아니라 AI를 비롯한 기계의 몫으로 이미 넘어간 시대가 되었기 때문이다.

창의성 교육은 개인의 차원을 넘어 조직과 사회, 회사의 발전, 더 나아가 국가 경쟁력을 높이는 데 기여할 인재를 양성하는 것이기도 하다. 창의성이 21세기 사회에서 성공할 수 있는 개인의 핵심역량인 것과 마찬가지로, 조직과 국가도 얼마나 많은 창의적 인재를 보유하고 있는지 여부에 따라 성공과 실패를 맛보게 될 것이다.

영어교육에 창의성을?

  영어 이야기를 하기 전에 우리가 매일 쓰고 있는 '언어'에 대해 잠깐 생각해보자. 먼저 언어의 기능은 무엇일까? 대부분 '의사소통'이라고 생각할 것이다. 맞는 말이다. 그런데 그보다 더 기본적인 기능이 있다. 바로 사고의 매체로서의 기능이다. 언어는 다른 사람과 의사소통을 할 때 필요한 매체이기도 하지만, 내가 혼자 생각할 때 필요한 매체이기도 하다. 사람이 혼자 있을 때는 언어를 사용하지 않는다고 생각하기 쉽지만, 우리는 혼자 중얼거리는 외에 생각을 할 때도 언어를 사용하고 있다. 언어가 없이는 사고가 거의 불가능하다는 얘기다. 물론 극히 드문 예로 숫자로 사고하는 경우도 있고, 이미지나 음ⴕ으로 생각을 하는 경우도 있긴 하지만, 대부분의 사람들은 언어로 사고한다.

언어와 사고의 관계에 대해서는 학자들에 따라 이견이 있다. 언어가 사고를 지배한다고 보는 이들도 있고, 그보다 약한 입장으로서 지배까지는 아니더라도 영향을 미치거나 서로 긴밀한 상호작용을 하고 있을 거라고 보는 이들도 있다. 그러나 어느 누구도 언어와 사고가 무관하다고 보지는 않는다. 이처럼 언어와 사고는 밀접한 관계가 있는 것이 분명하다. 그렇다면 언어가 풍부해지면 사고도 따라서 풍부해질 수 있을 것이라고 기대할 수 있다. 언어를 가지고 적절히 연습을 하고 활용을 한다면 인지기능과 창의성을 동시에 발달시킬 수 있다는 의미다.

외국어 교육을 통해 창의성을 키운다고?

조금 더 좁혀 들어가서, 영어와 같은 외국어와 창의성의 관계를 살펴보면 외국어를 공부한다는 것 자체가 창의성 발달에 상당히 도움이 되는 것으로 알려져 있다. 우선 외국어와 타 문화를 배운다는 것이 창의성의 주요 특징 중 하나인 다양성을 기르는 데 도움이 된다. 외국어를 배움으로써 세상을 보는 시각이 달라지고 다양해질 수 있기 때문이다. 또한 외국어 어휘를 통해 더 많은 의미와 개념을 이해할 수 있게 되고 이를 통해 더 많은 확산적 사고를 할 수 있게 된다. 또 자연스럽게 터득하게 되는 모국어와 달리 외국어는 문법과 같은 법칙을 의식적으로 공부해야 하기 때문에 수렴적 사고 연습을 할 수 있는 기회가 되기도 한다.

외국어를 배우는 것은 성격적 특성에도 영향을 미친다. 외국어를 하다 보면 자신이 없는 경우에도 문장을 만들어서 말을 해야 하는 경우가 자주 생기는데, 이런 상황들을 겪으면서 위험감수나 모호함에 대한 인내심을 기를 수 있다. 앞서 설명했듯이 이것은 창의적 인재의 특성이기도 하다. 새로운 것에 대한 도전, 위험감수, 불확실한 것에 대한 인내심 등이 없다면 창의적 아이디어나 결과물을 내는 것은 거의 불가능할 것이다.

이처럼 외국어를 공부한다는 자체만으로도 어느 정도 사고의 확산을 기대할 수 있는 것이 사실이다. 하지만 외국어를 어떻게 공부하는지에 따라 창의성 신장에는 큰 차이가 생긴다는 사실도 기억해야 한다. 영어나 다른 외국어를 공부하는 방법으로는 단순한 암기부터 언어를 창의적으로 사용하며 배우는 방법까지 수많은 방법이 있고, 창의적 학습법일수록 아이의 창의성 신장에 더 도움이 될 것이다. 따라서 우리도 좀 더 창의적인 방법으로 아이를 지도할 수 있도록 노력해야 한다. 이 책을 통해서 어떻게 창의적인 방법으로 영어교육을 할 수 있는지, 어떻게 이 두 마리의 통통한 토끼를 동시에 잡을 수 있는지 함께 살펴보기로 하자.

학부모와 교사의 역할은 뭘까?

무언가가 '창의적이다'라고 말할 때는 대개 그 대상이 다음 세가지 중 하나이다. '사람, 과정, 결과물'이 그것이다. '저 사람 창의적이야' 라고 말할 때는 그 사람이 창의적인 아이디어를 많이 갖고 있다는 의미이다. '과정'은 무엇을 어떻게 하는지에 대한 것인데, 어떤 일을 하는데(그 일이 특별히 창의적인 일이 아닐지라도) 새로운 방법을 사용하게 되면 창의적인 것이다. 마지막으로 창의적 결과물은 새롭고 유용한 결과물을 말한다.

창의적 사람, 창의적 과정, 창의적 결과물

이 책에서는 창의적인 인재를 만들 수 있는 '창의적인 방법'에 초점을 맞추려고 한다. 어떤 창의적인 방법을 사용해서 영어교육을 할 것인지에 대한 생각을 나누고, 그 학습법의 결과물로 창의적인 아이들을 길러내자는 것이다. 따라서 이 책이 목적으로 하는 창의적인 결과물은 두 가지다. 하나는 창의적 인재이고, 다른 하나는 아이들이 이 책에 나오는 학습법을 따라하면서 만들어내는 창의적인 학습 결과물이다. 다시 말해서 창의성을 지도하고 있는 우리(부모와 교사)의 결과물은 창의적인 아이가 될 것이고, 창의적인 아이의 결과물은 다시 창의적인 아이디어로 나타날 것이다. 따라서 이때의 교육이란 아이가 창의적인 인재로 자라나는 여정을 부모와 교사가 함께하는 것이다. 창의적 인재는 그냥 주어지는 것이 아니고 교육을 통해 길러진다는 사실을 다시 한 번 새겨보면, 아이들을 기르는 우리의 책임이 결코 가볍지 않다.

엄마의 영어가 유창하지 않다면?

이 책을 집어 들면서 대부분의 학부모들이 고민하게 되는 한 가지가 아마 '나는 영어에 자신이 없는데…' 하는 두려움일 것으로 짐작된다. 저자처럼 영어를 전공한 경우가 아닌 대부분의 엄마들이 이런 걱정을 하는 것은 너무나 당연하다. 그러나 비전공자이고 영어에 자신이 없다고 해서 자녀의 영어학습을 지도할 수 없는 것은 아니다. 이 책에서는 수준과 정도를 조절하면 누구나 충분히 활용할 수 있는 교육법을 안내하고 있다. 또 이 책에 수록된 교육법과 활동은 비단 영어교육에만 적용되는 것이 아니라 우리말을 포함한 모든 언어교육에 적용될 수 있는 방법이다. 아이들과 같이 이 책에 실린 활동들을 해보고 싶은데 자신의 영어 실력이 걱정스럽다면, 같은 방법으로 우리말로 하고 우리말로 된 읽기자료나 책을 사용해도 창의력 발달에서 같은 효과를 볼 수 있다.

이 책을 활용할 때 영어의 사용 정도는 연속선 위에 있다고 보면 된다. 즉, 방금 설명한 것처럼 영어를 전혀 사용하지 않는 경우부터 모든 것을 영어로 해보는 경우까지, 그 사이에 참으로 다양한 경우가 있다. 예컨대 영어로 말하는 것이 부담스럽다면 아이와 함께 읽고 듣는 것은 영어로 하고, 토론은 우리말로 하는 방식을 선택할 수 있다. 또는 좀 쉬운 책은 영어로, 좀 어려운 책은 우리말로 읽으면서 이 책에 실린 학습활동을 따라해 볼 수도 있다. 엄마에게 부담스럽지 않은 수준에서 아이와 함께 해주면 충분하다. 유튜브 영상을 같이 보는 정도로도 아이의 영어학습에 도움이 되고, 또 아이는 엄마와 같이 영어 공부를 했다는 기분 좋은 추억을 간직하게 될 것이다.

이 책은 학습 과정에서 읽은 자료의 내용에 대한 이해 점검을 넘어서 창의성과 사고를 증진시킬 수 있는 다양한 질문들을 포함하고 있다. 이런 질문에 대해 영어로 토론을 하기가 어려운 경우 우리말로 토론을 하거나 말하기를 해보면 된다. 영어와 창의성이라는 두 마리 토끼를 모두 잡지는 못해도 적어도 창의성이라는 토끼 한 마리는 확실히 잡을 수 있을 것이다. 아이가 영어로 무언가를 쓰면 굳이 문법을 따지거나 내용에 대한 피드백을 주지 않아도 괜찮다. 그냥 아이가 영어로 글을 썼다는 것만으로도 칭찬을 할 수 있고, 그 칭찬은 아이에게 학습을 계속 할 수 있는 강력한 동기가 될 것이다.

이 책은 또 언어 외적인 활동도 많이 포함하고 있다. 모든 사람들은 저마다 다른 종류의 지능구조를 갖고 있고, 각기 다른 학습 전략을 사용하고 있다. 언어학습이라고 해서 계속 언어만 가지고 공부를 시키는 것은 언어에 그다지 관심이나 재능이 없는 아이에게는 피로운 일이 될 수 있다. 이렇게 되면 영어공부에 금방 지치게 되고 결국엔 포기를 할 수도 있다. 반면에 언어 외적인 다양한 활동까지 포함하여 영어공부를 하면 영어에 흥미가 없는 아이라도 훨씬 더 재미있게 공부를 계속할 수 있다. 전통적인 교실 영어 활동이 아닌, 좀 더 실제적인 활동이기 때문에 대부분의 아이들이 더 흥미를 갖고 공부에 몰입하게 된다. 언어 외적인 재미있는 활동들을 영어학습을 하는 사이사이에 넣어서 하면 효과가 배가될 것이다.

마지막으로, 엄마가 해줄 일이 한 가지 더 있다. 아이와 함께 이 책에 수록되어 있는 다양한 활동의 결과물들을 모두 모아 두라. 아이가 영어공부, 또는 기타 언어공부를 하면서 만들고 해보았던 활동의 결과물은 나중에 엄마와 함께한 좋은 추억이 될 뿐만 아니라 상급학교에 진학할 때도 쓸 수 있는 훌륭한 포트폴리오가 된다. 저자도 여러 아이들(내 아이들 뿐만 아니라 그 친구들도 포함하여)과 함께한 활동들을 모두 기록하고 모아두었는데, 후에 아이들이 특목고에 지원하게 되었을 때 이를 CD로 만들고 설명을 첨부하여 제출했다. 이거야말로 학원에서는 만들기 어려운 '나만의 창의적인 학습 기록'이 된다.

창의성을 키우는 질문 기법

창의성을 발달시키기 위해서는 창의적인 질문이 꼭 필요하다. 아이가 스스로 "이건 왜 그럴까?", "이것을 이렇게 하기보다 저렇게 만들면 어떨까?"와 같은 질문을 해보면 가장 좋겠지만, 모든 아이들이 스스로 그러한 질문을 하지는 않는다. 그러므로 부모나 교사가 창의적인 질문을 던져줌으로써 아이의 잠재적 창의성을 일깨울 수 있는 계기를 만들어 주어야 한다. 질문을 '잘' 하는 것은 창의성 교육에서 아주 중요한 일이다. 그렇다면 좋은 질문이란 어떤 것일까?

✏ 개방형 질문

좋은 질문의 첫 번째 요건은 열린 질문, 즉 개방형 질문이다. 열린 질문이란 답이 하나로만 귀결되지 않고 다양한 답이 가능한 질문이다. 예를 들어 "신데렐라가 새엄마의 학대를 참지 않고 아빠나 다른 사람들한테 일렀다면 어땠을까?"처럼 답이 다양하게 열려있는 질문이 개방형 질문이다. 반대로, "신데렐라는 왕자님의 파티에 갔었니?"와 같이 "예, 아니오"로 답할 수 있거나, "신데렐라는 언니가 몇 명이지?"와 같이 답이 정해져 있는 질문은 닫힌 질문이다. 질문 자체가 닫혀있으면 사고가 확장되기 어렵다. 뒤에서 설명을 하게 될 확산적 사고는 창의성에서 핵심적인 역할을 하는데, 이 확산적 사고를 계발하기 위해서는 확산적 답이 나올 수 있는 열린 질문을 아이 스스로 묻거나 그렇지 않으면 부모가 던져주어야 한다. 물론 닫힌 질문이 전혀 필요 없는 것은 아니다. 아직 영어가 서툰 아이에게는 이해 점검

용으로 닫힌 질문을 할 수도 있다. 또는 "이 이야기가 재미있니?"와 같은 질문도 'Yes/No question'이지만 자주 사용하게 될 중요한 질문이다. 다만, 이 질문 뒤에는 "왜?"라는 질문이 반드시 따라와야 한다. "왜 이 이야기가 재미있다고 생각하니?", "어느 부분이 특히 재미있었니?"와 같이 아이가 한 걸음 더 나아간 생각을 할 수 있는 질문을 던져주자.

오감을 이용하는 질문

좋은 질문은 또 여러 가지 감각기관을 사용할 수 있는 기회를 주는 질문이다. 그냥 머릿속에서 생각만 하는 것보다 오감을 함께 사용해서 답을 해야 하는 질문을 하라는 것이다. 예를 들어 "이 그림의 색채와 주인공의 기분은 어떤 관계가 있을까?", "이 부분에서 어떤 소리가 들릴 것 같니?", "이건 촉감이 어떨까?"와 같이 오감을 적극적으로 활용할 수 있는 질문을 던져주라. 감각과 연관된 질문은 중학생 이상 되면 거의 접할 기회가 없으므로 그보다 어릴 때 감각에 대한 민감성을 길러주는 것이 좋다.

상상력을 자극하는 질문

창의성 발달을 위한 대표적인 질문 기법 중 하나로 'What If'가 있다. '만일 ~라면'이라고 상상을 해보도록 유도하는 질문이다. 상상력이야말로 창의성의 핵심적인 능력이므로 'What if'와 같은 질문은 창의성 발달에 아주 좋은 질문이다. What if와 같은 질문은 아이가 현재 보고 느낄 수 있는 것 이상을 머릿속에서 그릴 수 있도록 사고활동을 촉진시켜 준다. 상상력이 가미되면 이미 존재하는 것을 뛰어넘는 그 무언가를 생각하게 되고 독창성까지 가세하면 남들과 다른 어떤 생각이나 결과물을 만들어낼 수 있게 된다. 상상력과 What if 질문 기법에 대해서는 뒤에서 더 자세히 살펴보기로 하자.

What if와 더불어 창의성에서 많이 언급되는 질문 기법으로 스캠퍼SCAMPER라는 것도 있다. 이는 어떤 사물이나 개념에 대해서 '이것이 지금 현재의 모습대로가 아니라 다른 모습이라면 어떨까?'를 생각해보도록 만드는 질문을 말한다. 즉 현재의 상태를 다른 것으로 대체하거나, 모양이나 크기를 바꾸어보거나, 한 부분을 없애거나 다른 부분을 더해보거나, 또는 어느 부분을 수정해보거나 하는 방식이다.

창의적인 아이로 기르기 위해서는 그 아이를 가르치는 부모나 교사도 창의적이 될 필요가 있다. 이때 창의적인 활동을 같이 하는 것도 중요하지만, 창의적인 생각을 끌어낼 수 있는 창의적인 질문을 던져주는 것이 정말로 중요하다. 언어학습을 위해서는 독서가 기본인데, 독서 후에 그 책에 대해 더 깊이 있는 사고를 할 수 있는 창의적 질문을 던져주자. 이 책의 곳곳에서 창의적이거나 비판적인 질문을 찾을 수 있을 것이다. 이 외에도 다양한 창의적 질문을 아이에게 자주 던져주는 것이 좋다.

학습이란 아이의 현재 사고와 지식 상태보다 한 걸음 더 나아간 상태로 아이를 끌어올려주는 것을 뜻한다. 학습이 원활하게 이루어지기 위해서는 아이의 사고를 한 수준 더 높이는 받침대(비계)를 만들어 줄 필요가 있다. 이때 질문이 받침대 역할을 할 수 있다. 학부모나 선생님이 아이가 혼자서는 생각해내지 못하는 것, 혼자서는 풀 수 없는 문제에 대해서 적절한 질문을 던짐으로써 아이가 한 수준 더 높이 올라갈 수 있는 받침대를 만들어주자. 지금은 내가 과연 창의적 질문을 할 수 있을까 고민이 되겠지만, 이 책을 다 읽고 나면 어느 정도 감이 잡힐 것이다. 이 책에서는 아이가 책을 읽고 난 후 생각해볼 수 있는 다양한 창의적·비판적 질문을 포함하고 있으니 그 질문들을 예제 삼아 연습하다 보면 독자들도 어떤 질문을 아이에게 해야 하는지 자연스럽게 알게 될 것이다.

확산적 사고를 키우는
영어 교육

CHAPTER

2

LESSON 01

유창성과 융통성 키우기

쉬운 것부터 시작하자

이제 본격적으로 어떻게 하면 창의적인 방법으로 영어공부를 할 수 있을까에 대해 알아보자. 창의성 교육법으로는 아예 창의성 교육을 하나의 과목으로 만들어 직접적으로 창의성을 기르는 훈련을 하는 방법이 있을 수 있고, 저자가 했던 것처럼 다른 영역(여기서는 영어교육) 안에 창의성 교육을 포함시키는 통합적인 방법이 있다. 통합적인 방법으로 창의성 교육을 하더라도 가끔은 명시적으로 창의성에 대해 짚어주고 아이로 하여금 생각해보도록 하는 것도 좋겠다.

창의성과 영어교육을 시작하면서 아이에게 창의성이 무엇인지 한 번 생각해보게 하자. 창의성에 대한 거창한 정의를 물어보는 것이 아니라 그냥 아이다운 대답을 할 수 있도록 하라. 다음의 그림은 토런스 교수가 아이들에게 창의성이 무엇인지를 물어보고 얻어낸 답들

창의성이란 무엇인가에 대한 아이들의 기발한 응답들

가운데 몇 가지를 추린 것이다. 창의성이란 '내일과 악수하는 것, 밖으로 나가는 것, 냄새를 맡으려고 귀를 기울이는 것'과 같은, 아주 창의적인 대답이 나왔다. 아이에게 답을 들은 후에 그림에 나와있는 다른 아이들의 답을 아이에게 말해주자. 아이는 이 답들에 대해 어떻게 생각하는지도 물을 수 있을 것이다.

이번 장章에서는 확산적 사고와 영어교육에 대해 먼저 생각해보고자 한다. 창의성 연구의 또 다른 대가인 길포드J. P. Guilford는 사고를 확산적 사고divergent thinking와 수렴적 사고convergent thinking로 나누었다. 확산적 사고는 쉽게 말해서 다양하고 많은 아이디어를 창출해내는 사고이다. 즉 하나의 답을 정해놓지 않고 다양한 답과 대안에 대해 생각을 해보는 것이다. 이와 반대로 수렴적 사고는 한 가지 문제에 대해 하나의 답을 찾아가는 과정이라고 볼 수 있다. 수렴적 사고는 전통적인 학교 교육에서 흔히 볼 수 있는 방식이라고 이해하면 된다.

창의성이라고 하면 흔히 확산적 사고만을 생각하는 경우가 많은데, 진정한 의미에서의 창의성은 두 가지를 모두 포함한다. 특정한 문제를 해결할 때는 수렴적 사고만을 요구하는 경우도 빈번하고, 확산적 사고를 통해 얻어낸 여러 아이디어라 할지라도 마지막에는 수렴적 사고를 통해 걸러내고 다듬어야 유용한 결과물로 완성될 수 있기 때문이다.

전통적 방식의 학교 교육에서는 수렴적 사고에 너무 치우쳐 있기 때문에 확산적 사고를 위한 훈련의 기회가 매우 부족하다. 특히 우리나라와 같이 외국어로 영어를 배우는 상황에서는 영어교육이 단순 어휘 암기와 연습문제 풀기, 문법공부에만 치중되는 경향이 커서 확산적 사고를 활용할 수 있는 기회와 언어를 창의적으로 써볼 수 있는 기회를 많이 갖기 어렵다. 그러면 이제 영어교육에서 확산적 사고를 향상시킬 수 있는 방법과 활동들에 대해 알아보기로 하자.

유창성과 융통성이란 무엇일까?

이번 장은 창의성과 영어교육에 대한 본격적인 첫 장이므로 쉽고 가볍게 할 수 있는 것부터 시작해보기로 하자. 창의성의 핵심요소인 유창성과 융통성을 기르는 훈련부터 시작하면 좋겠다. 유창성과 융통성은 확산적 사고의 한 유형이다. 토런스 교수는 창의성의 핵심요소로 '유창성, 융통성, 독창성, 정교성'의 네 가지를 들었다. 독창성은 앞 장에서 설명한 것처럼 남다르고 새로운 아이디어를 내놓는 능력이다. 유창성은 짧은 시간 내에 많은 아이디어를 내놓는 능력이고,

융통성은 다양한 범주에서 아이디어를 내놓는 능력이다. 즉 아이디어가 한 영역이나 한 종류에 치우치지 않고 다양한 분야와 범주에서 나올수록 융통성이 높은 것이다. 가령 반짝이는 것들을 나열하라고 했을 때 그 물건들의 숫자가 많다면 유창성이 높은 것인데, 그 물건들이 만일 한두 종류(예컨대 보석류)에서만 나왔다면 융통성이 낮은 것이다. 반면 반짝이는 것으로 '별, 모래, 아기의 미소, 새 차, 너를 바라보는 내 눈' 하는 식으로 나열했다면 다양한 범주에서 답이 나왔기 때문에 융통성도 높은 것이다. 융통성은 고정적인 사고방식이나 시각을 변화시켜서 다양한 해결방법을 찾아내는 데 도움을 준다. 정교성은 뒷장에서 다시 살펴보도록 하겠다.

유창성과 융통성을 높이는 9가지 방법

유창성과 융통성을 기르는 가장 기본적인 방법으로는 어떤 주제에 대해 짧은 시간 동안 많은 아이디어를 내보도록 하는 훈련이 있다. 특히 융통성 훈련으로는 주어진 어떤 것을 변형하거나 거기에 새로운 것을 첨가, 또는 확대·축소·삭제를 해보는 방식이 있다. 어떤 것을 재분류·재배열·재결합 해보거나, 문제의 의미를 반대로 생각해볼 수도 있다. 갖고 있는 지식이나 정보 등을 새로이 결합해보고, 관련이 없어 보이는 사물이나 현상 간에 관련성을 찾아서 연결을 해보는 연습 등은 융통성을 향상시킬 수 있는 좋은 방법이다. 다음 장에서 살펴볼 '다르게 보기'와 같은 연습을 통해서 다양한 관점을 적용해보고 발상의 전환을 불러일으키는 연습도 융통성을 발달시킬 수 있는 훌륭한 방법이다.

물건 이름 나열하기 ★

우선 가장 쉬운 활동부터 하나 해보자. 창의성 교육에서 서클 테스트circle test라고 부르는 활동이다. 아이에게 원을 여러 개 주고, 그 원

을 가지고 될수록 많은 그림을 그려보게 하는 것이다. 가장 흔히 나오는 물건이 공이고, 태양이나 달, 얼굴, 바퀴 같은 동그란 물건들이 주로 나올 것이다. 이때 같은 종류로만 많이 그릴 것이 아니라 예시그림의 Tom과 같이 여러 종류의 동그란 물건을 많이 그려야 유창성과 융통성이 함께 발달할 수 있으므로 다양한 범주의 사물들을 생각해서 그리도록 유도한다.

이번에는 서클 테스트를 영어 어휘 학습에 접목시켜 보자. 창의성 교육에서 물건에 대한 사고와 영어 단어 학습을 접목한 활동인데, 아이에게 물건의 속성 중 하나를 주고 그와 연관된 단어를 모두 적어보도록 하는 활동이다. 예를 들어 파란 것들을 생각나는 대로 나열해보도록 한다거나, 동그란 것들을 모두 나열해보도록 한다. 또는 가방으로 할 수 있는 일들을 생각해보라고 할 수도 있다. 짧은 시간에 많은 단어를 적을 수 있는 것은 유창성인데, 우리가 지금 핵심 목표로 삼는 것은 융통성이기에 열거하는 사물의 숫자뿐 아니라 그 범주의 다양

성도 중요하다. 동그란 것에 대한 단어가 '접시, 냄비, 컵' 이런 식으로 나오는 것보다 '접시, 시계, 엄마 얼굴, 태양'과 같은 식으로 여러 범주를 포함하는 단어들이 나오는 것이 좋다. 아이가 만일 한두 가지의 범주에만 머문다면 힌트를 주면서 다른 범주의 사물로도 사고를 확장시킬 수 있도록 도와준다.

지금쯤 이런 질문을 떠올리는 분들이 있을 것 같다.

"우리 아이는 영어 실력이 짧아서 아는 어휘가 몇 개 안 되는데 어떻게 이 연습을 하지?"

이런 경우 일단 알고 있는 영어 어휘를 모두 사용하고, 나머지는 우리말로 적어보게 할 수 있다. 이어서 그 우리말 단어가 영어로 무엇인지 같이 찾아보면서 어휘 학습을 병행해주자. 범주나 속성을 묶어서 공부하는 방법은 좀 더 오래 그 단어들을 기억할 수 있다는 장점이 있다.

/ 의미지도 그리기 ★★★

의미가 비슷한 단어끼리 모아서 시각화하여 그리는 것을 의미지도 그리기semantic mapping라고 한다. 이때 활용할 수 있는 것으로 비주얼 시소러스visual thesaurus가 있다. 우리말로 굳이 옮기자면 '시각적으로 분류한 유의어 사전' 정도일 텐데, 그림과 같이 어떤 단어에 대한 유의어

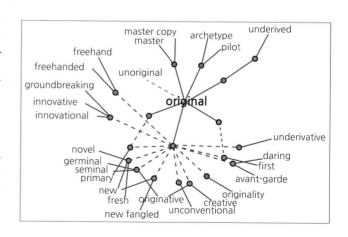

를 시각적으로 보여주는 것이다. 그림에서처럼 'original'이라는 단어를 검색하면 그 동의어, 유의어, 파생어 등을 한눈에 볼 수 있는데, 우선 비슷한 단어들끼리 무리를 이루고 있음을 알 수 있다. 이를 통해 보통의 동의어 사전에 나열되어 있는 동의어들이 정말 다 똑같은 의미로 쓰이는 것은 아니라는 것을 알 수 있을 것이다. 유의어들 역시 무리를 짓고 있으며, 중앙의 'original'에서 먼 무리일수록 의미의 유사성이 희박해진다.여기서 빨간 선으로 연결되어 있는 것은 반의어이다.

초등학교 고학년이나 중학생 정도가 된 아이라면 이런 의미지도를 직접 만들어보게 할 수 있다. 'love'라는 쉬운 단어를 가지고 비슷한 의미의 단어들을 찾아서 지도를 그리고, 거기에 반대되는 의미의 단어도 찾아서 넣으면 된다. 알고 있는 영어 어휘가 그리 많지 않다면 우리말로 한 번 해보자. 뭉뚱그려서 대충 알고 있던 단어의 의미를 한층 더 깊이 파고들어 생각해볼 수 있고, 또 유사한 단어 간에도 세밀한 공통점이나 차이점이 있음을 알게 될 것이다. 일종의 단어 속성 찾기 활동이다.

> m＿＿＿＿＿＿
> mother, mouse,
> mouth, mars,
> moon, mammoth

> ＿＿＿＿＿＿e
> cheese, fine,
> change, chance,
> globe, eye

🖉 끝말잇기 ★★

의미지도 그리기와 유사한 방법으로 같은 철자로 시작하거나 끝나는 단어를 찾아보는 방법이 있다. m으로 시작하는 단어, e로 끝나는 단어를 생각나는 대로 많이 나열하게 하는 식이다.

이를 약간 변형하여 우리말의 끝말잇기처럼 할 수도 있다. 흔히 어휘 릴레이 게임word relay game이라고 부르는데, 앞 단어의 마지막 철자가 다음 단어의 첫 철자가 되도록 하는 게임이다. 예를 들어 'snake'라는 단어가 주어졌다면 '크[k]'라는 발음으로 시작하는 게 아니라 철자 'e'로 시작하는 단어가 나와야 한다. 'snake – elephant – trophy – yacht – train' 이런 식으로 말이다. 혼자 써보면서 나열할 수도 있고, 두 사람 이상이면 돌아가면서 게임처럼 할 수도 있다.

각운 맞추기 ★★

끝말잇기 게임을 좀 더 발전시키면 각운 맞추기 활동이 된다. 시詩에는 두운頭韻과 각운脚韻, rhyme이 있는데, 두운 맞추는 것이 더 어려우므로 각운을 맞추는 활동을 해보자. 'cat, red, sky'와 같이 짧고 쉬운 단어부터 시작하여 복잡한 단어까지 아이들의 영어 능력에 맞추어서 하면 된다. 예를 들어 'cat'이라는 단어를 선택했다면 그 각운은 [æt]이다. 발음이 [æt]으로 끝나는 단어가 cat의 각운 단어가 되는데, 'bat, sat, hat, rat, fat, chat, mat' 등 쉬운 단어들도 많이 있다. 이런 식으로 각운이 맞는 단어를 찾아보는 연습만 해도 되겠고 한 발짝 더 나아가서 문장을 만들 수도 있다. 예를 들어 'A rat sat on the mat, I chat with a cat, a fat rat with a hat.' 이런 식이다.

그런데 아이들이 이렇게 각운을 맞추는 것은 결코 쉬운 일이 아니다. 무작정 사전을 펴들고 각운이 맞는 단어들을 찾는 것도 불가능하다. 이

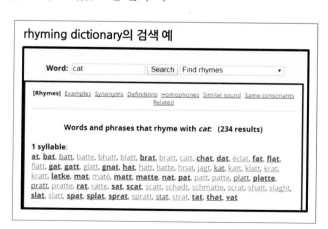

rhyming dictionary의 검색 예

때 도움이 되는 사전은 따로 있다. 바로 '각운사전'이다. 인터넷에서 'rhyming dictionary'를 검색하면 다양한 각운사전이 나온다. 이런 사전에 각운을 찾고자 하는 단어를 써 넣으면 해당 각운을 갖고 있는 단어들이 검색된다. 이 사전은 이후 제시할 시詩 창작 활동에서도 활용하면 큰 도움이 될 것이다.

영어에서 각운은 아주 중요하다. 영어에는 시뿐만 아니라 어린 아이들이 수시로 듣는 '너서리 라임nursery rhyme'이라는 것도 있다. 동요 비슷한 것으로, 본래는 음이 붙어 있지 않지만 시처럼 운율과 각운이 있어서 그냥 읽어도 노래처럼 들린다. 우리에게도 유명한 〈반짝반짝 작은 별Twinkle, twinkle, little star〉을 한번 살펴보자.

Twinkle, twinkle, little **star**,
How I wonder what you **are**.
Up above the world so **high**,
Like a diamond in the **sky**.

이 너서리 라임에서의 각운은 'star, are, high, sky'이다. 여기에 바로 음만 입히면 노래가 된다. 영어는 리드미컬한 언어이므로 각운 연습을 하면서 노래를 따라 부르든지 너서리 라임을 박자에 맞추어 소리 내어 읽으면 영어의 리듬감을 익히기에 아주 좋다.

✎ 퍼즐 만들기 ★★★

신문을 보면 '크로스워드 퍼즐crossword puzzle' 난이 있다. 우리는 주로 만들어진 퍼즐을 놓고 답을 찾는 활동을 하는데, 아이들에게 거꾸로 크로스워드 퍼즐을 만들도록 해보자. 인터넷에서 'crossword puzzle generator' 또는 'crossword puzzle maker'라고 검색해보면 이런 퍼즐 만들기 사이트와 프로그램을 쉽게 찾을 수 있다. puzzle maker를 사용해서 원하는 단어와 의미만 써주면 자동으로 퍼즐이 완성되어 나온다. 아이들은 항상 답을 찾아내야 하는 상황에 놓여 있는데, 반대로 역할을 바꾸어 아이들이 퍼즐을 만들어서 엄마나 아빠에게 풀어보게 하자. 퍼즐 만들기는 단어만 나열하는 것이 아니라 의미도 함께 써야 퍼즐이 만들어지기 때문에 능동적으로 어휘 학습을 할 수 있다. 퍼즐을 만들 때 아무 단어나 조합하기보다는 어떤 범주를 정해주고, 거기

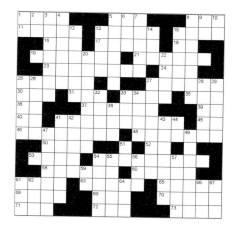

generator 생성기

에 속한 단어들로 퍼즐을 만들게 하는 것이 좋다. 동그란 물건, 파란 물건, 쓸모없는 물건 식으로 단어의 범주를 정해주는 것이다.

사물에 이름 붙이기 ★★★

지금까지 어휘를 나열하는 활동을 했다면, 이제부터는 단어의 의미를 갖고 놀아보자. 언어에서 사물과 그 사물을 가리키는 단어는 사실상 어떤 특별한 연관성이 있는 것이 아니다. 그 언어를 사용하는 사회에서 그 사물을 특정한 단어로 불러왔기 때문에 그 사물의 이름이 된 것이다. 예를 들어 우리가 '꽃'이라고 부르는 사물이 처음부터 꼭 꽃이라고 불려야 할 이유는 없었다. 그래서 꽃은 다른 언어에서는 'flower, 花, fleur' 등 서로 다른 이름을 갖게 된 것이다.

창의성 발현을 위해서는 '다르게 보기, 변형해서 보기'와 같은 능력이 요구되는데, 이번 활동은 이미 있는 물건에 새로운 이름을 붙여

봄으로써 이런 능력의 향상을 돕게 된다. 우리 주변에 있는 사물들을 관찰하고 그 사물의 속성을 더 잘 드러낼 수 있는 다른 단어를 생각해보게 하자. 그리고 왜 그런 이름을 붙이게 되었는지에 대해 그 사물의 속성과 연관지어 설명을 해보게 하는 것이다. 예를 들어 냉장고를 'refrigerator' 대신 뭐라고 부르면 좋을지, 왜 그렇게 부르고 싶은지 설명하는 식이다.

/ 그림에 대사 쓰기 ★★★

사물에 이름 붙이기 활동에서 좀 더 확장하여 구나 문장을 만들어볼 수도 있다. 그림이나 카툰에 제목을 붙이고, 그런 제목을 붙인 이유를 설명해보게 하는 활동이다. 옆의 그림을 보면 한 남성과 여성이 말을 나누고 있고 옆에는 까마귀가 있다. 아이에게 이 그림의 제목을 적고 이 그림이 나타내는 상황이 어떤 상황인지를 설명해보게 한다. 그 밑의 그림을 통해서는 남자가 피자조각에게 뭐라고 말을 하고 있을지를 생각해보게 한다.

예로 든 그림 두 개 모두에는 원래 글자가 있었다. 위에 있는 그림의 경우 본래는 비즈니스 상황에서 두 남녀가 일에 관련된 이야기를 나누는 모습이다. 아래에 있는 그림에서 남자의 본래 대사는 "You are what you eat.(사람은 먹는 대로 되는 거야)"였다. 그래서 사람이 피자가 된 것이다. 피자를 너무 많이 먹었나 보다. 이런 식으로 재미있는 그림이나 카툰을 찾아서 제목을 만들어보거나 대사를 써보게 하면 재미있게 변형과 대체 훈련을 할 수 있다.

✎ 어휘의 결합 ★★

이번에는 유창성 훈련을 통해 습득한 어휘를 가지고 결합과 조합을 해보자. 아는 어휘가 아무리 많아도 제대로 결합해서 쓸 수 없다면 실제 상황에서 언어를 사용하는 데는 별로 도움이 되지 않는다. 어떤 아이디어가 창의적이라고 해도 완전히 새로운 아이디어인 경우는 사실상 드물고, 기존의 것들을 남들이 생각하지 못했던 방식으로 결합시키는 경우가 많다. 이 방법은 언어교육보다는 과학이나 예술, 경영과 같은 다른 분야에서 더 자주 쓰이긴 하지만, 언어교육에서도 해볼 수 있다. 아이가 유창성 연습을 할 때 내놓았던 단어들을 조합하여 의미가 통하도록 문장을 만들어보게 하는 것이다. 예를 들어 '동그란 물건 나열하기'에서 'clock, sun, dish, ball, orange, ring'이라는 단어를 나열했다면, 이 단어들을 가지고 문장이나 문단을 만들어 보도록 유도한다. 그런데 이 단어들은 어떤 특정한 맥락에서 나온 것들이 아니기 때문에 이 단어들을 모아서 문장을 만드는 것은 생각처럼 쉽지 않다. 따라서 이 단어들 외에 다른 필요한 단어들도 자유롭게 사용할 수 있도록 해야 한다. 예를 들어 'I see the sun. It looks like a big orange ball.' 식으로 문장을 만들어보게 한다.

활동을 약간 변형하여 'Magnetic poetry'라는 활동도 해보자. 단어가 적혀있는 플라스틱 자석판을 냉장고나 칠판에 붙여놓고 그 단어들을 활용하여 문장이나 시를 만드는 활동이다. 단어 뒤에 자석이

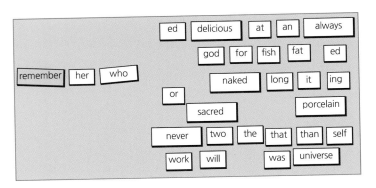

붙어 있다고 해서 'magnetic poetry'라고 한다. 이 활동을 위한 'magnetic poetry 세트'를 시중에서 살 수도 있지만 굳이 그렇게 할 필요는 없다. 포스트잇에 여러 단어를 써놓고 이를 이리저리 옮기면서 문장을 만들면 된다. 컴퓨터를 이용할 수도 있는데, 요즘에는 인터넷에서 그림과 같이 단어를 클릭하고 드래그하여 쉽게 문장을 만들 수 있다.

/ 쉬운 소재로 시 만들기 ★★★

문장 단위를 넘어서 어휘 연습을 정말로 창의적으로 해 볼 수 있는 활동은 시를 활용하는 것이다. 언어로 할 수 있는 가장 창의적인 활동은 창작일텐데 그중에서도 시 창작이 으뜸이다. 그런데 시라고 하면 어쩐지 너무 어려워 보이고 선뜻 접근하기가 불편할 수도 있다. 하지만 아이와 함께 읽을 만한 쉬운 시들도 엄청나게 많다. 쉬운 시를 읽으면서 시에 대한 감각을 좀 익힌 후에 자신이 표현하고 싶은 대로 시를 써보게 하면 된다. 시에 대해 너무 어렵게 생각하지 말자.

여기서 쉬운 시의 예를 한두 개 소개하기로 한다. 첫 번째 시는 에드워드 리어 Edward Lear의 〈알파벳 An alphabet〉이라는 시다. 알파벳순으로, 해당하는 알파벳이 첫 글자로 나오는 단어를 가지고 시를 만들었다. A라면 apple, B라면 bear 식이다. 그러면서 apple이나 bear에

An alphabet
Edward Lear

A

A was once an apple pie,
Pidy
Widy
Tidy
Pidy
Nice insidy
Apple Pie!

B

B was once a little bear,
Beary!
Wary!
Hairy!
Beary!
Taky cary!
Little Bear!

대한 느낌이나 그 사물과 연상되는(또는 그 사물의 속성) 단어를 그 아래에 나열해서 하나의 연聯을 만들었다. 비록 한 단어가 한 행인 글이지만 시가 될 수 있는 이유는 주제가 통일되어 있고 각운이 맞기 때문이다.

아이에게 이 시의 앞부분을 보여주고 나머지를 만들어보게 한다. A에서 F 정도까지 보여주고 나머지를 지어보게 하든지, 아니면 A에서 Z 사이에 군데군데 지우고 없는 연을 채워보게 할 수도 있다.

〈An alphabet〉보다는 좀 어렵지만 크리스티나 로제티Christina Rossetti의 〈수수께끼A riddle〉도 아주 재미있는 시이다. 제목에서 짐작되는 것처럼, 시의 내용이 무슨 사물을 묘사하는 것인지 알아맞히는 것이다. 이 시에서 'head, eye, thread실' 등과 같은 단어를 다른 단어로 대체해서 또 다른 재미있는 시를 만들어본다. 시가 어렵다고 하지만 이렇게 소재만 친숙해도 시에 접근하기가 훨씬 수월해진다. 앤 테일러Ann Taylor의 〈나의 어머니My mother〉와 같은 시는 어머니라는 시의 소재 덕분에 아이들이 쉽게 다가갈 수 있고 아이들의 삶과도 직접 연관이 있다. 이 시를 모델로 보여주고 엄마나 할머니, 동생 등에 대한 시를 써보게 하면 설령 시에 대해 두려운 마음이 들었더라도 뭔가 쓸거리를 찾을 수 있을 것이다.

A riddle
Christina Rossetti

There is one that has a head without an eye,
And there's one that has an eye without a head.
You may find the answer if you try;
And when all is said,
Half the answer hangs upon a thread.

My mother
Ann Taylor

Who fed me from her gentle breast,
    And hushed me in her arms to rest,
    And on my cheek sweet kisses prest?
My Mother.
When sleep forsook my open eye,
    Who was it sung sweet hushaby
    And rocked me that I should not cry?
My Mother.

어휘, 얼마나 공부해야 하나?

영어나 다른 외국어를 공부할 때 어휘 때문에 애를 먹는 아이들이 많다. 외웠다가 잊어버리는 과정을 반복하면서 결국엔 지치고 포기하게 된다. 이런 경우 무조건 새로운 단어를 외우게 하기보다는 아이에게 맞는 다양한 방법과 전략을 시도해보는 것이 좋다. 가끔은 잔머리를 쓰는 것도 도움이 된다. 이제까지 설명한 융통성 훈련은 어휘 학습에도 효과적인 방법이다. 특히 새로 배운 어휘를 가지고 문장을 만들어보는 것은 어휘를 오래 기억하는 데 정말 효과적인 방법이다.

나도 새로 배운 어휘를 가지고 문장을 써보는 방법으로 어휘량을 크게 늘릴 수 있었다. 글을 잘 쓰기 위해서는 어휘가 필수적이다. 천 개의 단어를 알고 있는 것과 만 개의 단어를 알고 있는 것은 글쓰기에서 아주 큰 차이가 있기 때문이다. 이런 사실을 알기에 나 역시 어휘력을 늘려보려고 한동안 매일 새로운 단어를 20개씩 외운 적이 있다. 그런데 1주일 후에 점검해보면 20개 중 2개 정도만 뜻이 기억이 났다. 원인을 분석해 보니 'Use it or lose it.', 즉 외운 단어를 일상생활에서 쓰질 않으니 잊어버리게 된 것이다. 어떻게 하면 외운 단어를 사용해볼까 고민하다가 e-pal(이메일로 하는 펜팔)을 구해서 매일 외운 20개의 단어를 넣어서 이메일을 썼더니 1년이 지난 후엔 정말 어휘량이 상당히 많이 늘어났다. 이 어휘학습 방법은 앞서 소개한 연관성 없는 단어를 활용하여 문장 만들기를 하는 것과 같은 방법이다. 나의 경험을 떠올리며 학생들에게도 같은 방법으로 외운 어휘를 활용하게 해보았는데, 모두 성공적이었다. e-pal 대신 친구들끼리 이메일을 주고받으면서 어휘를 활용하거나, 자신의 블로그나 페이스북 Facebook에 매일 배운 어휘를 몇 개 이상 사용해 글을 올리도록 하였더니 어휘학습이 훨씬 효과적으로 이루어졌다.

언어교육에서 어휘는 정말 중요하다. 어휘를 많이 알수록 좋다. 그러나 아무리 많은 어휘를 갖고 있어도 쓸 줄 모르면 무슨 소용이 있겠는가? 구슬이 서 말이라도 꿰어야 보배라고 하지 않는가. 여기서 구슬이란 어휘이고 구슬을 꿰는 실은 문법이라고 할 수 있다. 언어의 네 기능, 즉 '듣기, 말하기, 읽기, 쓰기'를 잘하기 위해서는 기본 재료가 필요한데, 가장 기본이 되는 재료가 바로 어휘와 문법이다. 이 두 영역을 기본으로 하여 그 위에 언어의 네 기능이 올라가게 되는 것이다. 그러니 어휘 학습을 소홀히 할 수 없다.

어떤 영어 학습서를 보면 단어 천 개만 공부하면 모든 의사소통이 가능하다는 식으로 이야기를 한다. 가능한 이야기다. 하지만 고급 영어와는 거리가 멀다. 일률적으로 말하기는 어렵지만, 아이가 앞으로 무엇을 하고 싶은지에 따라 어휘 학습의 목표나 수준은 달라져야 한다.

LESSON 02

다르게 보기

동화 속의 늑대는 정말로 나쁠까?

다음 페이지의 첫 번째 지도를 보자. 뭔가 좀 이상하지 않은가? 저자가 20년 전 처음 미국에 가서 친구 사무실 벽에 걸려 있던 이 지도를 봤을 땐 참 의아했다. 분명 세계지도인데 평소에 보던 익숙한 세계지도와는 어쩐지 달라보였다. 한참을 바라보다가 깨달았다. 지도의 중심이 옆으로 반쯤 돌아가 있었던 것이다. 나는 미국인 친구에게 이 지도는 잘못 그려졌다고 말했다. 그랬더니 그 친구는 맞는 지도란다. 그제야 나는 거기가 미국이라는 것, 미국인들은 지도에서 자기네 대륙을 한가운데 놓는다는 것을 깨달았다. 그때까지 나와 친구는 각자 자기 나라가 세계 중심에 위치한 지도만 봐왔던 것이다. 그 지도를 보고 나니까 그럼 호주에서는 위아래가 반대로 되어 있는 지도를 쓸까 하는 궁금증이 생겼다. 나중에 알아보니 그런 지도도 있었다.

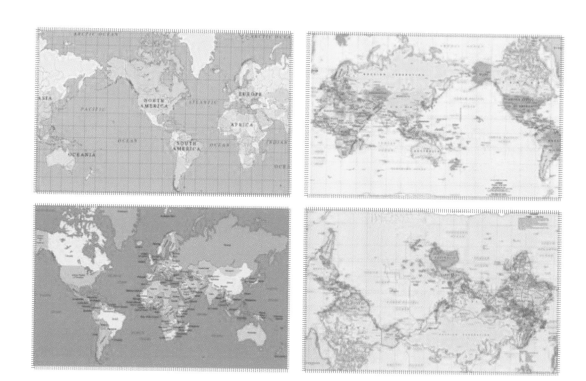

다름을 인정할 줄 아는 아이로 키우자

여기서 알 수 있는 사실은 우리가 자기에게 익숙한 한 가지 시각으로만 세계를 보아왔다는 것, 그리고 다른 시각으로 그려진 지도를 보게 되었을 때 다르다는 느낌보다는 뭔가 '틀렸다'는 느낌을 가지기 쉽다는 것이다. 그런데 21세기에 요구되는 핵심 능력 중 하나는 다양성을 포용할 줄 알고 다르게 볼 수 있는 시각이다. 창의적인 사람은 우리가 늘 보는 세상을 다른 방식으로 볼 줄 아는 능력을 갖고 있다. 그 다르게 본 세상이 다른 방식으로 표현되는 것은 당연하다. 대표적인

예가 피카소다. 피카소는 그 이전 시대의 화가들과 확연하게 다른 각도로 세상을 보았고 그 결과 완전히 새로운 예술작품을 탄생시켰다. 같은 것을 다르게 볼 수 있는 시각을 가졌다면 세상도 다르게 보일 것이고, 내내 풀리지 않던 문제에 대해서도 새로운 시각이 열리면서 '유레카Eureka!' 하고 해결책을 찾아낼 수 있을 것이다.

한 가지 시각만으로 세상을 본다는 것은 편견을 갖고 있다는 것과 다를 바 없다. 내가 세상을 보는 방식과 다른 다양한 시각들이 있을 수 있다는 사실을 깨닫는 것은 글로벌 시대를 살아가는 데 무척 중요하다. 이것은 남들을 이해하고 포용할 수 있는 능력의 출발점이기도 한데 이는 21세기의 리더가 갖추어야 할 중요한 능력 중 하나이다.

뻔한 동화 다시 읽기

다르게 보는 능력을 키워주는 출발점으로, 우리가 흔히 접할 수 있는 동화책에서부터 시작해보면 어떨까? 우리에게 널리 알려진 유명한 동화들은 대개 전 세계에 수십 가지 버전으로 출판되어 있다. 한 이야기가 여러 버전으로 나와 있는 동화들을 읽어보면 다양한 시각으로 보기 능력, 다르게 보기 능력을 훈련할 수 있다.

동화는 대개 그림이 곁들여지거나 중심이 되는데, 책의 내용뿐만 아니라 그림에서도 다른 시각을 보여주기 때문에 아주 좋은 사고 훈련의 재료가 된다. 《백설공주Snow White》, 《신데렐라Cinderella》, 《빨간 모자Little red riding hood》와 같은 유명한 동화의 여러 버전에 실려 있는 그림들을 비교해서 살펴보라. 주인공의 외모나 행동 묘사, 주변 인물들의 모습, 배경, 의상, 소품에 있어서 얼마나 다르게 그려져 있는지를 보면 아마 깜짝 놀랄 것이다. 다른 작가가 썼으니 그냥 다르겠지 하고 그냥 흘려버렸던 것들을 자세히 비교해보고, 왜 그런 차이가 있는지를 생각해 본다면 작가들이 갖고 있는 저마다의 다양한 생각들을 읽을 수 있고, 다르게 보기에 대한 의미를 새롭게 이해할 수 있을 것이다.

 책으로 배우기 ① ★
《The three little wolves and the big bad pig》

다르게 생각하기 훈련의 첫 동화로는 우리에게도 익숙한 《아기 돼지 삼형제The three little pigs》가 제격이다. 아기 돼지 삼형제가 각자 짚, 나뭇가지, 벽돌로 집을 지어놓았더니 나쁜 늑대가 와서 다 무너뜨리고 아기 돼지들까지 잡아먹었다는 내용의 유명한 동화다. 그런데 이 동화는 오랜 시간이 흐르는 사이 여러 가지 버전으로 변형되었다. 이렇게 버전이 달라진 여러 동화들 가운데 몇 가지를 골라 오리지널 동화와 비교해보되, 우선 그림에서 차이가 확연히 나는 버전을 먼저 고르고, 내용이 반대로 쓰인 버전도 골라보자.

여기서는 전통적인 《아기 돼지 삼형제》 그림책 하나와,

전혀 다른 내용으로 바뀐 동화《아기 늑대 삼형제The three little wolves and the big bad pig》를 선택해 그림과 내용을 비교해보기로 한다. 제목에서 이미 짐작되듯이, 이 책에서는 착한 돼지 대신 착한 늑대 삼형제가 나오고, 이 늑대 삼형제를 못살게 구는 것이 바로 커다랗고 못된 돼지이다. 글자를 보지 않고 그림만 보아도 그 뒤바뀐 역할만큼이나 등장인물들의 모습이 기존에 보던《아기 돼지 삼형제》와는 다르다는 것을 알 수 있다. 항상 험악하게 그려져 있던 늑대가 이 책에서는 조그맣고 연약하고 심지어는 귀엽기까지 해서 애완용으로 키우고 싶은 느낌까지 든다. 반면에 돼지는 그야말로 포악하고 욕심 많게 생겼다.

이미《아기 돼지 삼형제》를 우리말 그림책으로 접해본 아이라면 굳이 영어책을 다시 보여줄 필요는 없다.《The three little wolves and the big bad pig》를 아이에게 보여주고 (영어를 읽을 줄 아는 아이라 할지라도) 그림에 대해 먼저 물어본다. 지금까지 보아왔던《아기 돼지 삼형제》그림책의 그림과 무엇이 다른지, '다른 그림 찾기' 게임을 하듯이 여러 가지 다른 점에 대해 말해보게 한다. 이때 다음과 같은 질문들을 던질 수 있을 것이다.

What is this story about?
이 이야기는 무엇에 대한 이야기일까?

Which story does this remind you of?
이 책을 보니까 생각나는 비슷한 다른 책이 있니?

What are the differences between the two books?
그 책과 무엇이 다르니?

How do you feel about the wolf(pigs) in this book?
늑대(돼지)를 보니까 어떤 느낌이 드니?

Why does the illustrator draw the wolf(pigs) in this way?
왜 늑대(돼지)가 이렇게 그려졌을까?

그림을 충분히 살펴보았다면 본문을 읽는다. 그런데 이 책의 경우 단순히 늑대와 돼지의 역할만 바뀐 것이 아니라 줄거리도 약간 다르다. 이 귀여운 늑대들은 처음부터 벽돌과 콘크리트로 집을 지었지만 나쁜 돼지가 와서 집을 무너뜨린다. 늑대들은 그보다 더 튼튼한 재료가 뭘까 고민하다가 아이러니컬하게도 꽃으로 집을 짓는다. 이번에도 나쁜 돼지가 와서 집을 무너뜨리려고 '후!' 하고 불다가 꽃향기를 맡게 되고, 돼지는 자신이 한 짓이 얼마나 나쁜지를 깨닫는다.

이 책에서 가장 눈에 띄는 부분은 역시 늑대와 돼지의 역할이 바뀌었다는 것이다. 늑대는 워낙 많은 동화와 이야기에서 나쁜 캐릭터로 그려지고 있어서 아이들은 어려서부터 '나쁜 늑대'라는 이미지를 갖게 된다. 우리도 늑대라고 하면 음흉한 캐릭터를 연상하게 되는데, 어쩌면 이런 동화 속의 나쁜 늑대들을 많이 보아왔기 때문일 것이다. 사실 늑대가 실제로 나쁜 동물이라는 근거는 전혀 없다.

《The three little wolves and the big bad pig》와 같이 어떤 존재나 사물에 대한 다른 이미지를 접하도록 해주는 것은 중요한 훈련이다. 우리는 살면서 정말 많은 것들에 대해 선입견과 편견을 갖게 되는데, 이렇게 다른 시각으로 그려진 책들을 많이 접하는 것은 선입견과 편견에서 벗어나도록 도와준다.

📖 책으로 배우기 ② ★★
《Big bad wolf is good》
《The big bad wolf and me》

늑대의 이미지와 관련된 동화를 두 개만 더 살펴보자. 하나는 《Big bad wolf is good》이라는 동화책인데, 제목부터가 '나쁜 늑대는 착해요'이다. 이 책에서 늑대는 다른 동물들을 잡아먹는 나쁜 늑대라는 이미지 때문에 친구가 하나도 없어서 너무 외롭다. 착해지기로 결심한 늑대는 다른 동물들에게 다가가지만 모두들 늑대를 무서워하기만 할 뿐 아무도 친구가 되려고 하지 않는다. 그러던 어느 날 길 잃은 새끼 오리를 도와주는 것을 계기로 오리 가족과 처음으로 친구가 된다.

《The big bad wolf and me》는 이미 착한 늑대로 살아가고 있는 늑대로부터 이야기가 시작된다. 이 책의 늑대는 자신의 착한 이미지 구축을 위해서 양처럼 살아가다 보니 늑대의 본성을 잃고 자신감도 없이 아주 초라한 삶을 살고 있었다. 그런 늑대를 측은하게 여긴 어떤 소년이 늑대가 다시 자신감을 회복할 수 있도록 도와주는 과정을 그린 동화이다. 이 두 책에 등장하는 늑대는 모두 기존의 나쁜 이미지 때문에 따돌림을 받고 외로운 삶을 살아가고 있는 불쌍한 존재이다.

두 책을 읽고 아이에게 이 이야기가 단순히 늑대의 이야기에 그치지 않고, 기존의 늑대 이미지와 비교하여 새로운 이미지를 만들 수 있도록 도와주자. 처음에는 책의 내용에 대하여 물어보고 다음과 같이 아이의 일상생활과 연관된 질문을 한다.

What's the difference between the wolf in this book, compared to the wolf from the book you read before?
이 책의 늑대는 다른 책(아이가 읽은 구체적인 책 이름을 언급)에 나오는 늑대와 어떤 점이 다르니?

What did you think about the wolf before?
넌 늑대에 대해 여태껏 어떤 느낌을 갖고 있었니?

Did your thoughts about the wolf change? How? Why?
이 책을 읽고 늑대에 대해 느낌이 달라졌니? 어떤 점이 달라졌니?

Can you think about your friend, ○○, from a different view?
네가 나쁘다고 생각하는 ○○(친구의 이름)에 대해서도 한번 다시 생각을 해보자.

아이에게 예시의 마지막 질문과 같은 직접적인 질문을 꼭 할 필요는 없다. 직접적인 질문을 하지 않더라도 사물과 사건, 인물에 대한 다양한 각도와 다양한 이미지를 계속 접하는 훈련을 하다 보면 어느새 아이의 시각에는 상당한 융통성이 생길 것이다.

시각의 문제는 결국 누구의 입을 통하여 그 이야기가 나오는지와 아주 밀접한 관련이 있다. 우리가 접해왔던 '아기 돼지 삼형제'의 이야기는 실상 돼지들의 입장에서 쓰인 것이다. 늑대의 입장에서도 같은 이야기를 들어볼 필요가 있지 않을까? 친구 둘 사이에 다툼이 있을 때에도 우리는 양쪽 얘기를 다 들어봐야 잘잘못에 대한 판단을 객관적으로 내릴 수 있을 것이다. 이번엔 늑대의 입장에서 이 사건이 어떻게 된 것인지 한번 들어보기로 하자.

📖 책으로 배우기 ③
《The true story of the three little pigs》

이 이야기에서는 늑대가 화자이다. 아기 돼지 삼형제의 이야기를 늑대의 입을 통해 듣는 것이다. 제목에서 먼저 눈에 띄는 것은 'true story'이다. 이 말은 여태껏 우리가 알고 있던 '아기 돼지 삼형제' 이야기는 거짓이라는 의미를 내포하고 있다. 이 동화책에서 늑대는 자기는 정말 억울하다는 말로 이야기를 시작한다. 자기가 정말 돼지 삼형제네 집을 부수려고 부순 것도 아니고 잡아먹으려고 먹은 것도 아니고 어쩌다 보니 일이 꼬여서 그렇게 됐다는 것이다.

그럼 먼저 늑대의 이야기를 들어보자. 어느 날 늑대가 할머니를 위해서 생일 케이크를 만들려고 했는데, 설탕이 부족했다. 근처에 사는 큰형 돼지 집에 가서 문을 두드리면서 설탕을 좀 빌리러 왔다고 했는데, 돼지가 문을 열어주지 않았다. 마침 그 순간 늑대가 재채기를 크게 하는 바람에 짚으로 만든 집이 무너지게 되고, 그 무너진 집의 잔해 사이에서 늑대는 죽어 있는 돼지를 발견했다. 이에 늑대는 '이 돼지는 이미 죽었으니 버리기는 아깝지…' 하고 먹게 되었다는 것이다. 이런 식으로 이야기가 진행되다가, 종국에는 일이 커지게 되고, 기자들이 몰려왔다. 그런데 기자들이 보기에 이 사건은 늑대가 돼지를 잡아먹은 별 볼 일 없는 이야기에 불과했고, 결국 흥미진진한 기사를 만들기 위해 잘 각색해서 내놓은 것이 《The three little pigs》란 것이다. 신문 기사가 되려면 측은한 희생자가 있고 악당이 등장해야 주목을 받으니까 말이다. 늑대 입장에서는 일이 꼬인데다가 기자들이 맘대로 기사를 쓰는 바람에 동화 속에서 자기는 영영 나쁜 캐릭터가 되었다는 억울한 사연이다.

/ 읽기 전 활동 ★★

이 책의 관전 포인트는 'different point of view', 즉 '다른 시각'이다. 이 책을 재미있게 읽으려면 우선 전통적인 《아기 돼지 삼형제》의 내용을 알아야 한다. 아마 영어로 된 이 책을 읽을 정도의 아이라면 기존 동화의 내용 정도는 이미 다 알 테지만, 아이가 이 책의 내용과 기존의 동화 내용을 비교할 수 있도록 먼저 질문을 해주자. 우선 읽기 전에 제목을 가지고 내용을 미리 짐작해보게 한다.

Look at the title. Why is this a true story?
책 제목을 한 번 보자. 왜 'true story'란 말이 들어갔을까?

Look at the author. A. Wolf is the author of this book. So, who is telling the story?
여기 저자에 'By A. Wolf'라고 되어 있네. 그럼 이 이야기는 누가 하고 있는 걸까?

If the wolf is telling the story of the three little pigs, then, will the story be different from the old story?
늑대가 아기돼지 삼형제 이야기를 하면 다를까? 어떻게 다를까? 왜 다를까?

Look at the pictures. Do you like them? Why?
(그림을 보면서) 이 책의 그림 느낌이 어떠니?

아이가 아직 읽기에 서툴거나 책 한 권을 한 번에 읽기 부담스러워 한다면 유튜브에서 이 책을 찾아 먼저 들어보는 것도 좋겠다.

📖 읽기 후 활동 : 질문/토론하기 ★ ★ ★

이 책은 그 내용으로도 재미있지만, 중요 포인트는 '다른 편 이야기도 들어보기'이므로 이 부분에 집중해서 질문을 한다.

What's the difference between this story and the old story about the three little pigs?
여태껏 알고 있던 이야기와 이 이야기의 차이점이 뭘까?

Who do you think is telling the truth?
돼지와 늑대의 말 중 누가 맞을까?

Do you think the wolf is telling a lie? Why do you think so?
이 이야기에서 늑대가 거짓말을 하고 있을까? 왜 그렇게 생각하니?

Is the wolf really that bad?
늑대가 정말 나쁜 늑대였을까?

비슷한 수준의 아이가 둘 이상 같이 공부를 한다면 늑대와 돼지 입장으로 나누어 토론을 시켜보거나, 아니면 아빠나 엄마와 함께 토론을 해봐도 아이가 재미있어 할 것이다. 이런 질문에 대해 답을 하면서 아이는 자연스럽게 자신이 겪은 비슷한 상황을 떠올리게 될 것이다. 만일 다르게 보기를 적용할 수 있는 아이의 일상 사건이 있다면 자연스럽게 연결하여 물어본다. 다르게 보기 시각을 지금 당장 자신의 생활과 연결하여 생각할 수 없을지라도 이런 훈련을 통해서 사고의 유연성과 융통성, 다양성을 자연스럽게 습득해나갈 수 있다.

활용하기 ① ★★★★
신문기사 쓰기

다른 시각에서 《아기 돼지 삼형제》를 읽었으니 다양한 관점으로 신문기사를 써보도록 한다. 신문기사를 쓴다고 하면 어렵게 느껴질 수도 있는데, 초등학교 아이들이 학교에서 학급신문을 만드는 수준으로 쉽게 접근하면 충분하다. 이 책의 마지막에서 늑대가 한탄하기를 '기자들이 몰려와서 진짜 이야기를 각색하는 바람에 내가 영영 나쁜 캐릭터가 되었다'고 하소연했다. 늑대의 이 말을 바탕으로 아이들에게 과연 기사가 어떻게 나갔을까를 상상하여 써보게 한다.

실제 우리 사회는 같은 사건에 대해서 신문마다 제 나름대로의 입장으로 해석하여 기사를 쓰기 때문에 같은 사건에 대해서도 여러 종류의 다른 시각의 기사들이 나온다. 우리 역시 각자 다른 관점을 갖고 있기 때문에 우리의 시각에 맞는 신문을 선호한다. 그러나 21세기의 창의적인 리더가 되기 위해서는 우리의 시각에만 계속 갇혀있기보다는, 세상에는 다양한 시각이 존재한다는 것을 배워야 한다. 인간 사회의 다양한 시각을 배우는 훈련으로 여러 시각의 글을 읽는 것도 좋은 방법이고 또 다른 관점에서 글을 써보는 것도 좋다. 이 책을 읽은 후에 아이들에게 다른 종류의 신문들, 예를 들어 늑대 동네에서 발간되는 신문과 돼지 동네에서 발간되는 신문에서 이 사건에 대해 기사를 쓴다면 각각 어떤 식일지 생각해보고 두 종류의 기사를 써보도록 하면 어떨까? 신문의 이름을 각각 《울프 스트리트 저널 Wolf street journal》과 《피그 타임즈The pig times》라고 붙여보자. 또는 아예 시각에서 가치기준을 완전히 배제하고 중립적인 시각, 인간 기자 human reporter 입장에서 써볼 수도 있다. 늑대도 돼지도 아닌 인간이 쓰면 어떤 기사가 나올까? 이렇게 여러 입장에서 글을 써보는 것은 세상에는 다양한 시각이 있다는 것을 깨닫게 해주는 한편, 타인의 입장을 이해할 수 있는 출발점이 될 수도 있다.

NIE(Newspaper In Education)
신문은 다르게 보기, 다양한 시각으로 보기 연습을 할 수 있는 훌륭한 학습재료이다. 신문은 사회의 여러 중요한 이슈를 접할 수 있을 뿐만 아니라, 논리적/비판적 사고력 증진 및 언어발달 등 다방면으로 학습에 크게 도움이 된다. 아이가 초등학교 고학년 정도 나이라면 신문을 가지고 다르게 보기 훈련을 해보자. 여러 신문을 살펴보면 같은 사건을 다른 시각으로 기술하고 있는 기사들을 쉽게 찾을 수 있다. 아이의 수준에 맞고 아이가 관심을 가질 만한 이슈들, 아이들에게 직접 영향을 미칠 만한 이슈들에 대한 기사들을 몇 개 찾아서 읽혀보자. 《The three little pigs》의 활동과 같은 맥락이지만 수준이 높고 실제 사건이라는 점만 달라진다. 나쁜 늑대에 대해 던졌던 질문들을 신문에 나온 사건에 대해서도 던져보자.

활용하기 ② ★★★
역할놀이와 시나리오 읽기

《The three little pigs》나 《The true story of three little pigs》 두 책 모두 읽기 후 말하기 활동으로 역할놀이를 해본다. 등장인물이 돼지 세 마리와 늑대 한 마리로 넷 뿐이라 적은 인원으로도 가능하다. 이때 짧은 시나리오나 대본을 직접 써보고 역할놀이를 하는 것도 좋다. 이런 활동은 학교에서도 많이 하는 활동이다. 아이 한 명과 학습을 하고 있는 상황이라면 시나리오를 이야기책처럼 읽어보는 것도 괜찮다.

이번 장에서는 이야기 속에 나오는 늑대를 계속 활용해보겠다. 《The trial of the big bad wolf》는 시나리오인데, 이 시나리오에서 늑대는 아기 돼지 삼형제에 나오는 사건뿐만 아니라 여러 동화에서 저지른 일들에 대한 재판을 받게 된다. 살펴보면 동화에 늑대가 나쁜 캐릭터로 나오는 것이 한두 편이 아니다. 《Little red riding hood빨간 모자》에서는 빨간 모자의 할머니를 잡아먹고, 《Peter and the wolf》나 《The lamb and the wolf》 같은 이야기에서도 늑대는 나쁜 캐릭터다. 이 시나리오에서 아기 돼지 삼형제는 늑대를 고소한 원고로, 늑대는 피고로 나온다. 재미있는 것은 각종 동화fairy tale와 자장가, 동요nursery rhyme에 나오는 등장인물들이 참고인 자격으로 등장한다는 점이다. 이 시나리오는 극을 이끌어가는 플롯도 재미있지만, 극에서 등장인물들이 나올 때 자신을 소개하는 방식도 독특하다. 예를 들어 Old King Cole은 자신을 이렇게 소개한다.

I'm Old King Cole,	나는 늙은 왕 콜이라네
A merry old soul,	즐거운 영혼
A merry old soul, you see.	네가 보다시피 즐거운 영혼
I called for my pipe.	나는 파이프를 청했네
I called for my bowl,	나는 그릇을 청했네
I called for my fiddlers three.	나는 바이올린 악사 세 명을 청했네

이는 너서리 라임 〈Old King Cole〉을 약간 변형한 것이다. 음률과 각운이 맞는 너서리 라임처럼 이 시나리오도 너서리 라임을 패러디한 부분은 음률과 각운이 잘 맞는다. 시나리오는 원래 연극을 위한 것이므로 읽을 때 소리 내어 읽기read aloud 방식으로 읽으면 영어의 운율과 리듬을 느낄 수 있다.

이 시나리오는 무엇보다도 법정에 나쁜 늑대를 세운다는 발상이 상당히 재미있는데, 다 읽고 난 후에 아이에게 늑대에 대한 정당한 판결을 내리게 해보자. 판결을 위해서는 다양한 증인들의 이야기를 모두 듣고 종합적으로 판단하여야 하므로, 이런 활동은 확산적 사고뿐만 아니라 분석적·비판적·종합적 사고와 같은 수렴적 사고도 함께 향상시킬 수 있다.

내용 중심의 몰입교육 ★★★

《The true story of three little pigs》는 기존의 이야기와 달리 늑대의 입장에서 이야기를 풀어나갔다는 점 외에도 구석구석에서 재미있는 표현을 많이 찾아볼 수 있다. 예를 들어 도입부에서 늑대는 이렇게 말한다.

"내가 토끼나 돼지같은 이런 귀여운 동물들을 먹는다고 나를 미워하는데, 이건 우리가 본래 이렇게 생겨먹은 걸. 이걸 갖고 탓을 하는 건 억울하다. 만약 네가 먹는 햄버거가 귀엽게 생겼더라면 햄버거를 먹는 너도 나쁘다는 말을 들을 걸."

생물학적인 입장에서 본다면 늑대가 먹이사슬에서 돼지보다 상위에 있기 때문에 돼지를 잡아먹은 늑대는 자신의 본능에 충실했을 뿐이다.《The three little pigs》의 논리로 본다면 먹이사슬의 가장 꼭대기에 있는 인간이 아마 모든 동화에서 가장 나쁜 캐릭터로 등장해야 하지 않을까. 결론을 내리기 전에 먹이사슬과 동물의 본능 등에 대해서도 한번 언급을 해주면 아이가 또 다른 시각(좀 더 객관적인 시각)으로 늑대를 판단할 근거를 찾을 수 있을 것이다.

과학과 연계하여 더 생각해볼 수 있는 질문은 집을 짓는 재료와 구조에 대해 생각해보는 것이다. 다음과 같은 질문들을 해보자.

What are some good materials to build a house with other than straw, sticks, and bricks?
짚(straw), 나무(stick), 벽돌(brick) 외에 튼튼한 집을 짓기에 좋은 재료는 무엇일까?

What materials would the wolf find hard to break?
늑대가 부수기 어려운 재료는 어떤 것일까?

Is there a way to build a strong house with straw or sticks?
짚이나 나무 같은 것으로 지어도 혹시 튼튼하게 지을 수 있는 방법이 없을까?

늑대의 공격을 효과적으로 막을 수 있는 집의 구조를 설계해보는 것도 좋겠다.

그림 읽기의 중요성

우리나라 엄마들은 우리말 책이든 영어 책이든 아이들이 글자를 빨리 읽을 줄 알아야 한다는 생각에 너무 집착하는 경향이 있다. 그런데 그림책의 그림은 아이들의 사고와 감성 발달에 있어서 글자만큼이나 중요하다. 특히 글자를 아직 못 읽는 어린 아이들의 경우에는 그림이 무한한 상상력을 불러일으킬 수 있는 도화선 역할을 한다. 우리는 그림이 없는 재미있는 소설을 읽으면서 주인공을 상상하고 사건과 배경을 머릿속으로 그려보곤 하지 않는가? 그런데 어떤 소설을 바탕으로 한 영화를 먼저 보고 난 후 그 소설을 읽기 시작하면 머릿속에 그려지는 것은 우리의 상상에 바탕을 둔 것이 아니라 영화에서 봤던 장면이다. 이런 경우 소설을 읽으면서 머릿속에서 상상을 하는 재미가 없어져서 읽는 재미가 줄어드는 것을 경험한 적이 있을 것이다. 그런 이유로 많은 사람들이 좋은 소설은 영화를 보기 전에 먼저 읽어보라고 한다.

글자를 읽지 못 하는 어린 아이들은 이 반대의 경우이다. 일단 글자를 읽을 수 있게 되면 그림에 관심을 덜 갖게 될 뿐만 아니라, 그림에 대한 상상을 하기가 어렵다. 글자가 이미 내용을 다 말해주고 있기 때문이다. 글자를 아직 못 읽는 시기에는 글자를 가르치려고 너무 조바심을 내지 말고 이 시기에만 할 수 있는 활동을 충분히 해보자. 아이와 함께 그림책에 나오는 그림을 보면서 그 그림에 대해 이야기해보자. 그림에 대해 일단 이야기를 시작하면 얼마나 많은 이야기들이 그 속에 숨어 있는지 알 수 있을 것이다. 그림을 보면서 아이와 나눌 수 있는 이야기들도 아주 많다.

이런 질문들은 아이가 글자를 읽지 못 하는 시기에도 그림으로만 내용을 상상하고 유추해서 답을 할 수 있는 것들이다. 이러한 질문을 던짐으로써 아이가 그림을 통해 사고와 상상력을 발달시킬 수 있도록 해주자. 글자를 읽을 수 있게 되면 이러한 상상력을 발휘할 수 있는 기회가 다시 오지 않는다. 그러므로 이 시기를 적극적으로 활용해야 한다.

예전에 우리 어릴 때 읽던 동화책은 사실상 그림이 그렇게 훌륭한 경우가 별로 없었는데, 요즘은 동화책 일러스트레이션 자체가 훌륭한 작품이 될 정도로 잘 그린 경우가 많다. 이런 그림들은 글자만큼이나 훌륭한 학습재료가 될 수 있으므로 책을 고를 때는 글의 수준만큼이나 그림의 수준도 고려해야 한다. 어떤 그림책이 좋은지 판단하기 어려울 때에는 칼데콧Caldecott상과 같은 상을 받은 동화책을 고르거나 유명한 저자나 일러스트레이터의 책을 고르는 것도 좋은 방법이다. 시각적인 민감성이나 상상력을 발달시키기 위해서는 심지어 글자가 없는 그림책도 괜찮다. 그림과 함께 영어 읽기를 조금씩 시작하고 싶다면 글자가 너무 많지 않고 그림이 주가 되는 책을 고르자.

자신감과 창의성
"내가 제일 잘나가!"

그림 속 고양이를 보라. 거울을 보면서 자신이 사자라고 생각하고 있다. 우리는 이 고양이와 같은 사람들을 주변에서 종종 만나게 되는데, 우리는 그런 사람들을 보면서 '저 근거 없는 자신감은 뭐야?' 하고 생각한다. 이번 장에서는 '자신감'에 대해 이야기를 해보려고 한다. 자신감은 창의성과 아주 밀접한 관계가 있는 것으로 알려져 있다. 창의적 인재들의 공통적인 성격적 특성을 보면 자신감이라는 항목이 거의 예외 없이 포함된다.

자신감이 창의성을 낳는다.

　자신감이란 자신의 판단을 믿고 실패를 두려워하지 않는 것이다. 자신감을 한 마디로 정의 내리기는 어렵지만 대체로 대담하고 대범한 성격, 통제를 거부하고 자기 표출 의욕이 강한 성격, 독립적으로 판단하고 사고하는 경향, 남들과 다르게 보이는 것에 신경 쓰지 않는 성격 등이 자신감이 있는 사람들의 특징이라고 할 수 있다. 창의적인 생각이나 창의적인 결과물은 새로운 것이라는 의미인데, 이러한 새로운 것은 주변에서 쉽게 받아들여지기보다는 거부당할 소지가 크다. 이럴 때 자신의 창의적인 생각을 끝까지 밀고 나가기 위해서는 자기 자신과 자신의 새로운 생각에 대해 자신감이 있어야 한다. 반대로 말하면 소심한 성격, 외부의 비판과 압력에 너무 민감하거나 또는 지나치게 순응하는 자세, 두려움 등은 창의성 발달에 도움이 되지 않는다.

　이 대목에서 '타고난 성격을 어쩌란 말이냐?'라는 생각이 들 수도 있다. 성격은 타고나는 부분도 상당히 있는 것으로 알려져 있으나, 자신감과 같은 성격적 특성은 적절한 경험과 환경에 의해서 길러질 수 있다. 자신감을 기르기 위해서는 우선 아이로 하여금 자신의 장점을 찾아보고 자신에 대해 자부심을 갖고 그 장점을 잘 활용할 수 있도록 도와주어야 한다. 또한 자신의 단점도 파악하고 단점을 보완해나가는 생활습관이나 태도를 기르는 것도 중요하다. 아이가 스스로 자신감을 기르고 자신에 대해 생각할 수 있는 기회를 갖도록 자신감을 주제로 한 책을 읽어보기로 하자.

《I like me》

자신감을 갖기 위해서는 우선 나를 아끼고 사랑하는 것에서부터 출발해야 한다. 자신을 사랑하자는 주제를 담은 대표적인 책으로는 낸시 칼슨Nancy Carlson의 《I like me》가 있다. 이 책은 문장이 몇 개 되지 않고, 또 아주 쉬워서 영어를 잘 못하는 어린 아이도 읽을 수 있다. 이 책의 주인공은 그림에서 보이는 것처럼 여자 돼지이다. 보통 우리가 돼지라고 하면 별로 자긍심이나 자신감과는 관계 없는 동물이라고 생각하기 쉽지만 이 책의 주인공은 전혀 그렇지 않다. 이 책의 시작 부분에서 주인공 돼지는 "나한테는 베스트 프랜드가 하나 있는데, 그게 바로 나다"라고 말한다. 그리고선 스스로 "잘생겼어good-looking!"라고 말하고 자신의 어디가 마음에 드는지 일일이 열거한다. "내 말린 꼬리도 예쁘고, 볼록 나온 배도 맘에 들고, 조그만 발도 마음에 들어"라는 식이다. 자기가 기분이 안 좋거나 할 때 다시 기분이 좋아질 수 있는 방법에 대해서도 이야기 한다. 잘하든지 잘못하든지 "나는 나이고, 나는 내가 좋아!"라는 것이 이 책의 핵심 내용이다.

책을 읽고 아이에게 주인공 돼지는 자기 자신에게 어떻게 느끼고 있는지, 구체적으로 어떤 점을 좋아하는지, 기분이 안 좋을 때는 무엇을 하는지 등을 물어본다. 이 내용을 적용하여 아이에게 자신의 어떤 점이 좋은지를 말하거나 쓰게 한다. 가이드라인 없이 바로 생각나는 대로 나열해도 좋다. 필요한 경우 몇 가지 가이드라인이 될 만한 항목들을 주면 아이가 더 쉽게 말을 할 수 있다. 예컨대 이런 질문들이다.

만일 아이가 여전히 어려워한다면 각각의 질문에 대해서도 답을 더 쉽게 할 수 있도록 범주를 정해준다. 'appearance, face, character, study, friends' 등이 그런 범주의 사례가 될 수 있겠다. 좀 더 쉽게 할 수 있는 활동으로는 'happy face, sad face'가 있다. 스마일 페이스 이모티콘으로 happy face와 sad face를 그리고 어떤 때 happy한지 어떤 때 sad한지를 적게 한다.

 책으로 배우기 ② ★
《Beautiful oops!》

우리나라의 교육환경이나 사회 분위기상 아이들은(아이들뿐 아니라 어른들도) 실수하는 것을 몹시 두려워하는 경향이 있다. 창의적 인재의 성격적 특성에서 언급한 바와 같이 창의적 인재들은 실수하는 것을 두려워하지 않고 위험감수성도 높다. 실수나 틀린 것에 대해 꾸중을 하여 아이가 주눅이 들게 된다면 점차 자신감과 자존감을 상실하게 될 것이고 새로운 것을 시도하지 않으려고 할 것이다. 책을 통해서, 실수하는 것은 괜찮다는 것을 알려주면 어떨까?

이번에 소개할 책은 《Beautiful oops!》라는 재미난 제목을 갖고 있는 책이다. oops는 영어로 '어머나, 저런'과 같이 뭔가 실수를 했을 때 하는 말이다. 그 앞에 'beautiful'이라는 말이 붙었다. '예쁜 실수' 정도로 번역하면 되겠다. 이 책에서는 이렇게 말한다.

"It's OK to make mistakes – In fact, mistakes can be good."
"실수하는 건 괜찮아. 사실 실수야말로 좋은 것일 수 있어."

우리 사회는 실수를 용납하지 않는 것과 함께 여전히(점차 나아지고 있으나) '다른 것'에 대한 참을성도 낮은 편이다. 'It's okay to be different(다른 건 괜찮아).'라고 어릴 때부터 인식시켜주자. 동화책 《It's okay to be different》에서는 《I like me》에서처럼 '너는 너이니까 아름다운 것이고, 다른 아이들과 달라서 귀중한 거야(It's okay to be different. You are special and important just because of being who you are.)'라고 말한다. 이와 함께 다른 아이도 마찬가지로 '달라서' 아름답고 귀중하다는 것을 알려주자. 글로벌 사회가 되어갈수록, 사회가 다변화할수록, 다양성과 다름의 가치에 대해 가르치는 것은 중요하다.

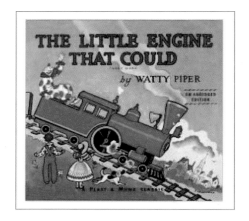

📖 책으로 배우기 ③ ★★

《The little engine that could》

아이의 자존감이나 자신감이 낮은 이유는 성공에 대한 경험이 너무 부족하거나 칭찬을 충분히 받지 못해서일 수 있다. 이런 아이에게는 '나도 할 수 있다'는 생각을 갖도록 도와주는 것이 필요하다. 그런 맥락에서 이번에는 기차를 끄는 작은 엔진 이야기를 통해 아이가 무엇을 잘할 수 있는지 생각해보는 시간을 가져보기로 하자.《The little engine that could》는 산꼭대기에 사는 아이들에게 음식과 장난감을 배달해야 하는 작은 기차 엔진 이야기다. 크고 힘세고 멋진 엔진들은 모두 이 핑계 저 핑계 대면서 기차를 끌어주려고 하지 않는다. 이때 작은 엔진 하나가 자신이 할 수 있다고 자원하고는 힘든 언덕을 올라간다. 기차를 힘들게 끌면서 작은 엔진이 계속 하는 말이 "I think I can, I think I can내가 할 수 있다고 생각해."이다.

이 책을 읽고 작은 엔진이 다른 큰 엔진들보다 더 나은 점이 무엇인지 말하게 해보자. 또 아이가 무엇을 잘할 수 있는지 스스로 이야기하게 해보자. 이때 기차 그림을 그리고 기차 칸마다 하나씩 "I think I can _____"을 쓰도록 한다. 엄마와 함께 "I think I can_____"을 한 번씩 돌아가면서 챈트 형식으로 말해보는 것도 좋겠다.

내가 지금 할 수 있는 일과 하고 싶은 일, 그러기 위해서 배워야 하는 것, 해야 하는 것을 표로 만들어 적을 수도 있다. 이렇게 하면 영어에 대해서도 가이드라인이 생겨서 비슷한 형식의 문형으로 아이가 쉽게 자신의 생각을 쓸 수 있게 된다.

I can do this	I want to do this
1. _____	1. _____
2. _____	2. _____
3. _____	3. _____

조금 더 길게 문장을 쓸 수 있다면 앞으로 내가 해야 할 일, 할 수 있는 일을 쓰게 하자.

Last year I could not _____. This year in school I think I can _____.
When I was _____ years old, I could not _____. I'm _____ years old and now
I can _____.

이처럼 예전에는 할 수 없었지만 올해는 할 수 있다고 생각하는 것들을 쓰면 된다. 이 활동을 유창성과 연결하여 5분 정도 시간을 주고 생각나는 대로 한번 써보라고 하는 것도 좋다.

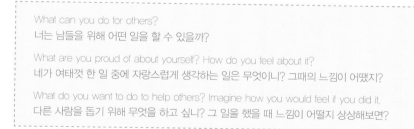

What can you do for others?
너는 남들을 위해 어떤 일을 할 수 있을까?

What are you proud of about yourself? How do you feel about it?
네가 여태껏 한 일 중에 자랑스럽게 생각하는 일은 무엇이니? 그때의 느낌이 어땠지?

What do you want to do to help others? Imagine how you would feel if you did it.
다른 사람을 돕기 위해 무엇을 하고 싶니? 그 일을 했을 때 느낌이 어떨지 상상해보면?

아직 하지 않았으나 자신이 앞으로 할 수 있는 일을 구상하고 그 느낌을 상상해보는 것은 자신에 대한 긍정적인 이미지를 만들어나가는 데 큰 도움이 된다.

🔊 활용하기 ① ★★
I like my friends(family) tree 활동

자신이나 친구들에 대해 글을 써보는 활동은 인물을 묘사하는 영어를 공부하기에 적당하다. 단순히 친구나 가족에 대해 써보는 것보다 'I like my friends(family) tree' 활동을 해보면 더 재미있을 것이다. 친구와 해도 좋겠지만 친구와 학습을 같이 하는 상황이 아니라면 가족과 함께 해도 좋다. 우선 나무를 하나 그린 뒤 거기에 칭찬할 아이의 이름을 쓴다. 그리고 아이의 장점을 포스트잇에 써서 하나씩 붙인다. 여러 사람들이 서로 장점을 써서 붙이면 그 사람의 장점이 다면적으로 나타나기 때문에 본인도 생각하지 못했던 장점들이 나올 수 있고, 이렇게 칭찬을 받게 되면 자존감 향상에도 도움이 된다.

이 활동을 하면서 사람의 성격이나 성질, 성품을 묘사하는 형용사를 익혀두면 좋다. 그림에서 보는 것처

성격·성품 관련 형용사들

Attentive, Calm, Cheeky, Intelligent, Faithful, Pessimistic
Friendly, Good tempered, Happy, Hard-working, Honest, Nervous
Humble, Lively, Obedient, Optimistic, Outgoing, Impatient
Patient, Polite, Popular, Reserved, Tidy, Rude
Distracted, Bad-tempered, Shy, Silly, Unfriendly, Selfish
Naughty, Unhappy, Lazy, Dishonest, Talkative
Proud, Disobedient, Unpleasant, Hypocritical, Untidy, Generous

럼 사람을 묘사하는 다양한 형용사 리스트를 찾아서 아이와 함께 익혀보자. 그림이 함께 있는 리스트라면 그림을 보고 단어의 뜻을 쉽게 유추할 수 있다. 그림과 함께 단어의 뜻을 유추해보고 억지로 단어를 외우려고 할 필요는 없다. 친구나 가족들의 'I like OO(친구 이름) tree'를 만들 때 어휘 리스트를 옆에 놓고 보면서 쓰게 한다. 단어는 억지로 외우는 것보다 이런 활동을 통해 맥락 속에서 자연스럽게 써봄으로써 가장 효과적으로 익힐 수 있다. 묘사하고자 하는 사람을 떠올리면서 리스트에서 비슷한 형용사를 찾아서 써보는 것만으로도 충분히 단어 학습이 된다. 다만 한두 번 해서는 단어를 오래 기억하기 어렵기 때문에 다양한 활동을 통해서 반복적으로 배운 단어를 활용해주는 것이 중요하다.

활용하기 ② ★★★
Muppets 캐릭터 분석하기

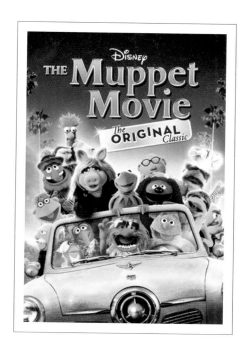

《I like me》에서 이어지는 활동을 해보자. 지금껏 책을 읽었으니 이번에는 동영상을 한번 보기로 하자. 〈머펫츠Muppets〉는 〈세서미 스트리트Sesame street〉에 나오는 캐릭터들이 등장하는 영화다. 《I like me》처럼 이 영화에서도 주인공은 미스 피기Miss Piggy라는 프리마돈나 돼지이다. 미스 피기는 자신에 대한 자존감과 자신감이 아주 충만한 나머지 약간 거만하기까지 하다. 별로 예쁘지 않은 외모에 그다지 아름답지 않는 목소리지만, 미스 피기는 자기가 스타가 될 걸로 굳게 믿는다. 이 영화를 보고 미스 피기라는 캐릭터에 대해 아이와 더불어 생각을 나누어보자.

What does Miss Piggy think about herself?
미스 피기가 자신에 대해서 어떻게 생각하고 있니?

How does Miss Piggy's attitude help her?
미스 피기의 태도가 미스 피기에게 어떤 도움이 되었을까?

Can you describe her character? Find the words to describe her character.
미스 피기의 캐릭터는 어떤 캐릭터일까? 미스 피기를 표현하는 형용사나 단어를 찾아보자.

If Miss Piggy was not confident, what would be different? Find the words which are the opposite of her character.
만일 미스 피기가 자신감 없는 캐릭터였다면 무엇이 달라졌을까? 미스 피기의 캐릭터와 반대되는 형용사를 찾아보자.

미스 피기뿐만 아니라 〈Sesame street〉과 〈Muppets〉에는 다양하고 흥미로운 캐릭터들이 등장하는데 이들의 성격과 특성에 대해 생각을 해보고 자신과 관련하여 성찰 활동을 하도록 한다. 캐릭터들의 성격을 간략히 요약하고 내가 캐릭터 중에 누구와 가장 비슷한지, 왜 그렇게 생각하는지에 대해 이야기하게 한다. 이때 아이가 문장으로 묘사를 할 수 없는 실력이라면 형용사 리스트에서 간단하게 각 캐릭터와 부합하는 형용사를 몇 개씩 골라서 쓰면 된다. 다음과 같은 질문을 해보자.

위의 질문은 결국 "Which character are you너의 캐릭터는 뭐지?"라는 질문으로 이어진다. 〈Muppets〉에 나오는 다양한 캐릭터를 보면서 자신에 대해 생각할 수 있는 기회를 주면 좋겠다. 자신감을 고취시키기 위해서는 아이가 스스로 자신이 현재 무엇을 잘하고 있는지, 자신의 장점은 무엇인지, 단점을 보완하여 좀 더 나아질 여지는 없는지 등을 스스로 생각할 수 있는 기회를 주는 것이 중요하다.

아이가 초등학교 고학년 정도 되고, 영어 실력이 쉬운 기사를 읽을 정도가 된다면 구글에서 'Muppets character'라는 키워드를 입력하여 〈Muppets〉의 캐릭터에 대한 짧은 기사를 읽어보는 것도 영어 학습에 도움이 될 것이다. 글을 읽으면서 각각의 캐릭터를 묘사하는 단어를 찾아서 밑줄을 긋게 한다. 그 단어들 중에 긍정적인 묘사, 부정적인 묘사, 중립적인 묘사를 구분하게 한다. 예를 들어 'Kermit the Frog'를 묘사하는 긍정적인 단어로는 'brave, loyal, sweet, helpful, nice' 등이 있고, 부정적인 단어로는 'nervous, insecure, reluctant' 등이 있다. 아이가 이미 아는 단어라면 이 캐릭터를 묘사하는데 왜 이 단어가 쓰였는지 말해보게 하고, 모르는 단어라면 단어의 뜻을 설명해주고 그 단어가 이 캐릭터를 묘사하기에 적절한지 생각해보게 한다. 이런 활동을 통해 맥락 속에서 단어를 학습하는 게 가장 좋은 방법이다. 특히 느낌의 의미가 있는 형용사들은 단순히 우리말 단어로 번역해서 알기보다는 각각의 단어가 갖고 있는 느낌을 맥락 속에서 자연스럽게 깨닫게 하는 것이 훨씬 더 도움이 된다.

활용하기 ③ ★ ★ ★
About me poem

위의 활동과 연결하여 아래와 같이 자신에 대한 짧은 시를 만들어 보자. 빈칸에 아이가 느끼는 대로 적어넣게 한다. 아주 간단한 활동이지만 자신에 대한 이런 글을 써보는 것이 자신을 성찰할 수 있는 기회가 된다.

I feel _____ when I _____.
I feel _____ when I _____.
I feel _____ when I _____.

I can _____ when I _____.
I can _____ when I _____.
I can _____ when I _____.

행복해지기 위한 규칙 만들기

자신감 및 자존감 증진을 위해 해볼 수 있는 재미있는 활동으로 'Rules to be happy행복해지기 위한 규칙' 만들기도 있다. 낸시 칼슨Nancy Carlson의 《Life is fun》이라는 책에서는 행복해지기 위한 규칙을 다음과 같이 정한다.

> To be happy, just follow these simple instructions. Don't bring snakes inside the house. Be nice to the nerdy kid next door, and to any space creatures you may meet. Laugh a lot! And most importantly, make big, big plans.
> 행복해지기 위해서는 다음과 같은 간단한 규칙을 따르세요. 집 안으로 뱀을 갖고 오지 마세요. 옆집에 사는 괴상한 아이나 외계생물에게 친절히 대해 주세요. 많이 웃어요! 그리고 가장 중요한 것은 아주아주 커다란 계획을 세워요.

이 규칙처럼 아이와 함께 유머러스한 규칙을 만들어보자. 그리고 함께 만든 규칙을 일주일 동안 행해보고 확인해보자. 가능하면 규칙과 관련된 재미있는 사진도 찍어서 붙여본다. 또 이 반대의 규칙을 만들어보면 어떨까? 즉 'Rules to be unhappy불행해지기 위한 규칙', 'Rules to be a loser실패하기 위한 규칙'을 만들어보는 것이다. 이런 활동들은 상상력을 많이 요하기 때문에 평소에 생각하지 못했던 기발하고 창의적인 생각들이 많이 나올 것이다.

성공의 경험과 칭찬

앞서도 언급했다시피 아이가 자존감이나 자신감이 낮은 이유는 성

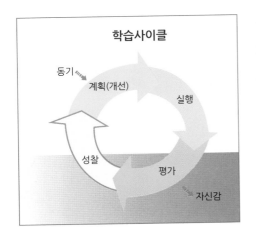

학습사이클

동기
계획(개선)
실행
성찰
평가
자신감

공의 경험이 부족하고 칭찬을 충분히 받지 못해서일 가능성이 크다. 아이들은 흔히 다른 사람에게 비치는 자기 모습을 통해 스스로를 판단하는 경우가 많은데, 엄마나 아빠, 친구, 선생님에게 비치는 아이의 모습이 아이가 스스로 생각하기에 긍정적인 이미지가 아니라면 아이가 자신감을 가지기도 어렵다. 그러므로 아이에게 칭찬을 많이 해줄 필요가 있다. 설사 어른들이 보기에 그것이 만족할 만한 성공이 아니더라도 칭찬을 해줌으로써 아이는 그것을 성공으로 받아들이고 결과적으로 자신감을 가질 수 있게 될 것이다. 성공을 한번 해보면 성공이 가져다주는 만족감 때문에 아이는 다시 노력을 하게 된다.

학습의 시작과 끝은 옆의 그림처럼 서로 맞물려 있다. 학습 사이클의 시작점에서 가장 중요한 것은 학습 동기이다. 즉 학습이 효과적으로 일어나기 위해서는 내가 이것을 배우고 싶다는 열정과 호기심이 있어야 한다. 학습 사이클의 마지막은 평가인데, 평가로 한 학습 사이클이 끝나는 것이 아니다. 한 학습 사이클에서의 마지막에 오는 평가는 다음 학습 사이클의 시작, 즉 학습 동기에 지대한 영향을 미치기 때문이다. 만일 자신이 열심히 했는데도 계속 좋지 않은 평가를 받게 된다면 아이는 몇 번의 학습 사이클을 시도해보다가 결국은 포기를 하게 될지도 모른다. 다시 말해서 학습에 대한 자신감을 잃게 되는 것이고 이는 학습을 포기하게 되는 슬픈 결과를 가져올 수도 있다. 그만큼 자신감은 학습에 있어서 중요한 요소이다.

자신감은 특히 창의성에 있어서 반드시 필요한 항목이다. 아주 창의적이고 독창적인 생각이나 결과물은 일반적인 통념으로는 받아들이기 어려운 경우가 많다. 아이의 생각이나 작품이 우리가 기대하던 것과 다르다고 해서 핀잔을 주게 되면 아이의 창의성을 꺾는 결과가 될 것이다. '예쁘게 잘' 그리는 것이 중요한 미술 수업에 피카소나 몬드리안과 같은 그림을 그리는 아이가 있었다면 우리가 과연 잘 그렸다고 칭찬을 할 수 있었을까? 지금에야 피카소가 워낙 유명해서 우리가 그 그림을 보고 '피카소네!'라고 생각할 수도 있지만, 피카소 이전에 그런 그림을 그리는 아이가 있었다면 그걸 알아보고 칭찬을 하기는 쉽지 않았을 것이다. 켄 로빈슨Sir. Ken Robinson이 말했듯이, 내 수업에 셰익스피어가 앉아 있다고 상상해보자. 셰익스피어를 못 알아보고 그의 문법을 틀린 문법이라고 지적하는 내 모습을 상상하면 아찔하다. 사실 우리가 지금 키우고 있는 아이들이 피카소나 셰익스피어일지도 모르지 않는가?

칭찬은 고래도 춤추게 한다는 말이 있듯이 칭찬을 하는 것은 아주 중요하다. 그러나 너무 과도한 칭찬은 도움이 되지 않는다는 점도 기억해야 한다. 즉, 창조적 자신감creative confidence과 과도한 자신감overconfidence은 구분을 해야 한다. 칭찬을 필요 이상으로 하게 되면 근거 없는 자신감을 키우게 될 수도 있다. 딱 필요한 정도로만 칭찬을 하는 것이 중요하다. 칭찬은 일종의 보상인데, 그중에서도 외적 보상이라고 할 수 있다. 외적 보상, 즉 말로 하는 칭찬이나 상 같은 것을 너무 자주 주게 되면 아이가 외적 보상에만 너무 의존하게 되어 학습을 하는 내면의 즐거움을 잃게 될 위험이 있다. 그러면 외적 보상이 없을 때는 노력을 하지 않게 될 수 있다. 학습에서는 균형을 유지하는 것이 중요한데, 칭찬의 경우에도 마찬가지이다.

발음은 얼마나 중요할까?

영어를 하는데 있어서 발음은 얼마나 중요할까? 발음이 좋으면 물론 좋다. 하지만 유창한 발음보다는 자기가 하고 싶은 말을 할 수 있는지 여부가 더 중요하다. 그런데 원어민처럼 발음하고 말하는 것을 영어공부의 목표로 잡는 순간, 우리나라와 같이 영어를 외국어로 배우는 EFLEnglish as a Foreign Language 국가에서 영어를 배우는 학습자는 대부분 실패할 것이다.

발음을 포함하여 왜 인간이 외국어를 모국어처럼 배울 수 없는지, 특히 특정 연령이 지나서는 왜 더욱 배우기가 어려워지는지에 관해서는 많은 학자들이 논의를 해왔지만 정답으로 내놓을 수 있는 이론은 아직 없다. 안타깝게도 우리나라와 같이 외국어로서 영어를 배우는 상황에서는 영어를 모국어처럼 습득할 수 없다는 것은 대체로 분명하다. 이유야 어찌됐든 간에 이러한 상황에서 원어민처럼 발음하고 말하는 것을 목표로 삼는 것은 무모하다고 볼 수 있다. 21세기의 영어는 모국어로보다 외국어로 쓰이는 경우가 더 빈번하다. 우리가 중국인이나 프랑스인, 아랍인을 만날 때 그 나라 언어를 할 줄 모르는 경우 대개 영어로 의사소통을 하게 된다. 이런 경우가 미국인이나 영국인을 만나서 영어를 하는 경우보다 더 자주 있다. 그러니 원어민 같은 발음으로 영어를 하는 것보다 내가 원하는 바를 상대방에게 전달하는 일이 더 중요하다.

발음 연습

발음 자체보다 의사소통이 중요하다고는 하지만 발음이 정상적인 궤도에서 너무 벗어나서 의사소통을 방해할 정도가 되면 곤란하다. 이런 경우에는 교정하는 연습을 해야 한다. 발음 연습은 크게 두 가지 레벨로 볼 수 있는데, 개별 음phoneme을 고치기 위한 미시적인 노력과 문장의 높낮이intonation를 위한 좀 더 거시적인 연습이 그것이다. 발음을 정확하게 하기 위해서는 우선 원어민이 어떻게 발음하는지 정확하게 들어야 한다. 미시적인 발음을 배우려면 구글에서 'pronunciation'이라는 키워드를 검색해 나오는 다양한 발음 교정 웹사이트를 활용할 수 있다.

발음을 좀 더 거시적으로 본다면, 영어는 상당히 리드미컬한 언어이다. 우리말과 리듬감이 많이 다르다. 저자의 전공이 영어교육이다 보니 외국 학생들이 영어로 말하는 것을 유심히 듣게 되었는데, 내가 듣기엔 중국이나 인도 학생들보다 한국 학생들의 영어 발음이 나은 것 같았다. 그런데 미국 친구들은 중국, 인도, 한국 학생들의 영어 중에 대체로 한국 학생들의 영어가 가장 알아듣기 어렵다고 했다. 그 이유를 살펴보니 한국 학생들이 영어를 할 때 개별 단어의 발음은 괜찮은 편인 반면 문장의 높낮이는 드러나지 않기 때문이었다. 영어는 문장 내에서의 강약과 높낮이, 속도 등이 중요한데, 한국 학생들은 이런 리듬을 타지 않고 그냥 모든 단어를 똑같이 또박또박 발음한다. 그것이 미국 친구들로 하여금 우리 영어 발음을 더 알아듣기 어렵게 만드는 요인이었다.

영어의 리듬을 익히자

영어의 리듬을 익히려면 영어를 개별 단어 단위로 듣기보다는 쉬운 뉴스나 강연 같은 것을 눈을 감고 노래를 듣듯이 감상하면서 들어보는 연습을 하면 좋다. 우리가 영어를 들을 때 너무 그 내용을 이해하는 데 치중하게 되고, 그러다 보면 개별 단어에 집중하는 경향이 생긴다. 리듬 연습을 위해서는 내용 이해에 대한 욕심을 잠시 내려놓고 그냥 듣도록 한다. 그렇게 들어보면 문장에서의 높낮이, 속도, 강약, 리듬에 대한 감이 좀 생길 것이다. 많이 따라 읽어보거나 말하는 것도 좋다. 앞서 언급한 발음 연습 웹사이트에 나오는 shadowing따라말하기/읽기 연습을 해보거나 혹은 쉬운 유튜브 동화 읽기 등을 듣고 따라 읽어보는 연습도 좋겠다.

아이들의 최초 영어 발음 배우기

어린 아이들의 경우 나중에 발음을 수정하기보다는 처음부터 좀 더 정확한 발음으로 배우는 것이 더 쉬울 것이다. 간혹 엄마들이 본인의 발음이 정확하지 않은데 괜히 영어책을 읽어줘서 아이의 발음을 망치는 것이 아닐까 걱정하는 경우가 있다. 이 문제에 대해 엄마들의 영어를 들어보지 않고 뭐라 단정 짓기는 어렵다. 학자들도 이 문제에 대해서는 찬반 의견이 있다. 만일 엄마가 영 자신이 없다면 CD나 유튜브에 나오는 동화를 들려주고 가끔씩만 아이와 함께 같이 읽는 척 해도 괜찮을 것 같다. 이 방법이 괜찮은 이유는 아이가 어떤 단어를 처음 배울 때 최초로 들은 발음을 배울 확률이 높기 때문이다. 처음에 너무 정도에서 벗어난 발음을 접하고 따라하게 되면 나중에 발음을 고치는 데는 더 많은 노력이 필요할 수도 있다. 요즘은 TV, 라디오, CD, 영화, 인터넷 등에 영어로 된 양질의 콘텐츠가 많다. 이러한 콘텐츠를 잘 활용한다면, 엄마의 영어 발음이 다소 좋지 않더라도 아이가 다양한 발음에 노출되기 때문에 의사소통이 가능한 발음을 익히는 데는 큰 문제가 없을 것이다. 위에서 말한 영어의 리듬감을 익히는 데는 어린 아이들의 경우에는 너서리 라임이나 챈트, 노래를 많이 듣는 것도 권장한다.

LESSON 04

공감력

"알렉산더가 불쌍해!"

이 사진에 보이는 기계는 무엇일까? 놀랍게도 MRI자기공명영상이다. 사진 속의 MRI는 마치 해적선 같고, 바다 속 탐험선과도 같이 생겼다. MRI가 왜 이렇게 생겼을까? 주변을 보면 어른들조차도 MRI에 들어가는 것이 꼭 관에 들어가는 것 같아 기분 나쁘다는 사람들이 있다. 어른들조차 그런데 아이들이야 오죽하겠는가.

공감력과 창의성

이 기계를 만든 사람은 더그 디츠Doug Dietz라

는 미국인이다. 그가 처음에 MRI를 디자인할 때는 엔지니어의 마인드로 기계의 성능과 효율에만 관심을 가졌다. 그렇게 개발한 MRI는 아주 만족스러운 성능을 가진 기계였다. 어느 날 그는 MRI가 병원에서 어떻게 쓰이는지 보기 위해 시찰을 나갔다가 한 여자 아이가 MRI가 무서워서 우는 것을 목격하게 되었다. 그제서야 더그는 아이들이 MRI를 너무 무서워해서 약물을 투여한 후 반수면 상태로 검사를 받고 있다는 사실을 알게 되었다. 그는 이 사실에 너무나 충격을 받아서 아이들이 무서워하지 않고 검사를 받을 수 있도록 MRI를 다시 만들어야겠다고 생각하게 되었다. 더그는 회사의 상사에게 이 말을 하면서 눈물을 흘렸다고 한다. 자신이 무엇을 놓쳤는지를 그때 깨달은 것이다. 그는 기계에만 집중하느라 그 기계를 사용하는 인간을 배려하지 않았던 것이다.

이미 MRI 개발비를 다 쓴 회사가 더 이상 투자를 해줄 수 없었음에도 불구하고 더그와 동료들은 업무 외 시간을 이용해서 MRI를 아이들이 좋아할 수 있는 여러 가지 형태로 바꾸어놓았다. 그 결과 지금 사진에 있는 해적선 외에도 샌프란시스코 케이블카, 심해 등등 12종 정도 되는 아이들용 MRI가 개발되었다. 덕분에 아이들은 놀이동산처럼 생긴 MRI에서 마치 놀이하는 것처럼 검사를 받을 수 있게 되었다. 의사는 아이들에게 해적이 쳐들어올 테니 그 안에 숨어서 잠시만 조용히 있으라고 말하고 검사를 진행했다. 결과는 놀라웠다. 소아환자의 80% 정도가 사용했던 수면용 약물의 비율이 소아용 MRI 개발 이후에는 10%로 낮아졌다. 이후 병원으로 다시 돌아간 더그는 어떤 여자 아이가 MRI 검사를 마치고 나오면서 엄마한테 하는 말을 듣게 되었다.

"Mommy, can we come back tomorrow엄마, 내일 여기 다시 올 수 있어요?"

앞 장의 주제인 '자신감'이 나의 내면과 관련된 창의성 항목이라고 한다면, 이번 장의 주제인 공감력empathy은 내 밖에 있는 것들에 대한 창의성 항목, 즉 다른 사람을 이해하고 아끼는 마음이라 할 수 있다. 더그가 처음 만들어낸 MRI도 과학적으로는 훌륭한 창의적 결과물이었고 자신의 성과에 대해 더그는 상당히 자신감이 있었을 것이다. 그러나 그것으로는 부족했다. 인간에 대한 이해와 애정이 없었기 때문이다. 그가 나중에 자신에게 무엇이 부족한지를 깨닫고 인간에 대한 애정을 갖고 다시금 개발했을 때 결과적으로 훨씬 더 창의적이고 더 유용한 기계를 만들 수 있었다. 다른 사람에 대한 이해는 앞서 살펴본 '다르게 보기'와도 비슷하다. 즉, 우리가 다른 사람의 입장에서 생각을 한다면 또는 다른 각도에서 사건이나 문제를 본다면, 문제가 달리 보일 것이다. 또 그동안 잘 보이지 않던 해결책도 볼 수 있다. 경직된 사고를 가지고는 한 각도로밖에 문제를 볼 수 없다. 따라서 다른 사람을 이해하고 그 입장에서 문제를 볼 수 있는 능력, 즉 유연하고 융통성 있는 사고도 창의성의 일부이다.

동생을 위한 칫솔 디자인하기 ★★

이제부터 공감력을 발달시킬 수 있는 쉬운 활동으로 동생, 또는 3~4세 정도 된 아이를 위한 칫솔 만들기를 해보자. 아기용 변기도 좋겠다. 실제로 칫솔을 만들 수는 없지만, 상상하고 있는 칫솔을 그려보고 왜 그런 모양이 나왔는지에 대해 설명하게 하자. 자신이 사용할 것이 아니라 다른 사람을 위한 물건을 만들기 위해서는 더그와 같이 그 물건을 사용할 사람에 대한 이해와 공감력이 필요하다. 그러자면 그 입장이 되어서 상상을 해보아야 실제로 사용할 사람에게 편리한 디자인을 만들 수 있다. 여러분도 아마 지금쯤 머릿속으로 3~4세 아이를 위한 칫솔을 상

상하고 있지 않은가? 아이를 키워보지 않은 사람이라면 어린 아이를 위한 칫솔로는 작은 손에 알맞은 작은 칫솔을 상상할 것이다. 그러나 실은 그 반대이다. 어린 아이들은 손의 운동기능이 아직 완전히 발달되지 않았기 때문에 작은 칫솔보다는 큼지막한 칫솔이 더 적합하다. 이런 것은 실제로 경험해 보지 않았다면 타인에 대한 이해와 배려 없이는 쉽게 생각해내기 어렵다. 칫솔을 고안했으면 꼭 문장이 아니더라도 아는 단어를 활용하여 자신의 고안에 대한 설명이나 이유를 간략하게 영어로 쓰게 하자. 예를 들어, easy, pretty, funny, colorful처럼 자신의 창작물을 설명할 수 있는 단어들을 나열하면 된다. 이런 소소한 활동들을 하면서도 아이가 영어 단어를 좀 더 활동 내에서 적극적으로 사용하게 이끌면 좋겠다. 이렇게 반복적으로 활동 내에서 어휘를 사용하게 되면 단어집을 보면서 익히는 것보다 몇 배로 오래 기억에 남는다.

《Arnie and the new kid》

《Arnie and the new kid》는 어린 아이들이 타인에 대해 감정이입을 해보고 자신의 평소 태도에 대해 성찰할 수 있는 기회를 제공하는 책이다. 이 책의 주인공인 아니Arnie는 잘나가는 고양이다. 아니가 다니는 학교에 휠체어를 탄 필립Philip이라는 개가 전학을 왔는데, 아니는 필립이 장애우라는 이유로 무시하기도 하고 때론 괴롭히기도 한다. 그러던 어느 날 아니는 장애우 흉내를 내다 넘어져서 다리와 팔목, 꼬리를 심하게 다치게 되어 목발에 의지하는 신세가 된다. 필립보다 더 불편한 신세가 된 아니를 필립이 도와주고 둘은 베스트 프렌드가 된다. 시간이 지나 아니의 몸이 회복되었지만 아니와 필립은 여전히 가장 친한 친구로 지내게 되고, 아니는 필립에게 자기가 속한 야구팀의 코치를 맡아달라고 부탁한다.

이 책에서처럼 자신보다 약한 아이들을 무시하거나 왕따를 시키는 일은 비교적 흔히 있는 일인데, 아이들이 책을 통하여 이러한 주제에 대해 생각해보고 깨닫게 돕는 것도 좋은 교육이다. 이 책을 읽으면서 다음과 같은 질문을 해보자.

읽기 후 활동 : 역할놀이 ★★

역할놀이는 책의 내용에 좀 더 몰입하고 등장인물들의 감정을 더 현실감있게 느낄 수 있도록 해준다. 이때 등장인물에 해당하는 동물 가면을 만들어 쓰고 역할놀이를 진행하면 몰입이 더 잘 되며 재미도 있다.

책을 읽은 후에 사과편지를 써보는 것도 좋다. 아니가 필립에게 쓰는 사과편지도 좋고, 아이가 특별히 사과편지를 쓰고 싶어 하는 대상이 있다면 그 친구에게 쓸 수도 있다. '내가 너를 무시해서 미안해. 앞으로는 좋은 친구가 되었으면 좋겠어I'm sorry I ignored you. Let's be good friends to each other.'를 포함한 서너 문장 정도의 편지면 의미가 충분히 전달되는 편지가 될 수 있다.

《Alexander and the terrible, horrible, no good, very bad day》

　　공감력empathy을 기르기 위해 꼭 직접적으로 무엇을 만들거나 어떤 일을 할 필요는 없다. 책을 통해서 간접적으로 타인을 이해하고 타인의 입장이 되어서 생각해 보는 것으로도 충분하다. 이번에 살펴볼 책은《Alexander and the terrible, horrible, no good, very bad day》인데, 다른 사람에게 생긴 일을 보면서 감정이입을 할 수 있는 재미있는 책이다. 이 책은 제목만 봐도 우리의 주인공 알렉산더가 얼마나 힘든 하루를 보냈는지 짐작할 수 있다. 알렉산더에게 하루 동안 일어난 나쁜 일들의 예를 몇 가지만 보자. 아침에 일어나보니 지난 밤에 씹었던 껌이 머리에 붙어 있고, 침대에서 내려오다 스케이트보드를 밟아서 미끄러지고, 동생만 시리얼 박스에서 경품을 찾는다. 학교에 가서도 내내 나쁜 일이 계속 된다. 수업 시간에 선생님께 꾸중을 듣고, 친구는 더 이상 너의 베스트 프렌드가 아니라고 얘기하고, 점심시간에는 자기 도시락에만 디저트가 빠져있었다.

읽기 전후 활동 ★★

　　이 책은 워낙 유명해서 영화로도 나와 있다. 읽기 전 활동으로 영화의 예고편을 보면서 책의 내용에 대해 대략 예상하게 해보자. 이 책은 초등학교 고학년을 대상으로 한 책이어서 텍스트의 양이 적지 않다. 긴 이야기책인 경우 전체 줄거리를 짐작할 수 있는 활동을 미리 한번 하는 것이 아이가 책에 흥미를 갖게 하고, 읽을 준비를 하도록 도울 수 있다. 책을 읽기 전에 짧은 예고편을 보든지, 또는 제목을 통해 주인공 알렉산더에게 어떤 일이 생겼을지 짐작해보고, 아이가 생각하는 나쁜 일로는 어떤 것이 있는지, 아이는 어떤 괴로운 날bad day을 겪은 적이 있는지 등을 이야기해본다.

스케줄러 만들기 ★★

책을 읽고 난 후에는 이렇게 시계 모양의 스케줄러에 알렉산더에게 일어난 일을 시간 순으로 정리하게 한다. 흔히 하는 내용 이해 점검 질문 외에 이러한 활동을 가끔씩 하면 아이가 흥미 있어 할 뿐 아니라 수렴적 사고 활동도 증진시킬 수 있다.

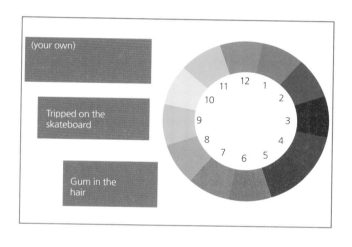

알렉산더에게 일어난 일에 대해 다음과 같은 질문을 한다. 질문에 대한 답을 영어로 하기 어렵다면 우리말로 해도 괜찮다.

마지막 질문에 대해서는 이전 장에서 배운, 기분을 나타내는 영어 단어들을 사용해서 각각의 사건에 대한 기분을 상상해서 말하게 한다. 만일 여러 명이 같이 이 책을 읽는다면 책에 나오는 재미있는 상황 몇 개를 뽑아서 내가 그런 상황 속의 알렉산더가 되어보는 상황극을 하는 것도 공감력을 한층 더 강화할 수 있는 활동이 될 것이다.

✎ 영화와 비교하기 ★★★

영화 보기는 책을 읽기 전에도 할 수 있지만, 읽기 후 활동으로 추천한다. 영화를 미리 보면 책을 읽을 때 인물, 배경, 사건 등에 대한 상상을 하기가 어렵기 때문이다. 종종 결말에 대한 스포일러가 되는 경우도 많다. 특히 이 책의 영화 보기는 읽기 후 활동으로 하길 권한다. 영화를 자세히 보면 책에 없는 부분이나 약간 다르게 표현된 부분이 있다. 틀린 그림 찾기 놀이를 하는 것처럼 영화를 보면서 책과 다른 부분을 더 많이 찾아내기 게임을 하면 아이의 영화 시청 집중도를 높일 수 있을 것이다. 영화를 보고 나서는 다음과 같이 간단한 질문을 던져보자.

What's the difference between the book and the movie?
책의 그림과 영화에서 보이는 것이 어떻게 달랐니?

In the movie, there are some things which are not in the book. Did you find them?
책에서는 안 나오는 것들이 영화에 있는데 그게 무엇인지 찾았니?

Is Alexander similar to what you imagined? Are the other characters similar to what you imagined? How are they different from what you imagined?
네가 상상하던 알렉산더와 그 주변 인물들이 영화의 인물들과 비슷하니? 다르다면 어떻게 다르니?

Is the setting similar to what you imagined?
배경은 상상과 비슷하니?

Do you like the characters and setting of the movie? Why?(Why not?)
영화에서 나온 인물이나 배경이 마음에 드니? (그렇다면 또는 그렇지 않다면) 왜 그렇지?

✏ 위로의 카드 쓰기 ★★★

하루 종일 나쁜 일만 줄줄이 생긴 알렉산더에게 그의 친구가 되어 위로의 말을 건네보는 것은 어떨까? 친구나 엄마가 같이 대화를 할 수 있으면 가장 이상적이겠으나 그렇지 않을 경우에는 아이가 알렉산더에게 하고 싶은 말을 한번 해보는 것도 괜찮다. 조언하기나 위로하기에 대한 표현은 교과서에서도 자주 나오는 표현이므로 아이가 비교적 어렵지 않게 말을 할 수 있을 것이다. 'I'm sorry to hear that……. I think you should do……. You shouldn't have…….' 등의 표현을 써서 하고 싶은 말을 하도록 도와주자.

말하기뿐만 아니라 알렉산더에게 위로의 편지나 엽서를 쓸 수도

영어권(미국)의 주소 쓰는 방법

Sender's Name
Street Address
City, State Zip Code

Air-mail

Recipient's Full Name
Street Address
City, State Zip Code

날짜 표기법
미국 - 30(일)/12(월)/2016(년)

있다. 앞서 제시한 위로하는 표현이나 조언하는 표현들을 활용하여 하루 종일 어려운 일을 겪은 알렉산더에게 카드를 써본다. 편지쓰기는 초중등 교과서에서 자주 나오는 장르이므로 이런 활동을 하면서 편지라는 장르가 갖는 특성이나 규범도 함께 익힐 수 있도록 하자. 예를 들어 영어권 나라는 우리나라와 주소나 날짜 쓰는 법이 다른데 이런 것들도 함께 알려주자.

실제 생활과 연계한 활동 ★★★

학습이 아이의 생활과 연결 고리를 갖게 될 때 그 학습은 유의미한 활동이 된다. 학습 내용이 아이 주변에서 적용 가능하면 아이는 학습에 더 흥미를 갖게 될 뿐 아니라 학습의 효과도 배가된다. 알렉산더에게 일어난 일들은 보통의 아이도 흔히 겪을 수 있는 일들이다. 아이에게도 비슷한 경우가 있었는지 물어보자.

Sometimes you might have had fights with your brother or sister. How did you feel?
형이나 동생과 다투었을 때가 있었지? 기분이 어땠니?

When the teacher scolded you, how did you feel?
선생님께 꾸중을 들었을 때는 기분이 어땠니?

아이의 '나쁜 날bad day'에 대해 물어보자. 유독 운이 나쁜 날이 있었다면 그게 언제였는지, 왜 그랬는지, 어떤 일들이 일어났는지에 대해 일기처럼 간단하게 적게 한다. 이때 알렉산더 책에 나온 표현이나 글의 방법을 참고해서 쓰도록 유도하면 영어 글쓰기에 도움이 된다.

나쁜 날이 아니라 좋은 날good day에 대해 써보는 것도 재미있을 것이다. 상상력을 발휘하여 그 반대의 이야기를 쓰게 한다. 〈Alexander and great, wonderful, awesome, all good day!〉라고 말이다. 또는 아이의 이름을 넣게 하고 〈Najung and great, wonderful, awesome, all good day〉와 같이 아이 자신이 경험한, 또는 상상할 수 있는 가장 멋진 날에 대해서 써보는 것도 재미있겠다.

✎ 확장 활동 ★★★

만일 호기심이 많고 뭔가 직접 하는 것을 좋아하는 아이라면 이 책을 읽고 내용에 대해 좀 더 탐구할 기회를 가지면 좋겠다. 알렉산더는 나쁜 날bad day 하루가 너무 괴로워서 호주로 이사를 가고 싶다고 말한다. 아이에게 알렉산더가 왜 하필이면 호주로 가고 싶어 했을지 생각해보게 하자. 호주에 대해서 잘 아는 경우가 아니라면 아이가 금방 대답을 할 수 없을 것이다. 그러면 아이와 함께 호주에 대해 같이 찾아보며 공부하자. 이 책이 호주에서도 출판이 되었는데, 이때는 호주로 이사 가고 싶다고 말할 수 없으므로 팀북투Timbuktu로 가고 싶다고 되어 있다고 한다.

Why did Alexander want to move to Australia?
알렉산더가 왜 호주로 이사를 가고 싶어 했을까? 하필이면 왜 그 나라일까?

Which country do you want to move to?
만일 너라면 어느 나라로 가고 싶니?

Name three countries and explain why.
가고 싶은 나라 세 군데를 골라보렴. 그리고 왜 그런지 이유를 말해보자(써보자).

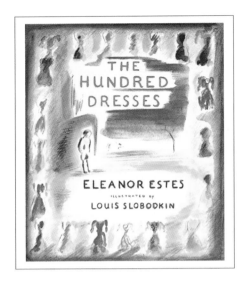

《The hundred dresses》

발표된 지 이미 70년 정도 된 《The hundred dresses》는 우리나라에서도 《내겐 드레스 백 벌이 있어》라는 번역서로 나와 있을 정도로 상당히 유명한 책이다. 이 책은 그때나 지금이나 문제가 되고 있는 불링bullying, 즉 왕따를 다루는 책인데, 화자인 매디 Maddie가 친구들이 왕따를 시키고 또 왕따를 당하는 것을 보면서 변화해가는 과정을 그리고 있다. 줄거리는 대략 이렇다. 매디의 친구 페기Peggy가 어느 날 예쁜 옷을 입고 오자 매일 똑같은 옷만 입고 학교에 오는 완다가 자기 옷장에는 100벌의 드레스가 있다는 거짓말을 하게 된다. 그 말을 들은 페기를 비롯한 친구들이 완다를 대상으로 내기를 한다. 매디는 완다가 왕따를 당하는 것이 꺼림직 했지만 페기의 편에 서지 않으면 자기가 오히려 괴롭힘을 당할까 두려워 말을 하지 못한다. 결국 이 사건으로 인해 완다는 다른 학교로 전학을 간다. 그제야 매디는 후회를 하게 되고 일을 바로잡고자 하는 마음에 완다의 옛 주소로 편지를 보낸다.

인물 분석하기 ★★★

등장인물 분석은 그 인물의 감정이나 생각에 대해 공감력을 가질 수 있는 좋은 방법이다. 인물 분석을 할 때는 그림과 같이 각 인물의 말, 행동, 생각, 느낌 등에 대해 책에 나오는 대로 적고 그것을 바탕으

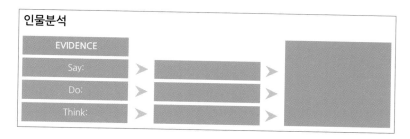

인물분석

EVIDENCE		
Say:		
Do:		
Think:		

인물 비교분석

	Character 1	Character 2
Similarities	1. 2. 3.	
Differences	1. 2. 3.	1. 2. 3.

로 인물의 성격이나 특징을 적는다. 책을 읽고 각 인물에 대해서 그
냥 생각나는 대로 특징을 메모하기보다는 이런 표를 이용하면 인물
분석을 좀 더 체계적으로 할 수 있다. 두 번째 그림의 표와 같이 두
인물을 비교분석해 보는 것도 체계적인 인물분석을 할 수 있는 방법
이다. 인물분석을 한 후에 자신과 비교해서 이 책에 나오는 주요 인
물 3인 중에 누구와 가장 비슷한지, 그 이유는 무엇인지, 그 상황에서
자신이라면 어떻게 행동했을지에 대해 써보게 한다.

Why didn't Wanda have a friend?
왜 완다는 친구가 없었을까?

Why did Wanda say she had 100 dresses?
완다가 왜 자기 옷장에 100벌의 드레스가 있다고 했을까?

Did Wanda tell a lie? If so, why did she tell a lie?
완다가 한 말은 거짓말이었을까? 그렇다면 왜 이런 거짓말을 했을까?

What do you think about the 100 dresses game?
100 dresses game에 대해서는 어떻게 생각하니?

Do you think Maddie was a coward? How should Maddie have behaved?
매디가 비겁하다고 생각하니? 그렇다면 매디가 어떻게 행동했어야 올바른 행동이었을까?

What do you think of the last letter Maddie wrote to Wanda?
마지막에 매디가 완다에게 편지를 쓴 것에 대해서는 어떻게 생각하니?

Can you think of a better idea?
그보다 더 나은 방법은 없었을까?

✎ 공감력을 위한 역할극 ★★★

이 책의 인물들, 특히 완다의 입장에서 생각해보기 위해 가장 좋은 방법은 역할극이다. 역할극을 하면서 완다가 처한 상황을 더 잘 이해할 수 있는 기회를 갖는다. 세 명의 인물을 각각 연기해보면 인물들을 다면적으로 이해하고 평가하는 데 도움이 될 것이다. 등장인물들과 갈등 구조에 대해 토론을 해보는 것도 인물들을 이해하는 데 도움이 된다.

특히 마지막에 매디가 완다에게 쓴 편지를 매디 입장이 되어 써보는 활동도 좋겠다. 반대로 매디의 편지를 받은 완다의 입장이 되어 매디에게 답장을 보내는 활동은 다른 사람의 입장에서 생각을 해볼 수 있는 좋은 활동이다.

종이 인형옷 만들기 ★★

색다른 활동을 한 가지 해보자. paper doll(종이에 인형을 그리고 옷을 갈아입히는 활동)은 놀이 상황에서는 많이 나오는데, 학습 활동으로 접한 적은 없을 것이다. 아이는 학습 활동으로 paper doll을 한다는 것을 신기해 할 것이고, 또 이 활동은 아이의 상상력을 자극하기에 충분하다. 콘테스트에 출품할 드레스를 그려보거나, 유창성을 기르는 훈련의 일환으로 100개의 드레스를 가능한 한 많이 디자인해보게 할 수도 있다. 특히 남자 아이의 경우에는 난감할 수 있는 활동인데, 평소에 해보지 않던 이런 활동을 해봄으로써 여러 유형의 지능과 창의성 개발에 도움이 될 수 있다.

왕따에 대해 생각해보기

이 책의 주제인 왕따는 우리나라에서도 문제가 되고 있는 현상이나, 아직 공교육 교재에서 쉽게 다루기 어려운 주제 중 하나이다. 《The hundred dresses》를 읽고 소설의 주제뿐만 아니라 실제 학교에서 일어날 수 있고 또는 일어나고 있는 왕따에 대해서도 토론을 하거나 생각을 나눌 필요가 있다. 아이가 이런 일을 겪은 적이 있는지, 또는 왕따를 당하거나 시키는 것을 목격한 적이 있는지, 그때 어떤 느낌이었는지, 어떤 행동을 했는지 또는 못 했는지, 어떻게 해야 올바른 행동인지에 대해 토론을 하거나 적게 한다. 특히 왕따를 당하는 완다의 입장뿐만 아니라 방관자로서의 매디의 입장을 살펴보고, 자신은 그런 적이 없는지 생각해보도록 지도한다.

왕따와 함께 생각해봐야 할 이 책의 주제는 이민자 문제이다. 우리나라도 다문화가정이 점점 늘어가고 있는 만큼 이민자나 다문화가정에 대해 편견을 갖지 않고 그들을 이해하고 수용하는 자세를 어려서부터 배우는 것이 중요하다. 왕따나 다문화가정과 같은 민감한 사회적 이슈에 대해서는 직접적으로 우리 자신에 관해 먼저 이야기하는 것보다는 이러한 주제를 담고 있는 책이나 영화 등과 같은 매개체를 이용하여 먼저 다른 입장에서 문제를 바라볼 수 있는 기회를 갖는 것이 안전한 방법이다. 내가 처한 상황 안에서는 내 시각으로만 보게 되지만 다른 매개체를 통해 문제를 바라볼 때는 주인공이나 다른 인물들의 입장에서 그 상황을 볼 수 있다. 좀 더 객관적이고 다양한 시각으로 문제에 접근한다면 문제를 해결하는 방법도 달라질 수 있다.

듣기, 말하기, 읽기, 쓰기의 학습 순서

듣기, 말하기, 읽기, 쓰기는 언어의 네 가지 기술이다. 우리는 일과 일상생활상에서 이 네 가지 언어 기술을 골고루 사용한다. 어떤 언어를 유창하게 사용한다는 것은 이 네 가지 기술을 모두 잘 사용할 수 있다는 의미이다. 영어를 배울 때 이 중 어느 기술을 먼저 배워야 하는지에 대한 논의는 많이 되어 왔지만 정답은 없다. 모국어를 배울 때는 음성언어 영역인 듣기와 말하기를 자연스럽게 먼저 습득하고, 문자언어 영역인 읽기와 쓰기는 나중에 학습을 통해 배운다. 어떤 학자들은 이런 모국어 습득 순서를 따르는 것이 좋다고 하고 또 다른 학자들은 수용언어(듣기, 읽기)를 먼저 학습하고 준비가 된 후에 표현언어(말하기, 쓰기)를 학습할 것을 권한다.

나는 어느 언어기술의 학습도 굳이 기다리고 늦출 필요는 없다고 생각한다. 우리 아이는 아직 말할 준비가 되지 않았으니까 계속 듣기와 읽기에 치중해야 한다고 생각한다면, 언제쯤 말하기와 쓰기를 할 수 있는 준비가 될 수 있을까? 정확한 영어가 아니더라도, 서툴더라도 말하고 쓸 수 있는 기회도 같이 주는 게 좋다. 다만, 아이의 수준이나 성향에 따라 네 가지 언어기술에 대해 학습량을 조절하는 것은 필요하다. 예를 들어 수준이 너무 낮은 아이에게 말하기와 쓰기를 무리하게 강요하면 오히려 학습 저항이 생길 것이다. 이런 경우에는 가볍게 들을 수 있거나 재미있게 볼 수 있는 그림책으로 시작하는 것이 좋다.

이 네 가지 언어기술의 습득 순서도 중요하지만, 개별 학습 활동

내의 순서도 중요하다. 예를 들어 책을 읽기 전에 유튜브나 CD로 들어볼 수 있다. 대개의 경우 책을 읽어주는 사람이 책의 느낌을 살려서 읽어주기 때문에 듣기를 먼저 하는 경우에는 책의 전반적인 느낌을 알 수 있다. 듣기는 읽기보다 빠르게 지나가기 때문에 세부사항보다는 전체적인 이야기의 흐름에 더 집중하게 된다. 경우에 따라서는 책의 전체적인 내용을 먼저 들어보고 읽는 것도 학습 전략상으로나 정서적으로 도움이 될 수 있다. 또한 책을 다 읽고 난 후에 마무리로 유튜브의 동영상을 들어볼 수도 있다.

말하기도 마찬가지이다. 책을 읽고 난 후 책의 내용에 대해 Q&A, 토론, 발표를 할 수 있겠지만, 읽기 전 활동으로 책의 내용을 짐작해보는 간단한 질문이나 주제에 관한 짧은 토론을 진행할 수도 있다.

우리나라 영어 교과서는 주로 듣기-말하기-읽기-쓰기-통합으로 진행되는데 꼭 그 순서를 따를 필요는 없다. 학교에서 쓰는 영어 교과서는 네 가지 기술로 모두 영어를 배우는 데만 치중하고 있다. 이런 경우에는 어느 정도의 언어재료(어휘나 문법)가 없다면 말하기와 쓰기가 어렵기 때문에 듣기와 읽기가 먼저 나온다. 그러나 집에서의 학습은 영어에만 초점을 맞출 필요가 없으므로 읽기 전에 우리말로 먼저 가볍게 이야기를 나누거나 읽기를 먼저 하고 읽은 내용을 영어로 말하는 방법을 택할 수도 있다. 교실보다 훨씬 자유로운 집에서는 아이와 함께 여러 학습 순서를 시도해보자. 그러면 아이에게 가장 효과적인 학습 순서를 찾을 수도 있고, 언어기술 간의 학습 시너지도 높아질 것이다.

LESSON 05

상상력

하늘에서 아이스크림 눈이 내린다면

    창의성이라고 하면 그 하나만으로 어떤 재능이나 능력인 것 같지만, 그 안을 자세히 들여다보면 여러 종류의 능력들이 모여 있다는 것을 알 수 있다. 이번 장에서 살펴볼 '상상력'은 그야말로 창의성의 꽃이라고 할 수 있는 핵심능력이다. 창의적인 사람들은 머릿속으로 그림을 그려보는 경우가 많다. 예술가는 물론이거니와 의외로 아인슈타인과 같은 과학자들도 자연의 섭리에 대해 이미지로 떠올리는 경우가 많다고 한다. 이 머릿속 이미지가 상상력과 밀접한 관련이 있다.

창의성의 꽃, 상상력

    머릿속에 떠오르는 이미지는 시각화visualization, 심상imagery, 상상

imagination으로 분류된다. 그 차이를 잠깐 살펴보자. 시각화는 내용이나 생각을 눈에 보이는 어떤 형태로 그려내는 것이다. 예를 들어 어떤 글을 요약하여 차트나 벤다이어그램으로 그리면 시각화라고 할 수 있다. 이와 달리 심상과 상상은 머릿속으로만 그림을 그리는 것이다. 특히 상상은 현실세계에 존재하지 않거나 전혀 보거나 경험하지 못한 것을 머릿속으로 그려보는 것이다. 그러니 상상력이야말로 확산적 사고와 아주 밀접한 연관이 있는 창의성의 핵심 능력이다.

상상력을 북돋우는 질문 ①
What if ★★

상상력도 다른 사고 능력과 마찬가지로 훈련을 통해서 키워나갈 수 있는 것으로 알려져 있다. 아이의 상상력을 자극할 수 있는 가장 대표적인 질문이 '만일 ~ 하면 어떨까?', 즉, What if 질문이다. 예를 들어 다음과 같은 재미있는 질문을 해보자.

What if a raincoat was made of paper?
우비가 종이로 만들어졌다면?

What if da Vinci was a telemarketer?
다빈치가 전화상담원이라면?

What if I were a robot?
내가 만일 로봇이라면?

What if I had a dragon?
내게 만약 용이 있다면?

What if dinosaurs were still alive?
지금까지 공룡이 존재한다면?

이런 질문에 대해 답을 할 때 세 개 이상 답을 내거나, 다양한 범주에서 생각을 할 수 있도록 유도한다. 그러면 앞서 해보았던 유창성과 융통성을 기르는 훈련도 함께 할 수 있다. 이어서 아이가 What if 질문을 직접 만들게 하자. 친구들과 함께 공부를 한다면 어떤 재미있는 대답들이 나왔는지 서로 비교해본다. 저학년 아이들이라면 글자 뿐 아니라 그림으로 표현할 수도 있다.

💬 상상력을 북돋우는 질문 ②
Would you rather ★★

What if는 다양한 답이 가능한 열린 질문이라 아이의 상상력을 촉진하기는 좋은 반면, 영어로 답을 하는 데는 어려움이 있을 수 있다. 이번에는 영어로 답하기 좀 더 쉬운 질문법을 한번 보자. 그림에서처럼 'Would you rather have supper in a castle or breakfast in a balloon?' 또는 'Would you rather be a gerbil in a cage or a fish in a bowl?'과 같이 'would you rather'로 시작하는 질문은 아이가 둘 중 하나로 답을 할 수 있어서 영어 실력이 부족하더라도 답을 할 수 있다. 이 정도를 쉽게 답할 수 있다면 'Would you rather' 다음에 'be, have, live with'와 같은 쉬운 동사들을 넣어서 다양한 질문을 한다. '너는 뭐가 되고 싶니, 무엇을 갖고 싶니, 누구와 살고 싶니?'와 같이 물어보자.

영어 표현을 쉽게 익히고 오래 기억하려면 챈트나 노래를 적극적으로 활용해 본다. 인터넷에서 'would you rather song'을 찾아보

자. 이 노래는 반복적으로 '이게 좋아, 저게 좋아?'라고 묻는다. 내용이 재미있고 영어 표현이 반복적으로 사용되기 때문에 아이가 쉽게 따라할 수 있고 영어 표현을 기억하기에도 도움이 될 것이다.

Would you rather have...

supper in a castle

breakfast in a balloon

아이가 고학년이고 과학을 좋아한다면

What if로 인터넷 검색을 하면 같은 이름의 여러 책이 나올 것이다. 그 중에서 《What if: Serious answers to absurd questions》라는 책이 있다. 이 책은 부제에서 말하는 것처럼 좀 엉뚱한 질문에 대해 심각한 답을 내놓는 책이다. 이 책의 저자는 원래 NASA에서 일을 했으나 만화를 곁들인 자신의 웹사이트가 너무 인기가 많아져서 웹사이트 관리를 위해 NASA를 떠났다고 한다. 이 책에는 다양한 분야의 신기한 What if 질문이 나온다. 예를 들면, 아기가 한 명 태어날 때마다 요정이 하나씩 태어나고 그 요정들이 불멸이라면 얼마나 많은 요정들이 우리 주변에 살고 있을까와 같은 질문이다. 이 질문은 피터팬에서 출발했다. 피터팬에서 요정은 아기가 이 세상에 태어나서 처음 웃을 때 탄생하는데, 아이들이 "우리는 요정을 믿어요." 하면 요정이 살 수 있고, "우리는 요정을 믿지 않아요."라고 하면 요정이 죽는다는 이야기가 나온다. 《What if》에서는 이 이야기를 근거로 요정이 이런 식으로 태어나 불멸이라면 요정의 인구가 어느 정도 되는지, 그 사이즈는 어느 정도 되는지 등등을 진지하게 수식으로 계산해서 보여준다. 호기심이 많은 아이라면 이 책을 접하게 해주자. 그리고 이런 엉뚱한 질문(absurd question)을 만들게 하자.

Would You Rather Song

Would you rather be a smile or a laugh?
Would your rather be a zebra or a giraffe?
Would you rather be the wind or the rain?
A helicopter or a plane?
Would you rather be orange juice or champagne?
(중략)

노래를 통해서 표현과 어휘를 익혔다면 응용을 해보자. 노래로 배운 것은 입을 사용해서 언어를 연습한 것이므로 말하기 연습으로 바로 이어보면 효과적이다. 아이가 'I would rather be/have/do ….' 표현을 활용해서 자신이 하고 싶은 것을 말해본다. 엄마나 친구와 함께 인터뷰를 해도 좋다. 조금 더 길게 말을 할 수 있다면 그렇게 하고 싶은 이유를 더할 수 있다. 'I would rather be/have/do … because ….'처럼 말이다.

책으로 배우기 ①
《Where the wild things are》 ★★

내가 아이들과 함께 했던 여러 활동 중에 유난히 아이들이 좋아했던 활동 중 하나가 괴물 그리기 활동이다. 괴물을 하나 상상하고(외계인이나 바다 밑 새로운 생명체여도 괜찮다) 그린다. 그림을 완성한 후 짝에게 자신의 그림을 보여주지 않고 영어로 자신의 괴물에 대해 설명한다. 짝은 그 설명을 듣고 친구의 괴물이 어떻게 생겼는지 본인이 이해한 대로 그린다. 그런 후 두 장의 괴물 그림을 비교해보는 활동이다.

괴물은 아이들이 좋아하는 주제 중 하나이고 상상력과 직결되는 소재이다. 괴물을 주제로 한 유명한 동화를 하나 보자. 모리스 샌닥 Maurice Sendak의 《Where the wild things are》인데 아마 여러분도 익히 들어보았을 것이다. 출판된 지도 워낙 오래되었고 영화로도 나와 있다. 우리말로는《괴물들이 사는 나라》로 출간되어 있다. 이 책 하나만 가지고도 할 수 있는 활동들이 아주 많다. 그 활동들을 다룬 책들이 원래 책의 몇 배 두께로 나와 있는 것만 봐도 짐작이 갈 것이다.

✎ 읽기 전 활동 ★★

이 책을 읽기 전에 유튜브에서 이 책을 읽어주는 동영상을 찾아서 화면을 보지 않은 채 들어보자. 동영상에서는 여성 내레이터가 차분한, 그러나 감정을 실어서 목소리를 바꾸어 가며 이 책을 읽어준다. 화려하진 않지만 나름 음향 효과도 있어서 듣는 재미가 쏠쏠하다. 아이와 함께 들으면서 이 책이 어떤 분위기인지 먼저 상상해본다. 유튜브에서는 여자 내레이터가 읽어주는 동영상 외에도 〈Where the wild things are ebook〉이라는 동영상을 찾을 수 있다. 남자 내레이터가 이 동화의 느낌을 백 퍼센트 살려서 재미나게 읽어준다. 그냥 듣는 것만으로도 이 동화의 배경이나 이야기가 머릿속에서 다른 이미지로 그려진다. 두 개의 동영상이 주는 느낌이 어떻게 다른지 이야기를 나눈다.

✎ 상상력을 촉진하는 질문 ★★

이번에는 책을 살펴보자. 책을 읽기 전에 그림을 먼저 한번 훑어본다. 그림의 느낌이 동영상을 들을 때 상상했던 것과 비슷한지 물어본다. 이 책은 주인공 남자아이 맥스가 너무 거칠게 놀다가 엄마에게 야단맞고 저녁도 먹지 못한 채 자기 방으로 쫓겨 가는 것으로 시작한다. 그날 밤 맥스는 상상의 세계로 가서 wild things, 즉 괴물들을 만나고 그 괴물들을 길들여서 그들의 왕이 된다. 시간이 얼마간 흐른 후 다시 자신의 침실로 돌아와 봤더니 엄마가 놓고 간 저녁식사가 아직도 따뜻했다는 이야기로 마무리된다. 이 책은 글자에 비해 그림이 많아 영어 실력이 높지 않아도 읽기가 편하다. 읽고 난 후 다음과 같은 질문을 던져보자.

What did Max imagine?
맥스가 상상한 것은 무엇일까?

How would you feel if you were the king of the wild?
괴물들의 왕이 된다는 것은 어떤 느낌일까?

What if your room was like Max's bedroom?
너의 침실이 맥스의 침실처럼 된다면 어떨까?

What are the "Wild Things"?
괴물들의 진짜 정체는 뭘까?

What do you want to do with the Wild Things?
괴물들을 만나면 무엇을 하고 싶니?

How did Max tame the Wild Things? What would you do?
맥스는 어떻게 괴물들을 길들였을까? 너라면 어떻게 길들이겠니?

Why didn't the dinner get cold?
엄마가 방에 놓고 간 저녁이 어째서 아직도 식지 않고 있었을까?

　　이런 질문들은 책을 읽고 난 후 아이들의 상상력을 촉진시킬 수 있다. 아이들에게 이 질문들을 던졌을 때 재미있는 대답들이 많이 나왔다. 특히 마지막 질문에 대해서는 지금도 기억에 남는 답이 있다. 맥스가 실은 시간여행을 했던 것이며, 다녀온 데가 사실은 웜홀이었는데, 그곳에서의 시간은 지구와 다르게 가기 때문에 거기서는 며칠이었더라도 지구, 즉 맥스의 방으로 다시 돌아왔을 때는 그게 불과 몇

분에 지나지 않았다는 설명이었다. 후에 인터넷을 보니 비슷한 답을 한 아이들이 있었는데, 아이들의 상상이 비슷한 것 같기도 하다. 읽기 후 활동으로 질문을 할 때는 영어 읽기 이해 점검 수준에서만 머무르기보다는 다양한 배경지식과 상상력을 동원하여 답을 할 수 있는 질문을 하는 것이 좋다. 즉, 질문 자체가 창의적이라야 창의적인 답이 나올 수 있다.

오감 찾아보기 ★★

이 동화는 짧지만 자세히 읽어보면 여러 가지 감각을 찾을 수 있다. 이 책을 읽고 아이에게 어떤 소리, 광경, 냄새, 촉감이 떠오르는지 물어보자. 책에서 직접 언급된 감각은 어떤 것들이 있는지, 책에서 직접적인 언급이 없더라도 아이의 상상 속에서는 어떤 것들이 느껴지는지 등등에 대해 이야기를 나눈다. 더 쉽게 표현하려면 이와 같이 도표나 마인드맵 안에 간단하게 생각나는 어휘나 책에서 본 어휘를 적어도 좋겠다. 감각에 대한 민감성은 창의력과 밀접한 연관이 있는데, 이런 민감성은 유아기와 초등기에 거의 발달이 된다고 알려져 있다. 아이가 감각에 대한 민감성을 기를 수 있도록 직접적인 체험도 많이 시키고, 책을 통한 간접적인 체험도 할 수 있도록 도와주자.

	Book(direct)	You(indirect)
see		
hear		
smell		
taste		
touch		

✓ 앞뒤 사건 만들어 보기 ★★

이 책에는 나오지 않는 이야기의 앞뒤 사건에 대해서 상상해보고 대화를 만드는 활동도, 상상력을 자극하면서 동시에 영어도 활용할 수 있는 활동이다. 이야기 앞의 사건prequel으로는 맥스가 자기 방에 보내지기 전에 엄마와 어떤 이야기를 나누었을지 상상해보고 엄마와 맥스의 대화를 만들어 본다. 그렇게 만든 대화로 역할극을 해볼 수도 있다. 뒤의 사건sequel으로는 이후에 이어질 이야기를 만든다면 어떤 것이 나올지 상상하고 짧은 속편을 꾸며본다. 예를 들어 괴물들을 못 잊어서 맥스가 다시 그 곳으로 찾아간다든지, 시도는 하였으나 길을 잃어버려서 다시는 못 찾아갔다든지, 찾아갔으나 다른 상상의 섬이나 장소로 가게 되었다든지 하는 다양한 이야기들이 나올 수 있다. 이야기의 구성뿐만 아니라 등장인물을 바꾸거나 추가하여 이야기를 만들어도 재미있을 것이다.

✓ 영화 제작자와의 가상 인터뷰 ★★★

책을 읽고 난 후 영화를 보는 것은 아이에게 책을 읽은 데 대한 보상이 될 뿐만 아니라, 책을 읽으며 머릿속에 그려봤던 내용과 비교할 수 있는 좋은 기회이기도 하다. 책의 내용이 짧은 데 비해서 영화는 상당히 길다. 책보다 영화가 오히려 더 어려울 수 있다. 초등학교 고학년 아이들 정도 된다면 영화 감독과의 가상 인터뷰 질문을 작성해 본다. 예를 들어 다음과 같은 질문을 해볼 수 있다.

확장활동으로 상상력 넓히기

Habitat(서식지) 구상하기 ★★★

　읽기 후 확장활동으로 괴물들의 서식지를 구상하는 활동은 과학적 배경지식을 접목할 수 있는 활동이다. 괴물들의 서식지를 구상하기 위해서는 괴물들이 어떤 생물체인지를 먼저 규명해야 한다. 크기나 모양, 특징 등을 구체적으로 먼저 생각한 후에 그 생물체의 특징에 맞도록 서식지를 구상해야 하기 때문이다. 이때 괴물들의 특징은 책에 나온 그림과 텍스트를 바탕으로 상상력을 더하여 구체화할 수 있다. 서식지를 구상할 때는 상상력뿐만 아니라 아이가 갖고 있는 과학적 지식도 충분히 활용할 수 있다. 예를 들어 책에서 보면 괴물들은 털이 많고 덩치가 큰데, 그렇다면 고릴라와 비슷한 특성을 갖고 있다고 가정해볼 수 있다. 이런 상상과 추론을 바탕으로 괴물들은 어떤 기후, 어떤 지형, 어떤 재료로 된 집에서 살 것이며, 새끼는 어떻게 기를 것인지 등을 생각해보고 서식지를 구상해본다. 이 활동은 다양한 방법으로 완성품이 나올 수 있는데, 짧은 보고서 형식의 글, 설계도, 입체 디오라마 등이 가능하다. 영어 연습을 위해서는 설계도나 디오라마를 만들고 자신의 완성품에 대해 영어로 소개하는 과정이 포함되면 좋다.

/ 지도 만들기 ★★★

이번 확장활동에서는 사회과 지식을 활용해 보자. 《Where the wild things are》에서 맥스는 자신의 침실에서 괴물들이 사는 곳까지 보트를 타고 여행을 한다. 지도를 보고 맥스가 어디에서 어떻게 이동하였는지 이동경로를 그리게 하고 최종 목적지가 어디였을지, 돌아오는 길은 같은 경로로 돌아왔을지 다른 경로로 돌아왔을지, 이 질문들에 대해 왜 그렇게 생각하는지 물어본다. 특히 최종 목적지는 괴물들의 서식지와 연결하여 생각하도록 이끌어주는 것도 수렴적 사고를 이끌어내는 데 도움이 된다.

아이가 그림 그리기나 만들기와 같이 시각적 활동을 좋아한다면 영어학습에 미술을 접목해 본다. 맥스가 타고 갔던 보트를 만들거나 설계도면을 그려본다. 음악이나 소리에 더 흥미를 가진 아이라면 음악 활동을 접목한다. 예를 들어 괴물들의 소동rumpus에서 어떤 음악을 사용하면 좋을지 골라보거나 만들어본다. 직접 작곡을 해서 만들기는 어렵지만 음악 만들기용 무료 소프트웨어를 사용하면 손쉽게 뚝딱 만들 수 있다. Musicshake나 Garage Band와 같은 소프트웨어를 활용하여 맥스 주제곡이나 룸퍼스rumpus용 음악을 만들게 한다면 아주 흥미로운 활동이 될 것이다.

《Cloudy with a chance of meatballs》 ★★★

상상력으로 치자면《Cloudy with a chance of meatballs》도《Where the wild things are》에 못지않다. 우리말로는《하늘에서 음식이 내린다면》이라는 제목으로 번역 출간되었다. 책 제목이 원래 일기예보에서 주로 쓰는 멘트인 'Cloudy with a chance of snow, rain, thunderstorm.', 즉, 눈이나 비, 폭풍우가 내릴 확률이 있고 구름이 낀 상태라는 표현의 패러디이다. 따라서 이 책 제목은 미트볼이 내릴 확률이 좀 있고 구름이 낀 상태가 될 것이라는 일기예보이다.

제목이 암시하는 것처럼 이 책에 나오는 마을 츄앤스왈로우 Chewandswallow에서는 하늘에서 음식이 내린다. 하늘에서 음식이 내려오니 처음에는 좋았고 마을 전체가 평온했다. 그런데 어느 날부터 이상 기온이 생기면서 음식 사이즈가 무지막지하게 커지기 시작했다. 빵 허리케인, 팬케이크 폭풍, 메이플 시럽 홍수, 소금 후추 바람, 토마토 회오리바람이 나타나기 시작한 것이다. 집과 자동차가 부서지고 사람이 휩쓸려가는 등 난리가 났다. 게다가 이것들을 먹은 사람들은 배탈까지 나게 되었다. 하늘에서 음식이 내리는 것이 더 이상 축복이 아니라 재앙이 되어 버렸다. 이 마을에 살던 사람들은 이 음식 재앙을 피해서 다른 마을로 이사를 갔다. 할아버지에게 전설과 같은 이 이야기를 듣는 아이들이 이 책의 화자이다. 아이들은 이 이야기를 별로 믿지 않는 분위기지만 책의 마지막에 동산을 내려오면서 어쩐지 엄청나게 큰 버터를 본 것 같기도 하고, 으깬 감자 냄새를 맡은 것 같기도 하다는, 애매모호한 멘트로 이 책은 끝난다.

✏ 음식 기후 정리해 보기 ★★

이 책의 소재는 크게 음식과 날씨이다. 책을 읽고 난 후 등장하는 특이한 음식 날씨를 모두 정리해보자.

> pea soup fog
> clouds of hamburgers
> hurricane of bread and rolls
> storm of pancakes
> downpour of maple syrup
> salt and pepper wind
> tomato tornado

하늘에서 이런 식으로 음식이 내린다면 어떨까 물어보자. 어떤 점이 좋을지 어떤 점이 문제가 될지를 논리적으로 설명할 수 있으면 좋을 것이다. 시각화 도구를 활용해서 정리하면 더 깔끔하다. 하늘에서 음식이 내리는 마을은 우리가 사는 사회와 어떤 점이 다를까를 구체적으로 생각해서 정리하면 다양한 답이 나올 수 있다. 아마도 이런 마을에서는 식재료를 공급하는 농업이나 축산업, 어업이 없을 것이고, 시장이나 슈퍼마켓처럼 식자재를 사고파는 장소도 거의 없을 것이다. 이에 따라 직업군도 많이 달라지지 않을까? 레스토랑은 있을까? 가족이나 친구들이 모일 때도 그 장소나 패턴이 다를 것이다. 하늘에서 쏟아진 그 음식들은 어떻게 처리를 해야 할까? 이 마을을 구체적으로 상상해보며 아이가 살고 있는 이 사회와 무엇이 다른지 한 번 비교해서 정리해보자. 실제 사회와 음식이 내리는 가상 마을에서 같은 점과 다른 점을 벤다이어그램에 그려서 비교해보는 것도 좋은 활동이다.

음식과 관련한 활동으로 메뉴 만들기가 있다. 이 마을에 식당이 있다면 메뉴는 어떤 식으로 만들어질까 상상하여 메뉴판을 만들어본다. 하늘에서 떨어지는 음식의 종류를 먼저 생각하고 그것으로 만들 수 있는 요리를 준비해야 할 것이다. 아이가 완전히 새로운 요리를 만들었다면 그 요리의 레시피도 적게 하자. 그 레시피에 따라 직접 요리를 해보는 것은 어떨까? 실제로 만들기까지는 안 하더라도 새로운 요리라면 아이에게 그 요리의 그림을 함께 그리게 하자. 그 맛은 또 어떨지 묘사하게 한다.

/ 일기예보 활동하기 ★★★

이번에는 날씨와 관련한 활동을 해보자. 일기예보에 관한 영어 입력input이 필요하니 영어 TV 뉴스채널의 일기예보를 보고 거기에 자주 나오는 단어와 구문을 먼저 익힌다. 그런 후 일기예보의 형식을 빌려 츄앤스왈로우Chewandswallow 마을의 일기예보를 작성하고 기상 캐스터처럼 일기예보를 해본다. 실제 일기예보처럼 해도 좋겠지만, 책에 나오지 않는 재미있는 음식 날씨를 몇 개 만들어서 예보해보는 활동도 재미있을 것이다.

일기와 관련하여 강우 안내문을 만드는 활동을 통해서는 과학 몰입교육을 함께 할 수 있다. 온도에 따라 눈이나 비가 될 수 있는데, 비rain, 얼음비freezing rain, 진눈깨비sleet, 우박hail, 눈snow 등의 형태가 있다. 미니북이나 팸플릿처럼 만들어서 각 페이지별로 이 용어에 대한 설명을 하거나 이 용어들의 차이를 보여주는 그림도 그려 넣는다. 이런 안내문을 만들려면 강수 종류에 대해 정확히 알아야 하므로 아이가 이를 이해하고 배울 수 있는 정보, 즉 읽을거리를 마련해주거나 인터넷에서 함께 찾아본다. 날씨나 강우와 관련하여 활동을 확장해보고자 한다면, 물의 순환water cycle에 대해 알아본다. 비가 어떻게 생성되어 내리고 어떻게 다시 순환하게 되는지 공부한다.

✏ 어휘 활동 ★★

Chewandswallow라는 마을 이름이 아주 재미있다. '씹고삼켜'라는 의미의 이 이름은 하늘에서 음식이 내리는 이 마을에 아주 잘 어울린다. 만일 아이가 마을에 다른 이름을 붙인다면 어떤 이름을 붙이고 싶어 할까? 이 책에는 바로 뒷 장에서 소개할 합성어compound word가 많이 나온다. 우선 제목에 나오는 meatball은 meat와 ball의 합성어이다. 그 외에도 pancake, peanut, backyard가 모두 합성어인데 책을 읽으며 합성어를 찾아본다.

LESSON 06

스캠퍼

사과나무에 배와 딸기도 열린다면

자전거의 바퀴는 꼭 원형이라야 할까? 우리가 자주 쓰고 있는 펜을 다른 모양으로 만들 수는 없을까? 미끄러운 종이컵을 잡기 편한 형태로 바꿀 수는 없을까? 일상에서 볼 수 있는 것들에 대해 질문을 던져보자. 질문은 창의성을 이끌어내는 좋은 방법이라고 이 책을 통해서 누누이 강조하고 있다. 흔히 질문이라고 하면 6하원칙에 준한 '누가, 무엇을, 어디서, 언제, 왜, 어떻게'란 질문을 가장 먼저 떠올릴 것이다. 그러나 창의성, 특히 상상력을 자극하기 위해서는 다른 방식으로 질문해보는 것이 필요하다. 이번 장에서는 창의력과 관련된 질문 기법인 스캠퍼SCAMPER에 대해 알아본다.

스캠퍼(SCAMPER)란?

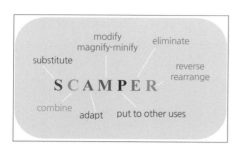

스캠퍼란 아이디어를 자극할 수 있는 질문 기법을 가리키는 단어 7개의 머리글자를 딴 것이다. 대치substitute는 원래 있던 것을 다른 것으로 바꾸면 어떻게 될까 생각해보는 것이다. 예를 들어 동화책을 읽으면서 등장인물, 사물, 장소, 사건, 결과를 다른 내용으로 바꿔보는 것이다. 조합combine이란 두 개 이상의 다른 것들을 묶거나 혼합하는 것이다. 서로 관계가 없는 아이디어나 사물, 목적 등을 새로이 조합함으로써 여태껏 생각하지 못했던 새로운 것을 만들어낸다. 적용adapt이란 지금 갖고 있는 것을 새로운 목적에 맞도록 고쳐서 사용할 수 있을지 보는 것이다. 고친다면 어떻게 적용할 수 있을지, 내용을 각색하거나 발전시킬 수 있는지, 이와 비슷한 다른 것은 무엇이 있는지를 살펴보는 작업이 적용에 해당한다. 수정modify은 대상을 변형하는 것인데, 현재 갖고 있는 것을 확대·축소하거나 형태·의미·소리 등을 변형해보는 것이다. 지금 갖고 있는 대상을 다른 용도put to other uses로 수정하면 다른 분야에 사용이 가능한지를 생각해보는 방법도 있다. 예를 들어 시를 수정해서 노래로 만들 수 있는지 여부처럼 맥락을 바꾸어서 다른 데 사용해보는 것이다. 제거elimination란 말 그대로 대상에서 몇 가지 요소들을 제거하는 방법이다. 이야기에서 어떤 등장인물을 제거해본다든지, 사건 하나를 빼본다든지 해서 이야기의 내용을 바꾸어보는 훈련이 여기에 속한다. 재배치rearrange, reverse는 배치를 거꾸로 하거나 반대로 하는 기법이다. 이야기의 순서를 바꿔서 재배치하거나, 등장인물의 역할을 바꾸어보거나, 원인과 결과를 바꾸어 보는 등 다양한 시도를 해볼 수 있다.

우리 주변을 둘러보면 스캠퍼 기법이 활용된 예를 상당히 많이 찾을 수 있다. 우리가 흔히 사용하는 일명 찍찍이라고 부르는 벨크로는 원래 잘 들러붙는 식물을 보고 이것을 다른 편리한 용도로 사용할 방법을 찾으면서 만들어졌다. 2014년 창의성 글로벌 포럼에서 세계적인 요리사가 나와 자신이 한국을 방문한 뒤로 새롭게 개발한 요리를 보여준 적이 있다. 놀랍게도 그 요리의 바탕이 된 한국요리는 뻥튀기와 붕어빵이었다. 이 요리사는 한국의 길거리 음식인 뻥튀기와 붕어빵을 자신의 레스토랑에 맞게 격조 높은 요리로 만들어 놓았다. 이것이 일종의 스캠퍼 기법이고 이 과정에 가미된 것이 요리사의 창의성이다. 이처럼 스캠퍼는 일상생활에서 알게 모르게 흔히 쓰이고 있는 창의성 기법이다.

스캠퍼 질문 기법을 활용하면 매우 구체적으로 창의성 발달을 돕기 위한 질문을 할 수 있다. '자전거의 바퀴를 어떻게 다른 모양으로 바꿀 수 있을까'라는 처음 질문을 스캠퍼 기법에 맞추어서 다시 던져보자. 즉, 바퀴라는 대상을 대치, 조합, 적용, 수정, 용도 변경, 제거, 재배치 할 수 있는지에 대한 생각을 유도하는 것이다. 자전거 바퀴에 관해서는 재미있는 아이디어가 많이 나올 수 있을 텐데, 마인드맵으로 정리해보면 좋겠다. 네모난 바퀴만 있는 세상을 그려보거나 그림과 함께 짧은 글을 써볼 수도 있다.

스캠퍼에 입문하기 : 《Imagine》 ★★

노만 메신저Norman Messenger의 《Imagine》이란 책은 우리가 일상생활에서 매일 보는 것들을 다르게 인식해서 색다르게 보여준다. 계단이 없는 사다리, 바늘 없는 시계, 줄 없는 라켓, 입이 없는 입맞춤 등의 그림을 보여주는 식이다. 이 장 처음에 했던 질문, 바퀴 없는 자전거와 같은 질문을 독자들에게 던지는 것이다. 이 책은 또 팝업북 형식으로 되어 있어서 페이지를 넘기기에 따라서 동물이나 사물이 여러 가지 모양으로 바뀐다. 저자가 애초에 스캠퍼 기법을 염두에 두고 책을 만들었는지는 모르겠지만, 스캠퍼 기법이 그대로 녹아 있어서 훈련의 첫 단계로 활용하기 좋다. 《Imagine》을 보면서 여기에 나오는 변형된 사물들에 대해서 생각하는 것으로 첫 스캠퍼 훈련을 시작해보자. 책을 본 뒤 이런 질문들을 할 수 있겠다.

Can a clock be a clock even without its hands?
바늘이 없는 시계는 과연 시계일까?

How can you use a clock without hands?
바늘이 없는 시계를 시계로 쓰려면 어떻게 해야 할까?

How can you use a racquet without strings?
줄 없는 라켓은 어떻게 해야 라켓으로 사용할 수 있을까?

What can you do with a racquet without strings?
줄 없는 라켓은 다른 용도로 어떻게 활용할 수 있을까?

What things would you change around you, like those in 《Imagine》?
우리 주변에 있는 것들을 《Imagine》의 사물처럼 바꾼다면 어떤 물건을 어떻게 바꿀 수 있을까?

이렇게 하면 아이가 재미있는 책을 통해 자연스럽게 스캠퍼 기법에 입문할 수 있을 것이다.

달리와 《이상한 나라의 앨리스》★★★★

그림에 관심이 있는 독자라면 《Imagine》의 삽화가 낯이 익다고 눈치 챘을 것이다. 마그리트Rene Magritte나 달리Salvador Dali의 그림과 비슷하지 않은가? 내 경우 아이가 어릴 때부터 미술에 소질이 있다고 생각했다. 그런 아이의 강점과 잠재력을 되도록 많이 발현시켜주고 싶었기에 영어 수업에서도 미술을 많이 활용했다. 《Imagine》을 구할 수 없거나 아이가 초등학교 고학년 정도 된다면 그림을 바로 활용해도 좋다.

마그리트나 달리와 같은 초현실주의 화가들의 그림은 아이에게 상상력을 불러일으키고 익숙한 사물에 대해 다르게 보기를 연습할 수 있는 좋은 재료이다. 그림에 대한 다양한 해석도 가능하기 때문에 그림 하나를 가지고도 할 말이 아주 많다. 우선 그림을 한두 장 고른 후 각각의 그림에 대해 영어로 이름을 붙이게 하고 그 이유를 설명하게 한다. 그림에 대하여 할 이야기도 아주 많을 것이다. 무엇이 보이는지, 무슨 일이 벌어지고 있는지, 어떤 느낌인지 등에 대해 이야기해보자.

What do you see?
(이 그림에서) 무엇이 보이니?

What do you feel?
어떤 느낌이니?

What's going on in this painting?
무슨 일이 벌어지고 있을까?

What's unusual about this painting?
이 그림에서 특이한 것이 무엇이 있지?

What unusual things does the painter put together? What is the effect?
왜 이렇게 특이한 조합을 만들었을까? 이런 조합이 어떤 효과가 있을까?

What is the message?
이 그림의 메시지가 무얼까?

《Imagine》이나 마그리트의 그림처럼 아이도 직접 이런 작품을 만들 수 있다. 익숙한 사물들을 다르게 조합하여 그림을 그리거나 잡지에서 오려 붙이는 콜라주를 만들어보자. 두 번째 그림처럼 자신의 초상화를 만들어보면 어떨까? 초상화의 배경, 의상, 소품, 인물의 크기 등에 대해 먼저 생각해보고, 마그리트 그림처럼 얼굴을 가릴 물건을 고른다. 그 물건은 자신을 나타낼 수 있는 의미 있는 물건이라야 하겠다. 초상화를 완성한 후에는 제목을 붙이고 간략한 설명도 함께 써서 미술관 작품 설명처럼 달면 된다. 이렇게 하면 짧지만 멋진 자서전이 될 것이다.

지금까지는 주로 그림이나 이미지를 가지고 활동을 해보았는데, 만일 문학에 관심이 있는 아이라면 초현실주의 작품을 읽어보면 어떨까? 초현실주의 문학이라고 하니 너무 어렵게 느껴질 수도 있지만 꼭 그런 것만은 아니다. 우리가 흔히 알고 있는《이상한 나라의 앨리스 《Alice in wonderland》도 초현실주의적인 요소가 다분히 있는 문학작품이다. 좀 전에 살펴본 초현실주의 작가 달리가 《이상한 나라의 앨리스》의 삽화를 그렸다고 하면 금방 "아하!" 하게 될 것이다.

《이상한 나라의 앨리스》 읽기 후 활동으로는 다양한 것들이 있겠지만 이번 장에서는 초현실주의 해석에 초점을 맞추어 달리의 그림과 비교해보는 활동을 해보자. 다음과 같은 질문이 있다.

Are the two books similar or different?
두 작품에서 무엇이 비슷하고 무엇이 다르지?

Which part of 《Alice in wonderland》 is surrealistic/unrealistic?
《Alice in wonderland》의 어떤 부분에서 초현실주의적 느낌이 나니?

What do you think about the characters?
등장인물들의 느낌이 어떠니?

Was what Alice experienced real?
앨리스가 겪은 일은 과연 무엇이었을까?

이번에는 그림과 문학을 붙여보자. 《Alice in wonderland》를 읽고 가장 기억에 남는 또는 가장 좋아하는 한 장면을 골라서 그림으로 표현하게 한다. 이때 이번 장의 주제를 최대한 살려 스캠퍼 전략을 활용하여 사물들 간에 새롭고 낯선 조합과 배치를 시도하도록 지도한다. 그리고 자신의 삽화에 대한 설명을 간략하게 한 문단으로 적게 한다.

초현실주의 그림과 연결하여 영어공부를 좀 더 심도있게 하려면 초현실주의 화가들에 대한 글을 읽어보아도 좋다. 인터넷에서 세계적으로 권위있는 미술관이나 갤러리, 미술대학 사이트에서 초현실주의 그림을 둘러보자. 그리고 초현실주의, 작가, 그림에 대한 쉬운 글이 있으면 읽어본다. 읽고 나서는 아이 자신이 했던 활동, 즉, 자신이 붙인 그림 제목, 자신의 초상화 설명, 앨리스 삽화 등과 비교해본다. 자신이 가진 느낌이 글의 설명과 공통된 부분이 있는지, 다른 점은 무엇인지, 무엇을 새로 배웠는지에 대해 요약해보면 좋다.

동화 재구성하기 ★★★

이번에는 스캠퍼 기법을 영어 쓰기 학습에 적용해보자. 스캠퍼 기법을 활용하여 널리 알려진 동화의 내용을 바꾸어본다. 먼저 유튜브에서 'Jack and Beanstalk+SCAMPER'를 입력해본다. 그러면 이 이야기를 스캠퍼 기법에 맞추어 바꾸는 방법을 알려주는 동영상을 찾을 수 있을 것이다. 그 방법을 요약하면 다음과 같다.

이 이야기의 세팅을 바닷속으로 바꾼다면? (substitute)

거인 대신 다른 등장인물이 등장한다면? (substitute)

잭이 다른 결정을 내렸다면? (substitute)

이 이야기를 다른 동화와 섞어서 만든다면? (combine)

잭의 행동에 대해 거인의 반응이 달랐더라면? (substitute)

거인과 잭의 사이즈를 축소나 확대한다면? (modify)

이 이야기의 결말을 바꾼다면? (adapt)

이 이야기에 나오는 사물을 대체하거나 제거한다면? (replace, eliminate)

잭이 콩나무에 올라가는 대신 거인이 콩나무 아래로 내려온다면? (replace, substitute)

이와 같은 식으로 이 이야기를 스캠퍼 기법에 맞추어 새로이 만들 수 있다. 이 동영상을 발판 삼아 다른 이야기도 재구성할 수 있다. 아이가 바꾸어보고 싶어 하는 동화를 하나 골라서 스캠퍼 기법에 맞추어 바꾸어보자. 만일 아이가 이 과제를 좀 어렵게 느낀다면 인터넷 사이트에서 도움을 받을 수 있다. 'Byrdseed'라는 사이트에서는 동화나 책의 내용을 스캠퍼 기법을 활용하여 어떻게 바꿀 것인지에 대해 미리 계획할 수 있도록 도와주기 때문에 이 사이트를 활용하면 좀 더 체계적으로 스캠퍼 기법을 적용할 수 있다. 스캠퍼의 모든 기법을 적용할 필요는 없지만, 되도록 세 가지 이상을 활용하여 동화의 내용을 바꾸어보자. 재구성할 때는 동화의 내용을 요약하여 짧게 써도 되겠지만, 그것도 부담스럽다면 영어 동화책을 읽으면서 바꾸고 싶은 부분에 포스트잇을 이용하여 이야기를 바꾸어 써서 붙이면 간편하게 활동을 할 수 있다.

강제결부법으로 새로운 아이디어 만들기

　이번에는 스캠퍼와 비슷한 다른 창의력 훈련 기법을 한 가지 더 살펴보자. 마그리트의 그림은 스캠퍼 기법과 유사하지만, 사실 강제결부법forced connection method에 더 가깝다. 강제결부법은 주로 경영이나 상품 개발에서 널리 활용되고 있는 사고 기법으로, 서로 다른 두 개 이상의 사물을 강제로 결부시켜 새로운 것을 만들어내는 방법이다. 즉 일상적인 것을 넘어서 아주 독특하고 독창적인 아이디어가 필요할 때, 다양한 가능성을 타진할 때, 다양한 시각에서 아이디어를 만들어내고 싶을 때 활용되는 기법이다. 강제결부법을 통해 새로운 창조물이 탄생하는 경우가 꽤 많다. 자동차와 비행기를 결부시킨 비행 자동차flying car가 그 좋은 예이다.

　강제결부법을 훈련하는 방법은 별로 상관없어 보이는 두 개 이상의 사물을 결부해서 새로운 형태와 성질을 갖는 사물을 만들어보는 것이다. 한 가지 사물을 상정하고 이 사물과 결부시키고 싶은 사물들을 고른 후 결부했을 때 나올 수 있는 결과물이나 새로운 아이디어를 그리거나 쓰면 된다. 언어학습과 연계해서, 여러 단어를 무작위로 주고 그 개념이나 대상을 결부하여 새로운 용도나 물체, 개념으로 만들어보게 한다. 예를 들어 펜, 로켓, 꽃, 물병, 거울 같은 사물의 리스트를 주거나 자유, 사랑, 슬픔, 지식, 억압과 같은 추상적인 단어를 주고 그것들을 자유롭게 연결해서 새로운 개념이나 단어를 만든다.

강제결부법으로 합성어 만들기 ★★

서로 관계없던 두 개의 단어들이 결합해서 실제로 한 단어가 되기도 하는데, 이것을 합성어compound word라고 한다. 합성어에 대해서는 앞서 《Cloudy with a chance of meatballs》를 이야기하면서 잠깐 언급했다. cup+cake, fire+flies, light+house, back+pack, egg+plant 등등 영어에는 합성어가 상당히 많은데, 이런 단어들을 찾아내는 활동을 한다. 몇 개 찾고 막히면 인터넷에서 합성어 게임compound word game을 찾아서 하면 쉽게 진행할 수 있다.

더 나아가 아이 스스로 새로운 합성어를 만들게 하면 강제결부법을 십분 활용한 영어학습이 된다. 아이가 만든 합성어를 인터넷에 있는 합성어 리스트와 비교해보자. 이미 존재하는 합성어도 있을 것이다. 인터넷에서 찾은 합성어 리스트를 가지고 할 수 있는 다른 활동도 있다. 합성어의 단어 사이를 잘라서 두 개의 단어로 분리한 후 아이에게 여러 단어 조각을 한꺼번에 주고 짝을 맞추게 한다. 또는 아이에게 합성어를 주고 잘라서 두 개의 단어로 만들게 할 수도 있다. 이렇게 어휘를 공부하게 되면 어휘의 접두사, 접미사, 어근의 개념도 더 쉽게 이해할 수 있고 오래 기억에 남을 것이다.

📖 책으로 배우기(강제결부법과 읽기 활동)

이상한 조합의 마리솔(Marisol) ★★★

이번엔 마리솔Marisol이라는 소녀를 보면서 강제결부법에 대한 개념을 익혀보자. 《Marisol McDonald doesn't match》의 주인공인 마리솔은 페루, 스코틀랜드, 미국 혈통이 섞인 혼혈 여자아이다. 마리솔 맥도날드Marisol McDonald라는 이름부터가 특이한 조합이다. 마리솔이라는 이름은 라티노(미국 내 라틴아메리카인의 총칭) 계열의 이름인데, 성은 참으로 미국적인 맥도날드이다. 맥도날드는 우리가 흔히 알고 있는 햄버거 회사 이름과 같아서 미국적이라고 생각하는 성이지만, Mc이라는 것은 실은 스코틀랜드 계열의 성이다. 마리솔은 자신의 복잡한 인종적 배경만큼이나 뒤섞여 있는 것을 좋아한다. 제일 좋아하는 음식도 미국 아이들이 가장 흔히 먹는 피넛버터젤리 샌드위치와 라티노들이 가장 흔히 먹는 부리토를 섞어놓은 피넛버터젤리 부리토이다. 옷도 땡땡이와 줄무늬를 섞어 입는다. 마리솔이 강아지를 한 마리 키우는데 그 이름이 뭔지 짐작이 가는지? 바로 'Kitty(새끼 고양이)'다. 정말이지 완벽하게 이상한 조합이다.

이 책을 읽으면서 어떤 부분이 특이한 조합인지 찾아본다.

이어서 주변에서 볼 수 있는 요리나 옷 등에서 어떤 특이한 조합이 있는지 찾아본다. 아이에게 책에 나오는 것과 같은 방식의 요리 레시피나 옷을 생각해보고 그리게 한다.

이 책은 강제결부법이란 개념 외에도 정체성과 자존감에 대해서도 생각해볼 여지가 많은 책이다. 마리솔은 분명히 다른 친구들과는 많이 다르고 다른 친구들 눈에는 이상해 보이는 부분들을 갖고 있지만, 마리솔은 개의치 않는다. 오히려 그것을 자신의 정체성이라고 생각하고 자존감을 갖고 있다. 책에서 보이는 마리솔의 당당한 태도를 통해서 아이들도 자존감과 자신감을 배울 수 있을 것이다.

아이에게 많은 책을 읽히는 노하우

/ 다독(extensive reading)의 중요성

《Alice in wonderland》는 내용이 어려운 동화책은 아니라서 우리말 번역본은 초등학생 수준에서도 거뜬히 읽을 수 있다. 영문판은 길어서 영어 초보자가 읽기는 좀 어렵다. 그러나 영어를 잘 하기 위해서는 이런 긴 책을 읽을 수 있는 능력도 분명히 필요하다.

　고등학교 졸업까지 영어공부를 무려 10년 가까이 함에도 불구하고, 학교에서 하는 읽기는 짧은 지문을 정독intensive reading하는 데에만 집중되어 있다. 정독은 꼼꼼히, 어휘와 문법을 모두 확인해가면서 읽는, 즉 공부를 위해 읽는 방법이라고 할 수 있다. 정독도 확실히 장점이 있고 반드시 필요한 읽기 방법이다. 그러나 우리나라 영어교육은 너무 정독에만 집중되어 있어서 다독에서 배울 수 있는 것들을 놓치게 되는 경향이 있다. 다독이란 세부적인 것보다는 전체적인 글의 내용에 더 초점을 맞추면서 긴 글을 읽거나, 또는 비교적 짧은 시간에 많은 글을 읽는 방법을 말한다. 우리나라는 학교교육 여건상 영어 시간에 다독의 기회를 마련해주기 어렵기 때문에 개인적인 노력이 필요하다.

　다독을 하게 되면 우선 읽기 속도를 높일 수 있다. 모든 책을 영어 교과서 읽듯이 읽는다면 나중에 대학에서 원서를 읽거나 사회에 나가서 영어로 업무를 처리하는 데 시간이 너무 많이 걸려서 시간 내에 과제를 처리할 수 없을 것이다. 특히 요즘처럼 정보가 쏟아져 나오는 시대에는 정보 처리 속도도 중요하기 때문에 빨리 읽는 것이 중요한 능력이 된다. 많이 읽게 되면 당연히 어휘의 양이 늘어나게 된다. 그리고 많은 문형을 접하게 되므로 따로 공부를 하지 않아도 자연스럽게 문법에 대한 이해가 높아진다. 다독 방법은 우리가 실제 생활에서 읽는 방법이기도 하다. 우리는 매일 읽는 신문이나 인터넷 정보, 소설을 교과서 공부하듯이 읽지는 않는다. 다독이 실제 삶에서 글을 읽는 방식과 더 비슷한 방식이므로 실제의 읽기 전략을 배울 수 있다.

다독의 방법

다독에서 가장 중요한 것은 빨리, 그리고 많이 읽는 것이다. 즉, 속도와 분량이다. 그렇게 하려면 어휘나 문법에 일일이 신경을 쓸 여력이 없다. 그보다는 글의 전체적인 내용이 대략 이해가 되면 바로 넘어가는 방식으로 읽어야 한다. 처음에는 모르는 어휘가 나오면 사전을 찾아보고 싶고 답답한 마음이 드는데, 웬만하면 그냥 넘어갈 것을 권한다. 모르는 어휘가 나올 때마다 일일이 사전을 찾아본다면 읽는 속도가 느려질 것이고 그러다보면 결국은 좀 긴 책은 포기하게 될 것이다. 어휘는 맥락 내에서 대강 추측을 하면서 읽어나가면 되는데 여러 번 같은 어휘가 나왔는데도 짐작이 잘 안 된다면 그때는 한 번쯤 단어의 뜻을 사전에서 찾아본다. 심지어는 모르는 문장이 나와도 그냥 넘어갈 수 있다. 이런 식으로 계속 많이 읽다보면 어느 순간에는 읽기 속도와 영어 실력이 쑥 늘었다는 것을 느끼게 된다.

흥미 있는 주제로 읽기

영어공부라고 하면 뭔가 학술적인 주제이거나 위대한 문학, 또는 시사적인 글을 읽어야 한다고 생각하는 경우가 많다. 학부모들도 그런 경험이 있을 것이다. 영어 읽기 실력을 늘리기 위해서 《타임즈 Times》나 《뉴스위크Newsweek》 같은 시사 잡지를 읽은 경험들 말이다. 그런 시사 잡지에 흥미를 느끼는 경우라면 괜찮은데, 이러한 주제가 너무 재미가 없는데도 불구하고 영어공부를 위해서 억지로 읽을 필요는 없다. 그렇게 재미없는 글을 계속 읽다보면 곧 지치게 되고 영어공부가 하기 싫어질 것이다. 읽기가 재미있으려면 무엇보다도 자신에게 흥미 있는 주제의 글을 선택해야 한다.

30명 정도를 한꺼번에 가르쳐야 하는 교실에서는 모든 아이들에게 흥미로운 주제를 고르는 것이 거의 불가능에 가깝지만, 내 아이 하나 또는 몇 명의 소규모 아이들을 위한 읽기 주제는 고를 수 있다. 나도 영어 읽기가 좀 약하다 싶은 둘째 아이를 가르칠 때 학습용 영어 읽기 교재를 사용해보았다. 아이가 재미있어 할 주제는 읽고, 너무 재미없겠다 싶은 것은 건너뛰며 읽었는데도 아이가 기대처럼 흥미로워하지 않았다. 그래서 아예 교재를 바꿔야겠다 생각하고 아이가 좋아하던 록 음악 잡지와 기타, 기타리스트에 대한 잡지를 교재 삼아 읽혔다. 그랬더니 아이는 훨씬 더 흥미를 가지고 열심히 읽었다.

이번 장에서 많이 다룬 초현실주의도 마찬가지이다. 그림이나 초현실주의에 아이가 정말 관심이 없어 한다면 읽기나 다른 활동을 하기가 쉽지 않다. 이렇게 아이가 관심이 없어 한다면 대응할 수 있는 방법은 두 가지이다. 한 발 물러서기와 재도전하기이다. 시도를 했는데도 아이가 너무 흥미 없어 한다면 잠시 보류하고 멈추는 것이 좋다. 싫어하는 음식을 억지로 먹이게 되면 다시는 그 음식을 먹고 싶어 하지 않을 수도 있다. 영어도 마찬가지이다. 재미없는 주제로 계속 공부를 시켜서 아이가 영어 자체를 싫어하게 되면 곤란하다. 아이가 공부를 재미없어 한다면 우선 한 발 후퇴한 후 기다렸다가 재도전을 해보자. 처음에는 인지적으로 받아들일 준비가 되어 있지 않아서 싫어했지만 후에는 준비가 되었거나 또는 주변환경 등의 영향으로 새로이 흥미를 가질 수도 있으니까 말이다.

한편, 항상 아이가 좋아하는 주제만 제공해주다 보면, 일종의 학습

편식이 생길 수 있다. 21세기를 살아갈 아이에게는 다양한 분야의 지식과 정보가 필요할 것이다. 가장 중요한 것은, 아이가 자신의 흥미가 어디에 있는지 또 자신이 잘하는 분야가 무엇인지를 스스로 찾는 것이다. 그것은 쉽지 않는 일이므로 부모나 교사가 다양한 새로운 분야를 보여줌으로써 아이의 재능을 찾을 수 있게 도와주는 것이 필요하다. 영어라는 매개체를 통해서, 다양한 분야의 내용을 다양한 학습 방법을 활용해서 접근한다면 일석이조의 효과를 볼 수 있을 것이다.

LESSON 07

심상화

오늘 내 기분은 초록색이야

21세기는 이미지의 시대

창의성과 시각적 감각은 밀접한 관련이 있다. 창의적인 사람들은 추상적인 생각을 구체적으로 시각화해서 생각하는 능력이 뛰어나다고 한다. 시각적인 감각과 관련하여 창의성을 생각하면 당연히 미술이나 건축, 예술 분야를 떠올리게 되는데, 꼭 이런 분야에만 국한된 것은 아니다. 위대한 문학가들은 머릿속에 떠오른 시각적인 상상이나 이미지를 언어로 표현해낸다. 콜리지Coleridge의《쿠빌라이 칸Kubla Khan》이나 단테의《신곡》이 좋은 예이다. 이뿐만 아니라 시각적 감각과 별로 관계가 없을 것 같은 과학 쪽의 발견과 발명들도 아이디어를 고안할 때 시각적으로 사고하는 경우가 많다고 한다. 아인슈타인도 상대성 이론을 생각할 때 시각적 정보처리 방식을 선호했다고 알려져 있다.

이와 마찬가지로 영어학습이라고 하면 글자만 생각하기 쉬운데, 영어뿐만 아니라 모국어를 배울 때도 처음 접하는 책은 그림책이다. 아이들 그림책에서는 당연히 그림이 글자만큼, 아니 어쩌면 그보다 더 중요할지도 모른다. 아이들은 글자만큼이나 그림에서 많은 것을 깨닫고 배우고 감성과 창의성을 발달시킨다. 따라서 그림이나 이미지 등을 다양하게 잘 활용하면 더 재미있는 맥락 속에서 영어공부를 할 수 있다. "One picture than 1,000 words."란 말이 있다. 천 마디의 말보다 그림 하나가 더 쉽게 의미를 전달할 수 있다는 뜻이다. SNS에서 왜 이모티콘을 자주 쓰는지 생각해봤는가? SNS에서의 이모티콘은 말하는 사람의 느낌을 말보다 더 쉽게 전달할 수 있다. 심지어는 처음 보는 이모티콘이라 할지라도 대강 그 의미가 무엇인지 짐작이 되지 않는가.

어휘, 감각으로 익혀라 ★★

친숙한 이모티콘을 활용해서 아이와 영어 공부를 쉽고 재미있게 시작해보면 어떨까?

'픽턴 서베이 Picton Survey' 사이트에 가보라. 거기에는 다양한 표정의 얼굴들이 있는데, 각각의 얼굴을 보고 생각나는 영단어를 적는 것으로 워밍업을 해보자. 영어를 잘하지 않아도 있는 어휘로 표현을 할 수 있는 간단한 활동이다. 혹시 아이가 표현하고자 하는 어휘를 우리

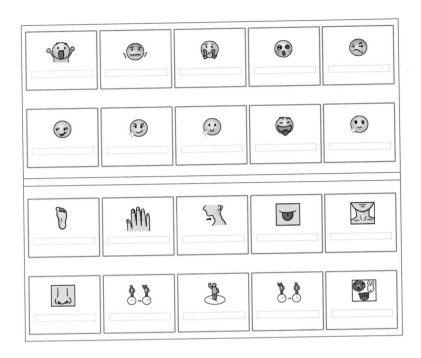

말로만 알고 있다면 영어로 바꿀 수 있도록 도와주자. [submit]을 클릭하면 다른 사람들은 같은 그림에 대해 어떻게 표현했는지도 볼 수 있다. 이 사이트에는 여러 세트의 그림이 있으므로 반복해서 좀 더 복잡하고 다양한 그림 세트를 이용할 수 있다.

어린 아이들이 어휘를 여러 감각 기관을 동시에 활용하여 배울 수 있는 좋은 사이트 하나를 소개하겠다. 미국 공영방송 PBS는 우리나라의 EBS와 비슷한 채널로, 좋은 교육 프로그램들을 많이 소개한다. PBS 웹사이트에서는 TV 프로그램뿐만 아니라 수많은 교육 콘텐츠를 제공한다. 그중에 〈Between the lions〉라는 프로그램이 있다. 이 제목은 "행간을 읽어라"라고 할 때 '행간'이란 뜻인 between the lines

를 재미있게 변형하여 만든 것인데, 제목에서 짐작할 수 있듯이 사자들이 주요 등장인물이다. 이 프로그램 사이트에서 word play라는 활동을 찾아보라. word play는 아이들에게 어휘를 가르쳐주는 일종의 그림사전이다. 그 어휘가 지칭하는 사물을 그림으로 보여줌으로써 어휘의 뜻을 설명한다. 사물로 표현할 수 없는 어휘들이나, 동작을 나타내는 동사들은 그림으로 표현하기가 어렵다. 그런데 이 사이트는 어휘의 의미를 동작으로 보여준다. 클릭을 하면 움직이는 이미지와 함께 어휘를 읽어주는데 그 사운드가 어휘가 갖는 느낌과 기가 막히게 맞아 떨어진다. 앞서도 언급했다시피 우리나라와 같은 EFL 환경에서는 어휘를 외워도 사용하지 않기 때문에 금세 잊어버리게 되는데, 어휘를 그냥 글자로만 배우기보다는 이렇게 오감을 많이 활용하여 배우게 되면 기억에 오래 남게 된다.

단어 콜라주 ★★

그림을 활용한 활동을 하나 더 해보자. 아이에게 단어를 하나 마음속으로 고르게 하고 그 단어를 표현할 수 있는 그림들을 찾아서 붙이게 한다. 단어 콜라주를 만드는 것이다. 잡지나 신문에서 오릴 수도 있고, 인터넷에서 찾을 수도 있을 것이다. 자신이 원하는 그림이나 이미지를 찾을 수 없다면 직접 그려도 좋다. 옆의 사진은 저자가 만든 콜라주이다. 무슨 단어를 표현하고자 하는지 짐작하겠는가? 맞다,

'freedom'이다. 나는 단어를 너무 직접적으로 표현했는데, 아마 더 창의적인 아이들이라면 단어를 자기 나름대로 유추나 상징적 이미지로 표현할 수 있을 것이다. 아이에게 자신이 만든 콜라주에 대한 설명을 3~4문장으로 쓰게 한다. 만일 여러 명이 공부한다면 서로의 콜라주를 보여주면서 무슨 단어인지 맞혀보기를 하고 콜라주 주인이 자신의 콜라주에 대해 설명하게 한다.

책으로 배우기 ①
《The napping house》 ★★

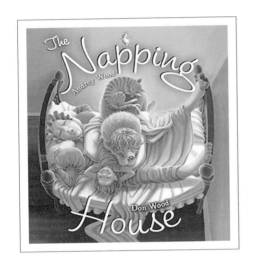

이 장 시작 부분에서 위대한 문학작품에서도 작가가 머릿속에 떠오르는 심상을 글로 표현한 경우가 많다고 언급하였다. 그렇다면 문학작품을 읽으면서 혹은 들으면서 작가가 상상하던 것을 우리 머릿속에서도 재구성할 수 있겠다. 꼭 유명하고 어려운 문학작품으로만 가능한 것은 아니고, 오히려 아이들 동화는 머릿속에 그리기가 더 쉽다. 이번에 읽을 책은 《The napping house》이다. 부부가 함께 글을 쓰고 그림을 그린 책인데, 파스텔조의 색채감도 아름답고, 그림이 유머러스하면서도 아주 섬세한 부분까지 표현되어

있다. 《Where the wild things are》에서 했던 것처럼 책을 보기 전에 이 책을 읽어주는 유튜브 동영상을 찾아서 들어보자.

이 책은 중요한 사건이나 스토리가 있는 것이 아닌데도 읽는 재미

가 있다. 어느 평화로운 오후에 낮잠 자는 풍경을 수채화같이 담고 있는 책이다. 자고 있는 할머니, 아이, 개, 고양이 등을 반복적으로 묘사하고 있기 때문에 같은 단어와 문형이 계속 반복된다. '침대가 있는데 그 위에 누가 자고 있고, 그 위에 또 누가 자고 있고' 하는 식으로 반복되다가 '맨 위의 동물이 깨어나면 그 아래 누가 깨어나고, 또 누가 깨어나고' 하는 식으로 반대 방향으로 반복된다. 반복이 많아서 영어를 공부하기에도 좋은 책이다. 다 듣고 나서는 떠오르는 장면을 그림으로 그리게 한다. 여러 동물들의 이름이 반복적으로 나오기 때문에 들으면서 동물들의 이름을 적는 것도 좋다. 듣기 이해 점검 활동을 꼭 문자로 할 필요는 없다. 인터넷에서 'The napping house'를 검색하면 다양한 활동지를 찾을 수 있다. 그중에서 옆의 그림과 같이 침대와 등장인물이 나오는 활동지를 가지고 책에 나오는 순서대로 침대 위에 차례대로 쌓기 놀이를 해본다.

《The napping house》는 일러스트레이션으로도 아주 유명하다. 그림의 색채감을 살펴보는 것은 시각적 민감성을 기르는 데 좋은 활동이다. 앞부분에서 동물들이 잘 때의 색채감과 뒷부분에서 깨어날 때의 색채감이 어떻게 달라지는지, 왜 그런지에 대해서도 생각하고 표현하게 하자. 또 구석구석에 잘 보면 본문에서는 나오지 않는 동물들도 찾을 수 있다. 특히 조그만 곤충을 찾아보고 다른 페이지에서는 그 곤충이 어느 부분에 어떻게 그려져 있는지 찾아서 비교해 보는 것도 이 책을 읽는 재미를 더해준다.

색상에 대한 민감성 기르기 ★★

　시각적 민감성에서 색상에 대한 민감성을 빼놓을 수는 없다. 색상에 대한 민감성은 주변환경이나 자연을 통해서 길러지고 영감을 받겠지만, 어릴 때 읽었던 그림책에서도 많은 자극을 받을 수 있다. 우리가 색상을 이야기할 때 대부분의 남자들은 그냥 뭉뚱그려서 빨강, 파랑 정도로 언급하는 반면, 여자들은 더 세분화해서 여러 단어로 표현하는 경향이(예를 들어 버건디, 진빨강, 와인 컬러 등) 있다. 아무래도 여자들이 패션이나 화장품 등을 통해 색깔에 관련된 단어들을 접할 기회가 더 많았기 때문일 것이다. 색상에 대한 어휘를 더 많이 알고 있다면 더욱 풍부한 색상을 떠올리거나 느낄 수가 있을까? 학자들에 따라 이견이 있기는 하지만 어휘를 알고 있다는 것은 머릿속에 그에 대한 개념이나 의미를 갖고 있다는 뜻이므로 어휘가 풍부하면 그만큼 사고나 느낌도 풍부해질 수 있다. 색상에 대한 어휘가 분화되지 않은 경우에는 머릿속 색상 스펙트럼이 단순하게 나타날 것이고 색상에 대한 어휘가 많으면 그만큼 색상 스펙트럼이 복잡하게 떠오르지 않겠는가.

　색상과 관련해서 아이에게 다음과 같은 것들을 한 번 물어보자.

What's your favorite color?
가장 좋아하는 색이 무엇이니?

Why do you like it?
그 색을 왜 가장 좋아하지?

Can you describe how the color feels?
그 색은 어떤 느낌이 드니?

좀 더 구체적으로 색상을 떠올리기 위해서는 인터넷에 있는 색상 팔레트를 보여준다. 어떤 색이 어떤 느낌이 나는지, 어떤 것이 긍정적인 느낌(또는 부정적인 느낌)이 나는지 물어보라. 색상을 보고 자신의 감정과 연결해보는 활동은 공감각을 발달시키는 데 도움이 된다. 공감각이란 하나의 감각기관으로

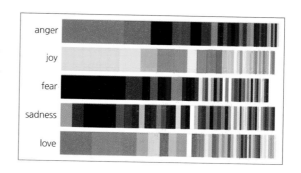

느낀 것을 다른 감각기관으로 전이하는 것인데, 예를 들어 음악을 색으로 표현하는 식이다. 시에서도 공감각적 이미지는 자주 나타나는데, '파란 아픔', '노란 피아노 선율'과 같은 것이다. 창의성 연구 결과에 따르면 공감각을 경험하거나 훈련한 사람들이 상대적으로 창의성 테스트에서 높은 점수를 받는 것으로 보고되고 있다. 그러므로 어릴 때부터 공감각을 발달시킬 수 있는 훈련을 하면 좋다. 가장 쉽고 좋은 방법은 역시 책을 통하는 것이다. 책의 내용에서 받는 여러 느낌들, 슬픔, 기쁨, 행복, 화, 절망과 같은 느낌을 그림이나 이미지로 표현할 때 어떤 느낌을 어떤 색으로 나타내면 좋은지 생각하고 설명하게 한다.

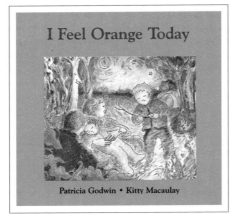

《I feel orange today》와 《Color me happy》 ★★

이번에는 색상과 감정을 주제로 한 책을 살펴보자.《I feel orange today》는 제목에서 느껴지듯이 감정을 색으로 표현한 책이다. 이 책은 공감각 훈련을 시작하기에 안성맞춤이다. 책의 한 구절을 보자.

I feel orange today. Orange is sitting at the beach, hot and salty, with juice sticky fingers…
난 오늘 오렌지색 느낌이에요. 오렌지는 뜨겁고 소금기가 묻어나는 바닷가에 앉아있어요.
주스처럼 끈적이는 손가락을 갖고 말이죠

책을 읽고 아이에게도 책에서처럼 자신의 기분을 색채로 표현하게 해보자. 'When I am sad, I feel purple. When I am angry, I feel red.'처럼 말을 해보고 왜 그렇게 느끼는지 설명하게 한다.

What color do you feel today?

I feel _____(색깔) today because_____.
I feel _____(색깔) when I am _____.

이런 식으로 자신의 기분을 색깔로 표현하고 왜 그런지, 그리고 어떤 때 어떤 색깔의 느낌이 나는지 말해보게 한다.

《Color me happy》라는 책도 색상에 대한 민감성과 공감각을 익히기에 좋다. 그림에서 보듯이 집이 처음에는 지루한 무채색인데, 이 무채색의 집은 sad하게 느껴진다. 그래서 행복한 집으로 만들기 위해서 여러 가지 색깔을 칠한다. 이 책에서는 여러 색깔이 그 색을 나타내는 사물과 함께 소개된다. blue sky, blue swings, red cherries, red door, yellow sun 등으로 나오기 때문에 더 구체적인 색상을 떠올릴 수 있다.

아이에게 이 책에서처럼 사물과 색상을 연결해서 말해보게 한다. 예쁜 색상이 많은 과일을 비롯하여 주변에서 흔히 볼 수 있는 사물을 가지고 색상을 말하면 된다. 그리고 스캠퍼SCAMPER 기법에 맞추어 그것이 다른 색깔이라면 어땠을까를 생각해 보게 한다. 가령 딸기가 파랑색이라면, 태양이 분홍색이라면, 무지개가 회색이라면 등등. 원래 무채색이었던 집이 책의 마지막에 가서는 알록달록 예쁘게 채색이 되어 있다. 아이에게 우리집도 다른 색으로 채색을 하면 어떻게 하고 싶은지 그림을 그려보게 한다.

이미지를 활용한 글쓰기: 포토에세이 ★★★

쓰기 활동으로는 요즘 아이들이 많이 하는 SNS 활동과 비슷한 것을 해보면 어떨까? 아이들은 자신과 주변에 대한 사진을 찍어 짧은 설명과 함께 다양한 SNS에 올려놓기를 좋아한다. 아이가 좋아하고 실제로 하고 있는 활동을 학습과 접목해서 하면 아이가 학습에 대해 훨씬 더 흥미를 느낄 수 있다. 이런 SNS 활동을 접목한 쓰기 활동으로 포토에세이를 만들게 한다. 일기 형식으로 하루에 있었던 일을 써도 되고, 또는 자신이 쓰고 싶은 주제를 골라서 포토에세이를 만들면 된다. 일기 형식이라면 그날 경험했던 것 몇 장면을 찍고 짧은 설명을 쓰거나 길게는 일기처럼 써나가면 된다. 또는 수필 형식으로 봄, 엄마, 고양이, 우리 집, 눈사람과 같은 친밀한 소재에 대해 일상적으로 떠오르는 생각을 사진과 함께 써봐도 좋다. 사진을 프린트해서 종이에 써도 되고 워드로 작업을 해도 된다.

아직 나이가 어리거나 영어 능력이 초급인 학습자라면 사진에 설명을 붙이는 정도나 서너 문장 정도의 수필 형식으로 포토에세이를 만들 수 있다. 좀 더 상위 학습자라면 포토에세이를 신문기사처럼 활용해서 써볼 수도 있다. 관심 있는 주제를 정하고 자신의 주장을 뒷

받침할 수 있는 사진과 함께 글을 제시하면 글만 제시할 때보다 그 효과가 커진다는 것을 아이가 깨닫게 될 것이다. 글쓰기에 이미지를 활용하는 것은 글쓰기에 대한 아이의 흥미를 고조시킬 수 있다는 장점뿐만 아니라 이미지를 효과적으로 활용하여 자신의 주장을 더 강조할 수 있는 방법을 배울 수 있는 기회가 된다.

영어 글쓰기를 잘하는 아이로 키우려면

의사전달 수단으로서의 글쓰기

언어에는 듣기, 말하기, 읽기, 쓰기의 네 가지 기능이 있다. 그중 쓰기가 가장 어렵다고들 한다. 사실 쓰기는 모국어로도 쉽지가 않다. 하물며 외국어로 쓰기란 결코 쉬운 일이 아니다. 영어공부를 막 시작하는 유아나 초등학교 저학년 아이에게는 특히 쓰기가 어려운 과업이다.

쓰기는 말하기와 마찬가지로 일종의 의사소통 방법이다. 문장 이전에 단어나 그림으로 표현을 하는 단계부터 이미 아이는 자신의 느낌과 생각을 전달하고 있는 것이다. 이 단계부터 쓰기라고 할 수 있다. 아이들이 모국어를 배울 때 어디서부터 말을 한다고 하는지에 대해서는 이견이 있을 수 있지만, 많은 학자들은 옹알이부터 이미 의사표현을 하는 단계로 본다. 같은 맥락에서 아이들이 낙서처럼 보이는 그림을 그리거나 혹은 선을 긋는 것도 일종의 쓰기 전 단계의 의사표현으로 볼 수 있다. 이런 단계를 거치고 난 후에야 글자를 쓰고 문장을 쓰게 되는 것이다. 모국어 쓰기도 완성되기까지는 시간이 한참 걸리므로 영어 쓰기가 오래 걸리고 어려운 것은 당연한 일이다. 그러므로 아이가 스펠링을 좀 틀리더라도, 완전한 문장이 아니라 할지라도, 자신의 느낌을 표현할 수 있도록 도와주자.

우리나라에서 영어 쓰기라 하면 대부분의 경우 영작문에 그치는 경우가 많다. 우리말로 문장을 주고 영어로 옮겨 쓰는 작업이다. 정확한 영어로 옮길 수 있는 능력도 중요하지만 너무 영작 연습에만 매이지 않도록 해주자. 앞으로 아이들이 살아갈 21세기에는 쓰기 능력이 훨씬 더 중요해질 것이다. 사람들이 직접 만나 대화하지 않고 이메일이나 게시판, 블로그 등을 통해서 얼마나 자주 의견을 주고받고, 업무를 수행하고 있는지를 생각해본다면, 쓰기가 앞으로 사회생활을 하는데 얼마나 중요한 비중을 차지할지 짐작할 수 있다.

✎ 글을 잘 쓴다는 것은?

일반적으로 좋은 글은 명료하며 의미전달이 잘 되는 글이다. 우리는 글이 커뮤니케이션(소통)의 일종이라는 사실을 자주 잊어버린다. 말을 하는 것과 마찬가지로 글도 내 생각이나 느낌, 주장을 다른 이에게 전달하는 것이다. 이때 글이 명료하지 않으면 내 머릿속과 상대방의 머릿속에 다른 그림이 그려지게 된다. 나는 호랑이를 생각하고 있는데 상대방은 고양이로 알아듣는 미스커뮤니케이션이 생기는 것이다.

글이 명료하지 않은 이유는 첫째, 내 머릿속의 생각이 명료하게 정리되어 있지 않기 때문이다. 명료한 글을 쓰고자 하면 일단 내 머릿속의 생각을 명쾌하게 정리해야 한다. 자기도 무슨 생각을 하고 있는지, 무슨 말을 하고 싶은지 모른다면 상대방에게 어떻게 내 생각을 이해시키겠는가?

둘째, 생각이 명료하다고 해서 꼭 명료한 글이 나오는 것은 아니다. 일단 생각이 정리되었으면 그 생각을 전달할 수단, 즉 글 쓰는 훈련이 되어 있어야 한다. 어휘, 문법 등이 정확해야 하고, 글의 흐름이나 구성도 논리적이라야 독자가 저자의 생각을 쉽게 따라올 수 있다. 글쓰기는 학습과 훈련이 필요한 기능이다. 모국어를 배울 때도 듣기와 말하기는 자연스럽게 습득이 되는 반면, 읽기와 쓰기는 배워야 하는 기능이다. 모국어도 그럴진대, 외국어로 쓰기는 훈련이 더 많이 필요하다.

학교에서 가르치면서 학생들의 글쓰기를 많이 보아왔는데, 우리말로 글쓰기가 안 되는 학생들은 절대로 영어로도 글을 잘 쓸 수가 없다. 글 쓰는 솜씨나 기술, 논리적 구조와 같은 것은 우리말 글쓰기에서 외국어 글쓰기로 전이되기 때문에, 우리말 글쓰기 훈련이 안 된 경우에는 외국어로도 잘 쓸 수가 없는 것이 당연한 이치다. 외국어를 잘 구사할 수 있는 초석이 되는 것은 우리말 실력이니 우리말로도 많이 읽고 많이 쓰는 훈련은 필수적이다.

/ 독서를 통한 쓰기 배우기

듣기나 읽기는 혼자 열심히 해서 실력을 향상시킬 수 있는 기술인 반면, 말하기와 쓰기는 혼자 연습해서 실력을 향상시키기가 어렵다. 말하기도 상대가 있어서 말을 계속 해야 느는 것처럼, 쓰기도 계속 많이 써봐야 향상된다. 문제는 혼자 많이 쓸 수는 있으나 어디가 잘못되었는지 알 수가 없다는 것이다. 글쓰기 능력을 향상시키기 위해서는 누군가가 한 번씩 봐주고 오류를 지적해주어야 한다. 이렇게 하기 어려운 경우에는 다독이 도움이 많이 된다. 언어의 네 기능 간에는 어느 정도 전이 효과가 있기 때문에 많이 듣고 많이 읽는 것도 쓰기에 영향을 미친다. 쓰기에 도움이 되기 위해서는 읽을 때 내용만 그냥 훑는 스키밍skimming 방식보다는 꼼꼼히 읽는 정독intensive reading 방식이 좋다. 읽으면서 저자가 어떤 어휘를 선택했는지, 같은 말을 나와 어떻게 다르게 표현했는지, 어떤 식으로 글을 전개하고 있는지 등을 살펴보는 것이 중요하다. 즉, 이 글에서 글쓰기를 한 수 배우겠다는 자세로 읽는 것이 필요하다.

저자도 영어로 글을 잘 쓰고 싶다는 생각을 하면서 혼자 할 수 있는 훈련 방법으로 꼼꼼히 읽기 전략을 택했다. 읽으면서 나중에 쓸 수 있는 표현이나 어휘들을 범주별로 카드로 정리해서 박스에 넣어 두었다. 글쓰기를 염두에 두고 꼼꼼하게 읽고 정리하는 습관을 들여 놓으면 혼자서도 글쓰기 실력을 많이 신장시킬 수 있다.

/ 유창성과 정확성

쓰기에도 말하기와 마찬가지로 언어의 유창성과 정확성이 모두 요구된다. 그런데 쓰기는 글이 갖고 있는 영속성 때문에 정확성, 즉 문법 오류 없는 영어가 더 많이 요구된다. 그 결과 우리나라 영어교육은 정확한 문법의 영작을 하는 데만 치중되어 있다. 그러다 보니 쓰기에서의 '유창성'은 거의 주목을 받지 못 하고 있다. 쓰기에서의 유창성이란 조금 생소하지만, 말하기에서처럼 쓰기에서도 자신이 표현하고자 하는 것을 짧은 시간 내에 많이, 막힘 없이 써나갈 수 있는 능력을 말한다. 영어 문법의 정확성에 지나치게 초점을 맞추게 되면 아이가 위축되어서 쓰기에서의 유창성을 발달시키기 어렵다. 쓰기에서의 정확성이나 정교성은 어차피 집에서 도와주기에는 한계가 있으니, 일단 집에서 엄마와 함께 할 때는 유창성에 초점을 맞추어보는 것이 좋겠다. 자기가 표현하고 싶은 말을 오류가 있어도 되도록 많이 쓸 수 있도록 한다. 더 어린 아이들이라면 그림과 함께 표현을 해도 좋겠다.

쓰기에서 중요한 것은 수정 과정이다. 우리는 한 번 쓰고 나면 자기가 쓴 글을 다시 읽기 싫어하는 경향이 있다. 그러나 여러 번 읽으면서 오류를 고쳐나가는 훈련은 좋은 글을 쓰는 데 꼭 필요한 전략이다. 쓰자마자 바로 다시 수정하는 것보다 좀 묵혀두었다가 다시 읽어보는 것도 도움이 된다. 쓰고 있을 때는 보이지 않던 문제가 시간이 좀 흐른 뒤에 보면 보이는 경우가 많다. 매번 이렇게 수정 과정을 거치는 것은 지루한 일이기 때문에 한 문단 이상의 글을 쓴 경우 가끔씩이라도 이전에 썼던 것을 다시 한 번 읽어본다든지 하는 방법으로 자신의 글을 성찰해보면 많은 도움이 된다.

집에서 하는 글쓰기 연습

글쓰기 습관을 어렸을 때부터 길러준다면 나중에 큰 도움이 될 것이다. 가끔이라도 아이에게 글로 자신을 표현할 수 있는 기회를 만들어주자. 책을 읽고 느낌을 적어본다든지, 하루 일과에 대해 감상을 써본다든지, 좋아하는 것에 대해 써본다든지 하는 일상의 쉬운 주제를 가지고 두세 문장, 또는 몇 개의 단어를 가지고라도 자신을 표현할 수 있는 글을 쓰게 한다. 그렇게 하면 영어로 글을 쓴다는 것이 단지 영작만을 의미하는 것이 아니고 또 다른 언어를 사용해서 자신을 표현하는 수단이라는 사실을 깨닫게 될 것이다. 그리고 아이의 틀린 영어를 매번 고쳐주려고 노력하지 말자. 처음에는 일단 아이가 자신의 생각을 영어로 끄적거릴 수 있다는 데 만족하자. 너무 자주 오류를 지적하면 아이는 금세 흥미를 잃게 되고 자신감도 상실하게 될 것이다. 아이가 쓴 글에 대해 뭐라도 칭찬을 해주자. 칭찬은 구체적이면 더 좋다. 이 단계에서는 영어 실력보다는 내용에 집중해서 피드백을 주면 좋다. 영어의 정확성에 대해서는 어차피 전문가의 도움이 필요할 테니, 엄마와 함께 공부할 때는 아이가 영어로 쓰는 것 자체를 칭찬해주는 것만으로도 충분하다.

LESSON 08

이 아이들이 땅을 파야 하는 게 누구 탓일까?

그래픽 오거나이저Graphic organizer의 활용

옆의 그림은 물의 순환에 대한 설명이다. 이 설명이 물의 순환에 대해 쉽게 이해를 시키고 있는가? 아마 개인에 따라 다르겠지만, 대부분의 사람들은 글보다는 그림에 먼저 눈이 갈 것이다. 그리고 그림이나 차트가 더 쉽게 이해된다고 말할 것이다. 글을 선호하는 사람들조차도 시각적 자료가 함께 있다면 한결 더 쉽게 이해할 것이다. 이처럼 시각적 자료

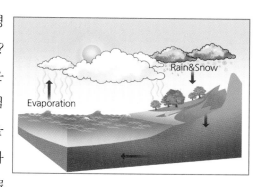

를 영어 학습에 적절히 활용하면 글에 대한 이해를 높이는 데 도움이 된다.

앞 장에서 다루었던 시각적 자료는 그림이나 이미지, 색채와 같은, 즉 예술적 민감성이나 상상력과 관련된 것으로, 주로 확산적 사고와 연관되어 있다. 이번 장에서는 내용 정리를 위한 여러 종류의 그래픽 오거나이저를 활용하는 방법에 대해 알아보자. 그래픽 오거나이저는 사고의 확산과 수렴 모두에 사용되는 도구이다. 그래픽 오거나이저는 다양한 종류가 있고, 영어뿐만 아니라 타교과 과목에서도 개념 이해나 내용 정리를 위해 자주 쓰이는 도구이다. 영어 교과서에도 읽기 전후 활동에 빈번하게 등장하는 그래픽 오거나이저는 창의성 신장과 영어 학습에 효과적으로 활용될 수 있다.

마인드맵

/ 브레인스토밍(brainstorming) ★★

마인드맵은 그래픽 오거나이저 중 가장 자주 사용되는 도구이다. 마인드맵은 사고의 확산과 수렴에 모두 사용된다. 사고를 확산할 때 가장 빈번하게 사용되는 방법은 브레인스토밍이다. 브레인스토밍은 생각을 거르지 않고 짧은 시간에 많은 아이디어를 창출해내는 방법인데 사고의 유창성과 관련이 있다. 브레인스토밍을 하면서 생각나는대로 메모 형식으로 적어놓을 수도 있지만 마인드맵을 활용하여 생각을 좀 더 체계적으로 정리할 수도 있다.

마인드맵을 활용하는 방법을 익히기 위해서 쉬운 주제를 하나 고른다. 예를 들어 '바다를 이용하는 방법'이라는 주제를 주고, 아이에게 이 주제와 관련하여 떠오르는 생각들을 모두 적게 한다. 이런 식으로 적은 메모는 아마 체계가 없고 정리가 되어 있지 않은 상태일 것이다. 이렇게 초안으로 적은 메모를 마인드맵을 이용하여 범주화하고 정리한다. 메모의 단어를 보고 비슷한 범주끼리 묶을 수 있는 것을 정하고 그 범주의 이름을 정한다. '바다에서 나는 먹거리, 심해에서 뽑아낼 수 있는 에너지, 휴양지로서의 바다, 바다에 도시를 건설하기' 등의 범주가 나올

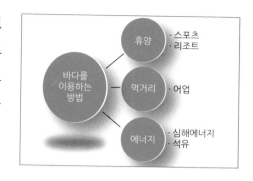

수 있다. 이렇게 범주화를 한 후에 아이디어들을 각각의 범주 안에 묶어보자. 그런 후 각 범주를 보면서 더 추가할 아이디어가 없는지 살펴본다.

아이디어 생성하기 → 범주 만들기 → 각각의 아이디어를 범주로 묶기 → 범주 안에 아이디어 추가하기 → 정리하기

　　이처럼 마인드맵은 아이디어를 확산할 때뿐만 아니라 생성된 아이디어를 정리하는 데도 유용하게 쓰인다. 범주화하여 묶고 정리하는 것은 학습 내용의 이해와 정리를 도와주고 수렴적 사고의 발달을 돕기 때문에 학습에서 중요한 능력이다. 이런 학습 능력은 여러 영역에서 유용하게 쓰일 수 있으므로 아이가 사고의 확산 뿐만 아니라 생각을 수렴·정리할 수 있도록 훈련을 시켜주는 것이 좋겠다.

포스트잇과 빨래집게 활용하기 ★★

　　마인드맵을 만들 때 포스트잇을 활용해본다. 포스트잇 마인드맵은 여러 명이 함께 활동을 할 때도 편리하다. 포스트잇에 아이디어를 하

나씩 적고 다른 친구들의 것과 비교하면서 보드판에 비슷한 범주끼리 붙이도록 한다. 이때 각각의 범주에 다른 색깔의 포스트잇을 사용하면 시각적으로 더 잘 구분된다.

비슷한 아이디어끼리 모으는 클러스터링 방식으로는 빨래집게를 이용해도 좋다. 이 활동에서는 아이디어의 범주를 먼저 생각해내고, 각각의 범주에 꼬리에 꼬리를 무는 아이디어 생성 방식으로 진행한다. 예를 들어 바다를 이용하는 방법이라는 주제 아래 '먹거리, 휴양지, 해저도시, 에너지'와 같은 범주를 먼저 정해서 메모지에 쓴 후에 빨랫줄에 하나씩 걸어놓는다. 아이들이 그 범주를 보고 생각나는 아이디어를 각각의 범주 아래에 클립으로 계속 이어 붙여 나간다. 이런 방법은 아이디어를 생성과 동시에 정리까지 할 수 있어 편리하다.

/ 소프트웨어 활용하기

연필과 종이를 이용해서 마인드맵을 그릴 수도 있지만 소프트웨어를 이용하면 더 편리하다. 소프트웨어를 사용하면 계속 수정이 가능하기 때문에 범주나 아이디어의 생성, 수정, 삭제가 용이하다. 게다가 텍스트뿐만 아니라 사운드나 이미지, 동영상도 삽입할 수 있다. 소프트웨어에 따라서는 여러 명이 한꺼번에 로그인하여 협동으로 하나의 마인드맵을 완성할 수도 있어서 여럿이 한꺼번에 아이디어를 생성해내고 정리할 때 요긴하게 사용할 수 있다. 인터넷에서 '마인드맵'을 검색하면 여러 종류의 무료 마인드맵 툴(freemind, OKmindmap 등)을 다운로드 받을 수 있다.

영어학습과 그래픽 오거나이저

✎ 논리적 글쓰기를 위한 준비

그래픽 오거나이저는 아이디어를 만들고 또 그 아이디어를 정리하는 것을 도와주기 때문에 글쓰기 전에 생각을 미리 정리할 때 많이 활용된다. 쓰기에서는 명료한 생각과 논리적인 글의 흐름이 중요하다고 앞서 언급했다. 그래픽 오거나이저를 활용하여 글을 쓰기 전에 What뿐만 아니라 How에 대해서도 미리 구상해보자. 먼저 주제와 관련하여 쓰고 싶은 여러 가지 내용을 생각해보고 그 생각들을 그래픽 오거나이저로 조직화한 다음에 세부사항을 하

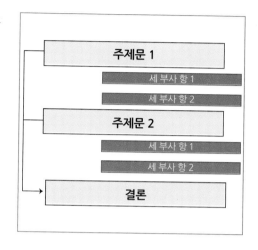

나씩 엮어 넣으면서 글을 완성해나가는 훈련을 하면 한결 더 논리적인 글을 쓸 수 있다. 이런 훈련은 우리말로 해도 효과가 같다. 우리는 대부분 문학적인 글보다는 시험이나 업무와 관련된 논리적인 글을 쓸 기회가 더 많으므로, 어릴 때부터 사고를 조직화하고 글을 논리적으로 쓸 수 있는 능력을 길러주면 좋다.

✎ 읽기 후 정리 활동 ★★

그래픽 오거나이저는 읽기 후 활동에도 자주 쓰인다. 읽은 내용을 한눈에 볼 수 있도록 간결하게 정리할 수 있기 때문에 수렴적 사고를 배양하는 데도 도움이 된다. 읽기 후, 특히 다독 후에 내용 이해를 점검하는 데 좋다. 길고 복잡한 내용일수록 그래픽 오거나이저가 더 유

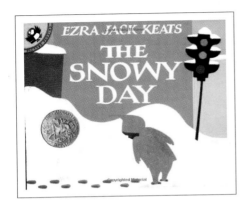

용하게 쓰이겠지만, 훈련삼아 쉬운 책으로 시작을 해보자. 《The snowy day》라는 짧고 쉬운 책이 있다. 이 책은 어린 아이 피터Peter가 겪은 눈 오는 날의 경험을 그린 이야기이다. 짧지만, 이 책에는 눈 오는 날과 관련된 여러 가지 감각이 나오는데, 어떤 감각들이 나오는지를 표로 정리하게 한다. 이때 책에서 직접적으로 언급되는 감각 외에도 아이가 책을 통해서 상상할 수 있는 감각도 함께 적도록 한다. 표를 만들어 주면 일종의 가이드를 주는 것이므로 아이가 훨씬 쉽게 뭔가를 쓸 수 있다. 그냥 느끼는 것을 써보라고만 했을 때보다 훨씬 더 쉽게 접근할 수 있다.

✏️ About Me 활동 ★★

그래픽 오거나이저는 읽기나 쓰기 등에 굳이 활용하지 않아도 그 자체로 훌륭한 활동이 될 수 있다. 〈About Me〉라는 나를 소개하는 자료를 마인드맵을 활용하여 만들어보자. "나"라는 주제를 가지고 마인드맵을 완성한다면 다양한 각도에서 나를 성찰할 수 있는 기회가 될 것이다. 마인드맵 소프트웨어를 활용한다면, 멀티미디어를 함께 삽입할 수 있으므로 나를 표현할 수 있는 이미지나 동영상, 음악을 같이 제시하여 다각적이고 흥미로운 자기소개 introduction about me 자료를 완성시킬 수 있

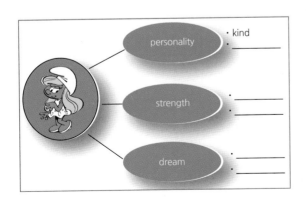

다. 학습 결과물로 항상 에세이와 같은 글쓰기만을 생각할 것이 아니라 눈을 약간만 돌리면 다양한 방법으로 다양한 종류의 결과물을 만들어낼 수 있다. 이렇게 하면 아이가 훨씬 더 학습에 흥미를 느낄 것이다.

 책으로 배우기

《Holes》와 그래픽 오거나이저 활용법 ★★★★

이번에는 좀 더 복잡한 내용의 청소년 문학 읽기에 어떻게 그래픽 오거나이저를 효과적으로 활용할 수 있는지 살펴보자. 먼저 《Holes》의 내용을 잠깐 살펴보겠다. 주인공인 스탠리는 어느 날 길을 가다가 갑자기 위에서 떨어진 유명인의 농구화 때문에 농구화를 훔친 범인으로 몰리게 된다. 간단한 재판 끝에 그린 레이크 캠프Camp Green Lake로 가게 되는데, 이곳은 문제아들을 가둬놓고 교육시키는 소년원 비슷한 곳이다. 이곳은 특이하게도 예전엔 호수였으나 지금은 거의 사막이 되어버린 땅이다. 캠프에 온 소년들은 아침부터 저녁까지 땡볕 아래에서 땅을 파는 벌을 받는다. 아이들은 이유도 모르고 땅을 파고 있지만, 실은 이유가 따로 있었다. 그것은 아주 오래전 일어난 어떤 일과 관련되어 있음이 이야기가 진행되면서 조금씩 밝혀진다. 이와 함께 캠프에 온 아이들 간의 관계도 서서히 밝혀진다. 처음엔 서로 아

무런 관계가 없었던 것처럼 보였던 아이들이 알고 보니 몇 대 째 조상 전에 이미 관계가 얽히고 설켜 있었다는 것이 점점 드러난다. 결국 아이들이 이유도 모른 채 사막에서 하루 종일 땅을 파는 것은 몇몇 어른들의 욕심, 그리고 조상들의 업보 때문이었다. 이처럼 《Holes》에서는 여러 대에 걸쳐서 여러 가지 사건들이 생기고 조상대에서 생긴 일의 결과가 후손들에게도 미치는 등, 사건이나 인물들의 관계가 상당히 복잡하게 얽혀 있다. 이런 복잡한 소설의 읽기 후 활동으로 그래픽 오거나이저를 활용하면 내용 정리를 깔끔하게 할 수 있다.

✎ 마인드맵으로 인물 간의 관계 정리하기 ★★★★

몇 세대에 걸친 등장인물 간의 복잡한 관계를 정리해보자. 그림에서처럼 인물들의 범주를 먼저 정하고 등장인물들을 적합한 범주에 묶어놓으면 소설에 나오는 등장인물들 간의 관계를 한눈에 볼 수 있

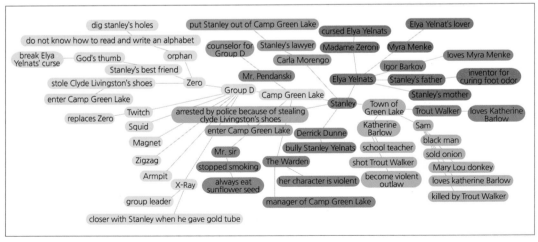

〈학생작품〉

다. 여러 방법으로 범주를 정할 수 있겠지만 캠프에 있던 소년들, 라트비아Latvian의 사람들, 타운 그린 레이크Town Green Lake 사람들, 주인공 스탠리 옐냇츠Stanley Yelnats의 조상들과 가족, 그리고 기타 사람들로 나누고 각각의 범주 아래 등장인물들을 배치하니 복잡했던 인물들 간의 관계가 명확해진다.

이 마인드맵에서는 인물들 간의 관계만이 아니라 인물들의 특성도 함께 요약해서 보여주고 있다. 마인드맵을 이런 식으로 활용하면 소설에 대해 상당히 심도 있는 내용 이해 점검과 심층적인 분석을 한꺼번에 할 수 있다. 또한 글로 정리했을 때보다 소설의 전반적인 구도에 대해 훨씬 더 체계적이고 분석적으로 이해할 수 있는 자료가 된다.

✏ 표를 활용한 인물분석 ★★★★

소설에서 가장 중요한 포인트는 인물과 사건이다. 이 가운데 소설 속의 인물 탐구는 심심치 않게 나오는 학습 주제이다. 인물 간의 관계를 보여주는 데에는 마인드맵이 편리하지만, 각각의 인물에 대해 좀 더 심도 있게 쓰고자 한다면 옆의 그림과 같은 표를 이용해 본다. 이 표를 완성하기 위해서는 책에서 등장인물이 한 말이나 행동, 생각에서 증거를 찾아 인물의 성격을 분석하는 등 좀 더 체계적이고 구체적인 인물분석 방법이 요구된다. 인물의 여러 특징에 대해 쓰면서 각각의 특징이 책의 어느 부분에서 나타나는지를 함께 적어

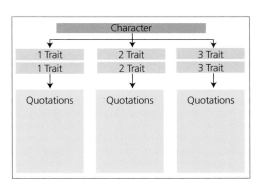

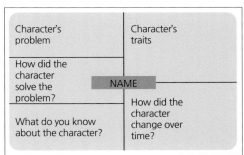

야 하기 때문에 대충 뭉뚱그려서 쓰거나 전체적인 인상이나 느낌만으로 적을 수 없다.

또 다른 표를 활용하면 인물이 갖고 있는 문제점이나 이슈에 초점을 맞추어 분석해볼 수도 있다. 인물의 특징, 문제점, 이 인물에게 왜 그러한 일이 생겼는지, 그는 이 일을 어떻게 해결하고 있는지, 만약 나라면 어떻게 해결할 것인지, 그에게 어떤 조언을 해줄 수 있는지 등에 대해 적는 것이다. 만일 그룹 학습이 가능하다면 이런 표를 각각의 등장인물별로 나누어 작성한다. 작성을 마치면 가위로 오려서 그 부분이 어느 인물을 묘사한 것인지 맞추는 게임을 해본다.

/ 타임라인을 활용한 사건 배치 ★★★★

소설에서 가장 중요한 것은 인물과 사건이다. 마인드맵과 표를 활용하여 인물을 정리하는 방법을 살펴보았으니 이번에는 사건을 정리해 보자. 《Holes》에서는 복잡한 인물만큼이나 사건들도 몇 세대에 걸쳐 복잡하게 일어난다.

게다가 소설의 사건들은 보통 시간 순으로 제시되는 것이 아니다. 《Holes》에서도 사건들은 시간 순으로 차례차례 나오지 않는다. 현재의 사건을 이야기기 하다가 과거의 어느 사건으로 돌아갔다가 다른 과거가 그 프레임 안에 다시 들어오고 하는 형식으로 이야기가 진행된다.

이렇게 시공간상 왔다 갔다 하는 사건들을 타임라인 위에 시간 순으로 배치하는 활동을 해보자. 이렇게 하면 마인드맵 활동처럼 소설을 체계적으로 이해하고 정리하는 좋은 자료를 만들 수 있다.

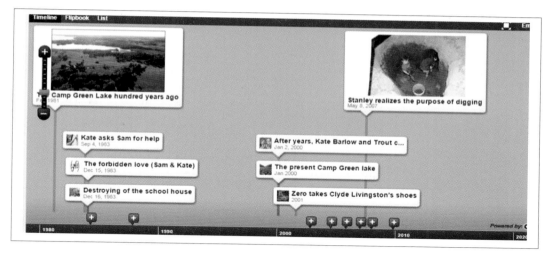

타임라인을 만들 수 있는 방법은 여러 가지가 있다. 종이와 펜으로 사건들을 정리해도 되고, 문서작성 프로그램으로 정리해도 된다. 또는 Dipity(dipity.com)와 같은 온라인 타임라인 툴을 사용할 수도 있다. 온라인 타임라인 툴은 마인드맵과 마찬가지로 수정이 간편하고 삭제와 삽입이 자유로워서 편리하다. 다양한 미디어를 삽입할 수도 있어서 훨씬 풍부한 결과물을 만들 수 있다. 온라인 타임라인에서는 다른 사람들과의 협동학습도 가능하다. 한 사람이 정리한 사건에 대해 다른 사람이 추가로 정보를 더 적을 수 있고 코멘트를 달 수도 있도록 되어 있다. 여러 명이 한 타임라인을 공유하면서 만들 수 있기 때문에 《Holes》와 같이 사건이 복잡한 소설은 두세 명이 짝을 이루어 한 타임라인을 같이 완성할 수 있다.

사건을 온라인 타임라인에 시간 순으로 정리하면서 각 사건에 대해 간략한 설명과 함께 관련 이미지나 동영상도 삽입하게 한다. 이렇게 해놓으면 훌륭한 타임라인이 완성되는데, 이렇게 만든 타임라인은 바로 프레젠테이션에 활용할 수 있다. 타임라인에 나오는 시간 순으로 한 장씩 사건을 보여주면서 소설에 대한 발표를 하는 것이다. 타임라인은 소설뿐만 아니라 마인드맵의 〈About Me〉처럼 나의 인생 이력을 소개하는 데도 유용하게 쓰일 수 있다. 또 학급이나 가족 이벤트를 기록할 때도 사용해보자. 여러 멤버들이 한 타임라인을 공유하면서 같이 만들어나가는 재미가 쏠쏠하다.

Wanted 포스터 ★★★★

《Holes》에는 110년 전쯤에 벌어진 에피소드가 하나 나온다. 이 에피소드는 키싱 케이트Kissing Kate라는 여자에 관한 이야기다. 학교 선생님이었던 백인여성 케이트 바로우는 샘이라는 흑인남성과 사랑에 빠지게 되었다. 그 당시 사회에서는 백인여성과 흑인남성 간의 사랑은 금지되어 있었다. 금지된 사랑을 이유로 마을 사람들은 샘을 호수에 빠뜨려 죽게 만들었고, 그 일이 있은 후에 케이트는 마을을 떠나 키싱 케이트라는 악명 높은 은행강도가 된다. 이 에피소드와 연결해서 키싱 케이트를 잡기 위한 지명수배Most Wanted 포스터를 만들어본다. 이 활동은 소설에 대한 내용 이해 점검뿐 아니라 소설 속의 시대와 키싱 케이트라는 인물에 대한 상상력이 필요한 활동이라 창의력 발달에도 좋은 활동이다.

심상화 활동 ★★★★

앞 장에서 설명했던 심상화 활동을 여기서도 해볼 수 있다. 소설을 읽으면서 인상적이었던 장면을 마음속으로 먼저 떠올려본 후 실제로 그리는 활동이다. 예를 들어 사막에서 아이들이 파놓은 구멍이 어떻게 보일 것인지 상상해서 그리게 할 수 있다. 이 장면은 이 책의 주 소재이자 제목과도 연관된 핵심 소재다. 이 활동을 실제로 학생들과 한 적이 있는데, 모두 비슷할 것 같은 사막 구멍들의 모습을 아이들마다 다른 모양으로 그려냈다. 이 장면 뿐만 아니라 아이가 책을 읽으면서 가장 기억에 남는 장면을 그려볼 수도 있겠다.

세계지도를 그래픽 오거나이저로 활용하자 ★★★

이미 만들어진 세계지도도 훌륭한 그래픽 오거나이저가 될 수 있다. 세계지도를 활용한 활동은 당연히 여행기와 같이 이동경로가 많은 책을 읽을 때 진행하면 유용하다. 예를 들어 《해저 이만리》의 네모 선장의 항해 경로, 또는 《80일 간의 세계일주》를 따라가 보는 것이다. 이런 식으로 세계지도에 이동경로를 표시하고 포스트잇을 활용해서 각 장소마다 요약문을 써놓으면 책 한 권의 요약 정리를 깔끔하게 할 수 있다. 아이가 혼자 할 수도 있고 여러 명이 함께 할 수도 있다. 여러 명이 모여서 챕터별로 나누어 요약을 하면 짐을 덜 수 있고 좀 더 빠르게 학습을 진행할 수 있다. 만일 쓰고 싶은 것이 많거나 여러 명의 아이들이 나누어서 요약을 하는 경우에는 전지처럼 큰 종이에 바다 지도를 그리고 요약도 원하는 만큼 자세히 쓸 수 있는 공간을 확보해주는 것이 좋다. 전지에 요약을 하고 벽에 붙여놓아 보자. 아이가 자신의 학습 결과물에 대해 아주 뿌듯해 할 것이다.

그래픽 오거나이저를 활용한 어휘학습

어휘는 언어 학습의 기초가 된다. 어휘가 풍부하면 글을 훨씬 더 빨리 그리고 많이 읽을 수 있을 뿐만 아니라 말을 하거나 글을 쓸 때도 수준이 다른 언어를 구사할 수 있다. 그러나 우리나라와 같이 외국어로서 영어를 배우는 상황에서는 영어를 실생활에서 사용할 일이 거의 없기 때문에 외운 단어를 기억하기가 어렵다는 문제가 있다. 이를 해결하기 위해 우리나라 학생들은 어휘의 스펠링과 의미를 반복해서 외우는 방식을 가장 많이 쓰고 있는데, 이것이 누구에게나 가장 효과적인 방법이라고 보기는 어렵다. 왜냐하면 효과적인 어휘 습득과 암기 방법은 아이의 인지구조나 학습 스타일에 따라 다르기 때문이다. 여러 가지 학습방법을 시도해 보는 것이 중요한데, 그러다 보면 자기에게 가장 효과적인 방법을 터득할 수 있을 것이다.

어휘 학습에 마인드맵을 활용해보자. 비주얼 시소러스visual thesaurus를 직접 만들어보는 것이다. 여러 모양으로 시각화 유의어 사전을 만들 수 있다. 우선 암기하고자 하는 단어를 중앙에 놓고 왼쪽에는 동의어, 오른쪽에는 반의어를 쓰는 방법이 있다. 또는 범주를 정해서 어휘 클러스터 방식으로 모아볼 수도 있다. 예를 들어 동물 이름을 외운다고 하면 animal이라는 큰 범주 아래 birds, mammals, fish, amphibians와 같은 하위 범주를 만들고 새로운 단어를 배울 때마다 적합한 범주에 하나씩 끼워 넣는 식으로 어휘를 확장해나

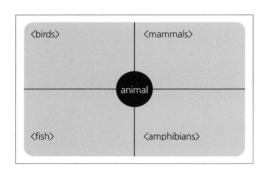

간다. 일종의 단어장을 만드는 것인데, 그냥 리스트 형식의 단어장이 아니라 범주별로 볼 수 있는 마인드맵 형식의 단어장을 만드는 것이다.

어휘는 개별로 외우는 것보다 어휘군word family으로 범주화하여 공부하면 장기 기억에 도움이 된다. 그 이유는 우리가 새로운 지식을 배울 때 우리의 뇌가 작동하는 것과 같은 방식을 쓰기 때문이다. 학습의 정의에 대해서는 여러 가지가 있는데, 인지주의적 입장에서 본다면 학습이란 새로운 지식이 우리의 뇌에 들어옴으로써 우리 뇌구조에 변화가 생기는 것을 의미한다. 새로이 들어온 지식이 우리 머릿속에서 사라지지 않고 장기기억으로 저장되기 위해서는 머릿속에서 자리를 잘 잡아야 한다. 이때 원래 있던 기존 지식 중에 범주가 비슷한 것 옆에 새로운 지식이 자리를 잡으면 새로운 지식이 잊혀지지 않고 더 오래 기억에 남는다고 알려져 있다. 이와 같은 방식으로 어휘도 범주별로 묶어서 비슷한 것끼리 공부한다면 좀 더 오래 기억할 수 있다.

LESSON 09

유추

넌 피클에 빠진 거야

창의성을 길러주는 유추의 힘

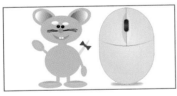

    cellphone, mouse, big bang… 모두 자주 듣는 말일 것이다. 이 세 단어의 공통점을 한번 찾아보자. cellphone은 전화기가 인간사회 안에서 마치 세포cell처럼 퍼져있는 현상에서, mouse는 쥐의 몸통 모양에서, 그리고 big bang은 폭발음의 소리에서 '유추'하여 만든 말이다. 즉, 이 셋의 공통점은 '유추'이다. 다른 두 개의 사물을 어떤 관점에서 보면 서로 합치되는 유사점이 보이는데, 이 유사점을 통하여 이 두 사물을 관련지어 말하는 것을 유추라고 한다. 좀 더 쉽게 설명하기 위해서 흔한 그림 유추 문제를 한번 보자. 옆의 그림에서 첫 번째 그림 세트를 보고 두 번째 그림 세트 빈칸에 무엇이 들어갈지 짐작할 수 있을까? 이 답을 생각해내는 사고 작용이 바로 유추이다. 여기서 유추란 첫 번째 그림의 두 사물 간의 관계를 보고 두 번째 그림의 두 사물의 관계를 생각해내는 것이다. 텍스트로 하는 유추과정도 마찬가지이다.

새 : 날개 = 물고기 : 지느러미
clock : time = scale : weight

이런 유형의 유추는 각종 테스트에서도 빈번하게 나온다. 물론 모든 유추가 이처럼 쉬운 것은 아니다. 어떤 유추는 아주 복잡하고, 어떤 유추는 너무 개인적이어서 다른 사람들이 이해하기 어려운 것들도 있다. 유추라고 하면 문학, 특히 시를 가장 먼저 떠올릴 텐데, 의외로 과학에서도 많이 사용되는 사고 기법이다. 어려운 과학적 원리나 개념을 설명하는데 유추가 아주 유용하게 쓰인다. 예를 들어, "전자가 흐른다"라는 표현을 들어본 적이 있을 것이다. 이것은 전자를 물에 빗대어 즉, 물이 위에서 아래로 흐르는 성질에 빗대어 유추적으로 설명한 것이다. 과학에서 유추를 활용하면 복잡한 과학적 개념이나 이론을 훨씬 쉽게 설명할 수 있으며 듣는 이도 더 쉽게 이해할 수 있다. 뿐만 아니라 과학자들이 새로운 발견을 하거나 신개념을 도출해낼 때 논리적·수렴적 사고와 함께 유추적 사고방식에 의존했다는 사실을 과학자들의 자전적 글에서 종종 찾아볼 수 있다. 유추적 사고는 문학적인 상상력뿐만 아니라 과학에서도 아주 유용하고 중요한 사고 능력이다.

간단한 유추 연습 ★★★

유추는 단어뿐 아니라 문장에서도 쓰인다. 다음 문장을 살펴보자.

Necessity is the mother of invention.
Love is blind.

위와 같은 유추가 포함된 문장들을 찾아보고 어떤 공통적인 특징 때문에 이런 말이 생겼을까 찾게 한다. 또 아이가 기존의 유추를 참고하여 나름대로 유추적 표현을 만들게 해본다. 유추는 여러 분야에서 빈번하게 쓰이는 문학적 도구로서, 특히 광고에서 많이 쓰인다. 영어로 된 광고를 인터넷에서 찾아서 유추가 어떻게 광고에 쓰이고 있는지 알아보자.

비유의 정의와 활용

이번에는 유추와 함께 많이 쓰이는 비유를 알아보자. 비유는 어떤 현상이나 사물을 직접 설명하지 않고 다른 비슷한 현상이나 사물에 빗대어 설명하는 방법을 말한다. 문학, 과학뿐만 아니라 일상 대화에서도 흔하게 쓰이는 문학적 장치이다. "별과 같이 빛나는 그대의 눈동자", "당신을 향한 나의 사랑은 한 떨기 장미"와 같이 사랑 고백을 할 때도 많이 쓰인다. 이러한 비유에는 직유와 은유가 있다.

/ 직유

Love is like _____

　이 문장의 빈칸에 어떤 단어를 넣을 수 있을까? Love is like a rose, Love is like oxygen, Love is like a star, Love is like a river, Love is like wind 등 다양한 단어가 가능하다. 이 문장처럼 "A는 B와 같다"라는 식으로 말하는 것을 직유라고 한다. 직유란 얼핏 보기에 별로 상관없는 사물이나 현상 두 개를 놓고 그 둘 간의 어떤 유사한 특징 하나를 찾아서 비유를 하는 방법이다. 직유나 은유를 하기 위해서는 두 사물의 특징 중에 유사점을 찾을 수 있어야 하고 그 유사점으로 인하여 듣는 이도 두 개체 간의 관계에 대해 이해를 할 수 있어야 한다. 예를 들어 "Love is like a rose."라고 했을 때는 장미의 아름다움에 빗대어 사랑의 아름다움을 말하고자 하는 의도가 있는 것이다. 만일 누가 "Love is like a hell."이라고 말했다면 이 사람은 사랑이 지옥처럼 끔찍했던 경험을 떠올리고 그 둘의 특성을 연관지어 말한 것이다. "Love is like wind."는 사랑은 바람과 같아서 한자리에 있지 않고 이리 저리 돌아다니는 속성을 빗대어 말한 것이라 생각할 수 있다.

아이와 함께 직유를 활용한 문장을 만들어보자.

A friend is like _____.
Home is like _____.
Love is like _____.
Friendship is like _____.

다른 형식으로는 "I walk like an Egyptian. She moves like a swan." 과 같이 써볼 수도 있다. 아이들에게 친근한 개념을 이용하여 쉬운 문장으로 연습을 해보자. 약간 더 확장시킨다면 이유를 쓰게 하면 된다.

A friend is like _____ because _____.

직유 문장에서는 가장 대표적으로 'like'을 써서 '~와 같이'라고 표현한다. 'as~ as'를 사용해서 '~처럼 ~한'이라는 의미를 만들 수도 있다. 예를 들면 'as busy as a bee, as brave as a lion, as black as ink' 등이 있다. 영어에서 직유는 이와 같은 숙어적 표현에 많이 쓰이기 때문에 일상 대화에서도 자주 사용된다. 이런 표현들을 익혀두면 대화에서 편리하게 쓸 수 있다. 인터넷에서 'simile examples'라고 검색해 보면 직유가 포함된 구와 문장부터 연습문제까지 다양하게 찾을 수 있다. 이런 표현들을 찾아서 뜻을 살펴보고 익혀두면 좋다. 이때 찾은 표현을 바로 아이에게 보여주지 않고 like의 뒤나 as~as 뒤를 펜으로 지우고 거기에 어떤 단어가 들어갈지 먼저 생각해보게 한다. 또는 그 부분을 잘라서 여러 표현들을 섞어 놓고 조각을 연결해보는 활동을 하면 아이가 생각할 기회를 갖게 되기 때문에 표현과 뜻을 바로 알려주는 것보다 학습 효과가 더 클 것이다. 표현을 단순히 외우면 금방 잊어버리게 되지만 그 표현을 활용해서 문장을 만들어보는 훈련을 하면 더 오래 기억에 남는다.

✏ 나에 대한 직유 ★★

이번에는 주제를 가지고 직유를 연습해보자. 직유를 활용하여 자신의 감정에 대해 표현하게 한다. "I feel as happy as _____."의 구조가 가장 기본적이다. as happy as 대신 as sad as, as gloomy as, as blue as, as excited as 등으로 쓸 수도 있다. 주제를 〈About Me〉로 넓혀보자. 직유를 활용해서 나의 특징을 잘 나타낼 수 있는 문장을 써본다.

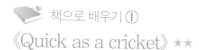

I am as fast as a rabbit, I am like a bird which flies high in the sky, I'm like the beautiful spring.

📖 책으로 배우기 ①
《Quick as a cricket》 ★★

멋진 비유들은 문학작품에 많이 나오는데 아동문학에서도 마찬가지이다. 영어에는 우리말보다 직유가 더 자주 쓰이는 것 같다. 어린 아이들이 듣는 너서리 라임에서부터 직유가 나오기 시작한다.

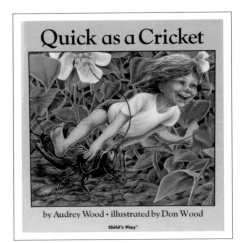

"twinkle twinkle little star… like a diamond in the sky."라든지 〈Mary has a little lamb〉에서도 "its fleece is as white as snow."라는 구절이 나온다.

동화책에서도 직유를 쉽게 찾을 수 있다. 앞 장에서 소개했던 《The napping house》의 명콤비 저자 오드리 우드Audrey Wood와 돈 우드Don Wood의 책 《Quick as a cricket》을 보자. 이 책은 제목부터 시작해서 이야기 전체에서 동물 비유가 계속 나온다. 문장이 짧고 리듬감이 있어서 소리 내어 읽기read aloud를 하기에 안성맞춤인 책이다. 아이가 소리 내어 읽는 동안 그 느낌을 최대한 살리는 데 집중하도록 도와주자. 예를 들어 "I'm quick as a cricket, I'm slow as a snail."과 같은 대목에서 quick 부분은 빨리, slow 부분은 천천히 읽는 식으로 말이다. 이 책에서는 서로 반대되는 형용사들이 여럿 나온다. quick, slow, small, large처럼 반대말 짝을 맞추어보게 하자. 또 일상생활에서 자주 쓰이는 형용사들을 모아보고 반대말 짝짓기를 해볼 수도 있다. 아이가 알고 있는 형용사들을 모아서 《Quick as a cricket》에 나오는 것처럼 직유로 표현을 만들어보게 한다.

그럼 이번에는 책에 나오는 동물의 특징을 살펴보자. 각 동물들의 특징을 생각하고 왜 직유에서 등장하게 되었는지 연결해서 생각하게 한다. 그리고 '직유의 고리 깨기 활동'을 해보자. "I'm as small as an ant." 대신 "I'm as small as a fly, I'm as small as a hummingbird."와 같이 쓸 수 있다. 이런 활동은 사고의 융통성을 기르는 데도 도움이 된다. 영어 직유 표현에서는 유난히 동물을 비유하는 경우가 많은데, 동물이 들어간 직유로 어떤 것들이 있는지 더 찾아보는 확장 활동을 해보는 것도 좋다. 우리말 표현에도 동물이 들어간 직유가 있는지 찾아보고 비교해보게 하거나, 새로운 동물로 새로운 표현을 만들어보게 한다. 이때 가능하면 되도록 많이 만들어보게 하여 사고의 유창성도 함께 키워준다.

/ TPR 활동 ★

《Quick as a cricket》은 유아나 초등 저학년을 대상으로 쓴 책이므로 몸을 활용한 활동을 함께 하는 것이 효과적이다. 'Total Physical Response(TPR)'는 몸을 활용하여 언어 학습을 하는 방법이다. 예를 들어 'walk'라고 하면 '걷다'라는 뜻을 우리말로 가르쳐주는 대신에 걷는 행동을 보여주거나 아이가 직접 몸으로 표현해보도록 함으로써 'walk'라는 단어의 뜻을 익히는 것이다. 이 책에는 동사와 형용사가 많이 나오기 때문에 TPR 활동에 적합하다. 'as quick as a cricket, as slow as a snail.'을 몸으로 표현해보든지, "Can you act happy? Can you be very very small? Smaller? Can you be big? Very very very big?"과 같이 말함으로써 아이들이 이 문장에 신체적으로 반응을 하도록 하는 것이다. 어린 아이들은 신체를 움직이면서 배우는 것을 좋아하고, 또 온몸을 움직여서 배운 것은 기억도 더 오래 가기 때문에 이 연령대의 언어 학습 방법으로는 아주 효과적인 방법이다. 아이들이 초등학교 4학년 정도만 되어도 TPR 활동을 귀찮아하는 경향이 생기기 때문에, 그 이전에 할 수 있을 때 이런 방법을 사용해보면 좋다.

/ 직유 포스트잇 나무 만들기 ★★★

　이번에는 직유를 사용해서 뭔가 결과물이 나오는 활동을 해보자. 이 전 장에서도 비슷한 활동을 한 적이 있는데, 친구나 가족의 포스트잇 나무를 만드는 것이다. 비유 대상인 사람의 이름을 중간에 적어 놓는다. 직유를 사용해서 그 사람의 특징을 문장으로 포스트잇에 쓴 다음 그 포스트잇을 이름 주위에 붙여서 나무 모양으로 만든다. 이때 여러 명이 한 사람에 대해 쓴다면 훨씬 더 다양한 표현들이 나올 것이고, 또 더 풍성한 나무가 될 수 있으니 여러 명이 함께 이 활동에 참여할 수 있다면 더 재미있을 것이다. 혼자 하는 활동이라면 포스트잇 나무 대신 카드 만들기를 한다. 아이가 엄마에게 카드를 쓰면서 엄마와 연상이 되는 직유를 다음과 같은 식으로 쓰는 것이다.

Mom, you're like a star in the night sky.
You're like gentle wind in the summer.
You're like an orange.
엄마는 밤하늘의 별과 같아요.
엄마는 여름날의 부드러운 바람과 같아요.
엄마는 오렌지 같아요.

/ 은유(Metaphor)

　비유에는 직유 외에도 은유가 있다. 은유란 직유처럼 두 개의 사물이나 개체에서 공통된 특징을 연관 지어 말하는 방법인데, 직유처럼 'like'와 같은 단어를 쓰지 않고 바로 'A=B'라고 말하는 방법이다. 예를 들어 "Life is a journey, Life is a box of chocolate, Life is an open book, Life is a movie." 등과 같이 표현하는 것이다. 은유도 직유만큼이나 문학과 과학에서 많이 쓰이는 표현법이자 사고의 기술이다. 직유를 가지고 했던 모든 활동들을 은유에서도 할 수 있다. 직유에서 클리셰cliche처럼 쓰이는 빈번한 표현이 있는 것처럼 은유도 그러하다. 영어에서 빈번하게 쓰이는 은유적인 표현으로 어떤 것이 있는지 인터넷에서 찾아보자. 여기서 몇 개만 살펴보겠다.

You're my sunshine.
You are a couch potato.
America is a melting pot.
Time is money.
It's a piece of cake.

이런 표현들은 자주 들어보았을 것이다. 이들은 영어에서 정말 자주 쓰이는 표현인데, 아이들이 외우기는 쉽지 않다. 이 표현을 알려주고 아이가 그 의미에 대해 나름대로 그림을 그려 카드를 만들게 한다. 해당 표현을 훨씬 쉽게 배우고 또 오래 기억하는 데 도움이 될 것이다. 예를 들어 couch potato를 그냥 외우기보다 관련 그림을 찾아보거나 그리면서 배운다면 학습 지속 효과가 훨씬 클 것이다. 그룹 학습 상황이 가능하다면 한결 재미있는 그림카드가 많이 나올 것이다. 각자의 그림카드를 서로 바꾸어보면 그것으로도 장기 기억으로의 전이효과가 클 것이다. 게다가 그림카드를 모으는 재미도 있다. 직유에서 했던 것처럼 은유도 다른 사물과 바꾸어서 다시 만들어보는 활동을 해보자. couch potato 대신 어떤 말을 쓰면 내내 소파에 누워서 TV만 보는

사람을 정확하고 재미있게 표현할 수 있을까? 우리말식으로 늘어진 빨래, 'soggy laundry'는 어떨까?

직유와 은유의 차이를 배웠다면, 직유적 표현을 은유로 바꾸어보는 것도 재미있다. 예를 들어 "She is as cold as ice."와 같은 직유적 표현을 "She is an ice cube."처럼 바꾸어보는 것이다. 다음 표현들을 은유로 바꾸는 연습을 해보자.

When it's time for dinner, I'm as hungry as a wolf!
The cafeteria stew was as tasteless as mud.
My room is as clean as a whistle.

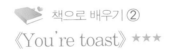

책으로 배우기 ②
《You're toast》 ★★★

은유를 재미있게 가르쳐주는 책 몇 권을 소개하겠다. 먼저 《You're toast and other metaphors we adore》라는 책인데, 이 책은 은유의 예시를 재미있는 그림과 함께 보여주어 아이들이 은유를 제대로 이해할 수 있도록 도와준다. 《You're toast》 표지 그림을 보자. 이 표현을 처음 듣는다 할지라도 대략 그 의미가 와 닿지 않는가? 토스트기 안에 있는 토스트 신세면 뻔한 상황이리라. 별로 좋지 않는 상황을 표현하는 말이다.

Now she is really in a pickle!

비슷한 또 다른 책《In a pickle and other funny idioms》도 숙어에 나오는 은유적 표현을 재미있는 그림을 보여주면서 설명한다. 이 책도 그림 덕분에 영어 표현이 잘 이해되고 기억에도 오래 남을 것이다. "You're in a pickle." 상황도 그다지 좋아 보이지 않는다. 그림을 보면 피클 안에 들어가 있는 벌레 상황이 이제 곧 잡혀죽게 된 상황이다. 그렇다. 이 표현은 "You're in trouble."과 마찬가지로 '너 큰일났다'와 같은 표현이다.

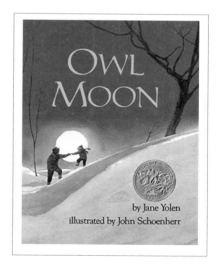

직유와 은유를 통해, 겨울밤 아빠와 올빼미를 찾으러 나간 딸이 보고 듣고 느끼는 것을 정말 아름답고 서정적으로 표현한 책도 있다. 제인 욜런Jane Yolen의《부엉이와 보름달Owl moon》이라는 책인데, 이 책에는 직유와 은유가 반복해서 나온다.

Somewhere behind us a train whistle blew long and low like a sad, sad song.
The snow below it was whiter than milk in a cereal bowl.
Quite as a dream.
I was a shadow.
The kind of hope that flies on silent wings under a shining Owl Moon.
우리 뒤쪽 어딘가에서 기차가 마치 슬픈 노래처럼, 길고 낮은 음으로 경적을 울리네.
아래에 있는 눈은 시리얼 접시에 담긴 우유보다도 더 희고,
마치 꿈과 같이 조용하네.
나는 그림자였지.
희망은 빛나는 올빼미 달 아래서 조용한 날개로 날아오르고.

아름다운 표현이다. 이 외에도 직유와 은유가 더 나오는데, 아이에게 찾게 하고 다음과 같은 질문을 해본다.

Why does the author use a lot of similes and metaphors?
작가가 왜 이렇게 직유와 은유를 많이 썼을까?

What kind of feelings does the author want to bring to the readers?
작가는 독자들에게 어떤 느낌을 주고 싶었을까?

How do similes and metaphors change the feeling of the story? Do they make the story better?
직유와 은유로 인하여 느낌이 어떻게 달라졌을까? 더 나아졌을까?

이런 질문을 통해서 아이들은 직유와 은유가 갖는 느낌, 그리고 문학적 장치로서의 힘을 은연중에 깨닫게 된다. 좋은 동화를 많이 읽으면서 비유적 표현을 배워나가는 것이 맥락 내에서 영어 표현을 자연스럽게 배울 수 있는 가장 효과적인 방법이다.

노래로 비유 배우기 ★★★

〈Everything at once〉

언젠가 우리나라 TV 광고에도 나왔던 렌카Lenka의 〈Everything at once〉라는 노래는 비유를 공부하기에 안성맞춤이다. 가사를 잠시 살펴보면, "난 여우처럼 교활하고도 싶고, 황소처럼 힘도 세고 싶고, 토끼처럼 빠르고 싶고, 곰처럼 용감하고도 싶고… 이런 모든 것을 한꺼번에 할 수 있었으면"과 같이, 자기가 갖고 싶은 특성을 여러 동물과 사물에 비유하여 노래하고 있다. 이 노래는 멜로디도 단순하고, 가사도 형식이 반복적이어서 초등학교 저학년이라도 쉽게 따라부를 수 있다. 노래를 들어보고 가사를 보면서 어떤 식의 비유를 하고 있는지 살펴보자.

As sly as a fox, as strong as an ox
As fast as a hare, as brave as a bear
As free as a bird, as neat as a word
As quiet as a mouse, as big as a house

All I wanna be, all I wanna be, oh
All I wanna be is everything

가사를 보고 이해를 하였다면 이 노래의 비유에서 떠오르는 이미지를 그려보자. 비유나 유추는 심상화나 시각화와 밀접한 관계가 있기 때문에 비유를 글자로만 이해하는 것보다는 이미지로 떠올려보는 것이 좋다. 이 노래와 같이 아이가 자신이 되고 싶은 것을 비유로 표현하게 하고 노래의 가사를 아이의 가사로 바꾸어 불러보자. 모든 가사를 다 바꾸기는 너무 길 수 있으니, 아이가 할 수 있는 만큼 몇 구절만 바꾸어서 불러봐도 충분하다.

　역사적으로 유명한 연설들을 보면 청중의 마음에 와닿는, 기막히게 감동적인 은유나 직유를 썼다는 공통점이 있다. 마틴 루터 킹 목사의 유명한 연설인 〈I have a dream〉은 적절한 은유를 통해 청중의 마음을 움직인 역사적인 연설로 기억되고 있다. 위대한 연설문을 몇 개 읽어 보고 이 연설이 어떻게 많은 사람들에게 감동을 주었는지, 어떻게 엄청난 영향력을 갖게 되었는지, 비유와 유추 같은 문학적 도구를 어떻게 사용하고 있는지를 살펴보는 것은 언어학습에 많은 도움이 된다. 그래서 말을 잘 하고 글을 잘 쓰려면 훌륭한 연설과 글을 많이 듣고 읽는 것이 필수적이다. 위대한 연설가들이 어떤 방식으로 언어를 사용했는지 살펴보는 것은 후에 아이가 말을 하거나 글을 쓸 때 사용할 수 있는 훌륭한 보고를 만들어 두는 귀중한 작업이 될 것이다.

유비(유추와 비유)의 덫을 피하자

　직유, 은유, 유추는 하나의 개념이나 사물을 다른 개념이나 사물과 연관하여 생각하기 때문에 사고를 확장시키는 작용을 한다. 이들은 어떤 개념을 다른 사물을 통해서 시각화시키기도 한다. 이런 과정을 통해서 개념을 더 쉽게 이해할 수 있도록 하기도 하고 때로는 그 개념을 다르게 볼 수 있도록 해주는 장점이 있다. 그런데 또 다른 한편으로 직유, 은유, 유추는 사고를 경직시키거나 닫아버리는 부작용도 있다. 직유나 은유에서 너무 자주 나와서 식상하게 들리는 표현들을 클리셰cliche라고 하는데, 클리셰는 개념 자체가 그 직유나 은유, 유추가 갖는 한 가지의 이미지와 이미 결합을 해버려서 다른 이미지나 개념으로 생각을 확장하는 데 제약이 된다. 예를 들어 용감하다는 표현에 대해 'as brave as a lion'이라는 표현만을 계속 접하다보면 용감이라고 하면 무의식중에 사자만 떠올리게 되는 것이다. 이렇게 되면 사고가 확장되기는커녕 고착화될 것이다. 이것을 유추와 비유의 덫이라고 한다.

이 덫에 걸리지 않는 방법 한 가지는 우리가 항상 사용하는 클리셰처럼 굳어져 있는 직유, 은유, 유추의 고리를 끊고 새로운 객체를 대입해보는 것이다. 직유의 경우 아이에게 'as brave as' 다음에 무엇을 넣고 싶은지 물어본다. 그러면 아이는 자신의 경험과 상상을 바탕으로 'as brave as a superman/my dad/my dog'와 같은 다양한 말을 만들어낼 것이다.

노래를 통한 영어학습

유아나 초등 시기의 아이에게 오감을 모두 활용한 다양한 학습방법을 경험하게 해주는 것은 중요한데, 청각을 이용하여 영어를 배우는 방법으로는 노래로 영어를 배우는 방법이 있다. 이 방법은 이미 오랫동안 영어교육에서 쓰이고 있고, 유아에서부터 성인까지 두루두루 애용되는 방법이다. 아마 독자들도 '팝송으로 배우는 영어'를 알고 있을 것이다. 노래로 영어를 배우면 더 재미있을 뿐만 아니라 문장을 그냥 외우는 것보다 훨씬 오래 기억에 남는다. 팝송 같은 경우는 실제로 사용하는 '살아있는 영어'를 배울 수 있다는 장점도 있다.

노래로 영어를 배울 때는 학습자의 연령에 맞는 노래를 선택하는 것이 중요하다. 유아나 초등 학습자는 너서리 라임을 잘 활용하여 영어가 갖고 있는 특유의 리듬을 익힐 수 있다. 너서리 라임은 가사, 리듬, 멜로디가 반복적이라 따라하기 쉽지만, 때로는 가사의 표현이 애매한 경우도 있다. 이 시기에는 너무 가사에 얽매이기보다는 영어와 친해지도록 한다. 영어의 리듬과 발음을 익힌다는 정도로 가볍게 생각하면 된다. 집에서 노는 동안, 또는 차를 타고 가는 동안 노래를 틀어주면서 그냥 흥얼거릴 정도로만 하면 된다. 아이가 영어를 귀와 입으로 자연스럽고 가볍게 익힐 수 있을 정도면 충분하다.

너서리 라임이나 동요는 가사가 문제가 되는 경우가 거의 없지만 팝송은 좀 얘기가 다르다. 우리나라 가요와 마찬가지로 팝송은 노골적인 표현이나 욕설, 속어 등이 포함되어 있을 수 있으므로 미리 확인할 필요가 있다. 쉬운 방법으로는 전문가가 영어학습용으로 골라놓은 팝송을 활용하면 된다. 속어의 표현이 너무 심하지만 않다면 크게 문제 삼지 않아도 될 것이다. 영어는 우리말보다 속어가 더 많기 때문에 일상생활에서 쓰일 수 있는 것 정도라면 무방하지 않을까 싶다.

노래로 영어를 배우는 것이 장기기억과 흥미 면에서 충분히 장점이 있지만, 이 방법에만 너무 의존하는 것은 권장하지 않는다. 노래로 배울 수 있는 영어는 제한적이기 때문에 노래로 많은 표현과 어휘를 배울 수는 없다. 게다가 아무리 멀티미디어를 다양하게 활용하더라도 어차피 학습이라는 것은 책과 글자를 완전히 벗어날 수 없고, 또 벗어나서도 안 된다고 생각한다. 언어는 소리와 글자의 조합이기 때문에 소리와 글자를 균형있게 학습할 수 있는 기회를 골고루 마련해주자.

정교성
더 자세히 이야기해보자

창의성에서의 유창성이란 같은 시간 내에 창의적인 생각을 많이 내놓는 것을 말한다. 그러나 유창성만으로는 창의성이 완성되지 못한다. 과제를 시작할 때는 다양한 창의적 아이디어들이 나왔는데, 곧 아이디어가 끊어지거나 아이디어가 너무 거칠고 다듬어지지 않은 단계에만 머물게 된다면 그 아이디어는 사실상 쓸모가 없다. 말을 하거나 글을 쓸 때도 마찬가지다. 처음 시작은 하였으나 더 이상 말이나 글을 길게 이어가지 못하는 경우가 자주 있다. 이런 경우 모두 아이디어는 있어도 그 아이디어가 구체적이고 정교하게 발전하지는 못한 것이다. 이번 장에서는 아이디어를 정교화시키는 훈련에 대해 알아보기로 하자.

정교하지 않으면 쓸모가 없다

정교성이라는 것은 아이디어가 얼마나 세부적이며 구체적이고 자세한지를 말하는 것이다. 아이디어가 피상적으로 머물지 않고 구체적이고 세부적이 될수록 더 창의적이고 더 실현가능성이 있으며 더 완전한 형태로 나아갈 수 있다. 처음에 떠오른 피상적인 아이디어를 고치고 다듬고 구체화·세밀화하여 완전한 것으로 발전시키는 과정을 정교화라 하고, 이런 능력을 정교성이라고 한다.

세밀하게 관찰하자 ★

정교성을 훈련하는 가장 기본적인 방법은 사물이나 현상을 세밀하게 관찰하는 능력을 키우는 것이다. 관찰력이 뛰어나야 정확한 그림도 그릴 수 있고, 보고 느꼈던 것을 섬세하게 글로 표현할 수도 있다. 관찰력은 주의를 집중해서 사용하면 향상시킬 수 있는 기능이다. 관찰력은 과학, 문학, 예술 등 여러 분야에서 중요하게 쓰이는 능력이므로, 아이가 어릴 때부터 부모가 신경을 써서 그 능력을 키울 수 있도록 돕는 것이 필요하다.

아이에게 동그라미나 네모 하나를 보여주고 이 도형을 더 정교하고 세밀하게 꾸며서 무언가 의미 있는 것을 만들게 해보자. 수잔 Susan 선생님의 사이트susanstriker.com를 방문해보자. 이 사이트에서는 구부러진 선 하나로 아이들이 다양하고 재미있는 그림으로 만들어놓은 것을 볼 수 있다. 이처럼 단순한 선 하나를 가지고 의미가 있는 복잡한 그림으로 발전을 시키는 데 필요한 것이 바로 창의적 정교성이다. 이런 창의적 정교성을 신장시킬 수 있도록 돕는 것이 정교화 훈련이다. 정교화는 이미 생성된 아이디어나 초기 결과물을 다듬어 정교하게 만드는 과정이므로, 예전에 만들어놓았던 아이디어를 재활용할 수 있다. 유창성 훈련 때 나왔던 여러 가지 아이디어를 다시 정교하고 구체적으로 다듬어보면 어떨까? 결합훈련 때 만들었던 몇 개의 단어를 가지고 정교한 아이디어나 이야기, 그림으로 완성해보는 활동도 좋겠다. 이런 활동은 선 하나에서 그림으로 확장·확대해나가는 것과 같은 종류의 활동이다. 즉, 이번에는 그림 대신 글에서의 아이디어를 정교화하는 것이다.

언어교육과 정교화

언어교육에서 정교성은 두 가지로 볼 수 있다. 첫째, 위에서 설명한 창의성에서의 정교성, 즉 사고에서의 정교성이 필요하다. 다시 말해서 거칠고 다듬어지지 않은 아이디어를 정교화하고 구체화하는 과정이 있어야 하는 것이다. 둘째, 언어의 정교성이 필요하다. 언어의 정교성은 정교하고 완전하게 만든 아이디어를 말 또는 글로 정확하고 적절하게 표현할 수 있는 능력이다. 세부적인 주제를 가지고 발표를 하거나 작문을 하는 것은 정교성을 발달시키는 좋은 훈련법이다. 글쓰기에서는 자신이 쓴 글을 계속 다듬고 보완하고 수정하는 과정을 거치게 되는데, 이러한 과정 자체가 정교성 발달 훈련이 된다. 그림 보고 이야기 만들기, 이야기 이어가기(속편sequel 만들기), 책에는 없는 이야기의 앞 내용(전편prequel) 만들기 등도 모두 정교성을 발달시킬 수 있는 활동이다. 그러면 영어 학습을 하면서 어떻게 정교성을 발달시킬 수 있는지 그 예를 살펴보자.

/ 만화, 동영상을 활용한 정교화 훈련 ★★★

신문이나 잡지에서 찾을 수 있는 짧은 만화를 아이에게 보여주고 어떤 일이 벌어지고 있는지 말해보게 한다. 이때 아이가 한두 마디밖에 못 하고 말이 막히는 경우가 있다면, 아이의 사고가 한 발짝 더 구체적이 될 수 있도록 다음과 같이 계속 질문을 던져주자.

That's an interesting idea. What makes you think so?
재미있는 생각이네. 왜 그렇게 생각하게 됐지?

What does this mean?
(그림에서) 이것은 무슨 의미일까?

Why does this person have such a facial expression?
이 사람의 표정은 왜 이럴까?

What will happen next?
이 다음엔 무슨 일이 벌어졌을까?

Can you guess the relationship between these people?
이 둘의 관계는 무엇일까?

구체적인 부분까지 생각을 해서 말을 했다면 이런 구체적인 부분들을 종합하여 전체적으로 논리적인 흐름이 되는지를 살펴보자. 이야기가 구체적이고 자세히 기술되어도 흐름이 논리적이지 않으면 소용이 없다.

만화뿐만 아니라 유튜브의 동영상도 정교성 훈련에 활용할 수 있다. 유튜브를 찾아보면 소리는 없지만 짧고 재미있는 애니메이션을 꽤 많이 검색할 수 있다. 소리가 없기 때문에 그림을 보고 줄거리를 대강 짐작만 할 수 있을 뿐이다. 이렇게 짐작한 줄거리를 바탕으로 아이에게 동영상에 들어갈 자막을 만들어보게 한다.

소리 없는 애니메이션으로 픽사Pixar의 〈Birds〉를 예로 들어보면, '여기에 나오는 새들이 뭐라고 말을 했을까'를 생각하여 대사를 써보게 하는 식이다. 자막을 쓰는 것은 대강 이야기의 줄거리를 이해하는 것보다 훨씬 더 구체적인 사고를 요하는 작업이고, 언어를 직접 사용해야 하므로 언어의 정교성도 필요한 활동이다. 이런 동영상의 대사  는 길 필요가 없기 때문에 아이의 영어 실력이 허락하는 정도에서 한 문장씩만 만들면 되겠다. 아이의 영어 실력이 어느 정도 이상 되어 좀 길게 쓸 수 있다면 등장인물의 대사를 각각 쓰기보다는 전체 이야기를 말해주는 내레이터를 가정하여 내레이션을 쓰게 한다.

/ 너서리 라임을 꾸며보자 ★★★

너서리 라임nursery rhyme을 활용하여 정교성 훈련을 해보자. 너서리 라임은 대체로 몇 줄밖에 되지 않는 짧은 동시 같은 글로서, 정확한 의미를 모른다 하더라도 무엇을 의미하는지 대강 머릿속에서 그려지는 경우가 많다. 그러나 너무 짧기 때문에 구체적인 스토리가 있지는 않다. 이런 너서리 라임을 구체화해보는 작업을 통해 정교성을 기를 수 있다.

I had a little nut tree
Nothing would it bear
But a silver nut meg and a golden pear
The King of Spain's daughter
Came to visit me
And all for the sake of my little nut tree
나는 너트 나무를 하나 갖고 있었네
그 나무에서는 은 너트메그와 금 배만 열렸지
스페인 왕의 딸이 나를 찾아왔네
내 작은 너트 나무를 보기 위하여

이 너서리 라임은 고작 6줄밖에 되지 않지만 약간의 이야기를 슬쩍 내비치고 있기 때문에 너무 짧고 추상적인 〈Humpty Dumpty〉 같은 류의 너서리 라임보다는 정교화 작업을 하기에 더 적합하다. 아이에게 이 너서리 라임을 주고, 각색해서 이야기를 만들어보게 한다. 아이가 구체적으로 이야기를 발전시키기 어려워한다면 다음과 같이 가이드를 준다.

How did this person get the nut tree?
어떻게 너트 나무를 가지게 되었을까?

Can you guess the size, color and shape of the tree?
너트 나무는 어떤 크기, 어떤 색깔, 어떤 모양일까?

Where do you think the tree was planted?
어디에 심어져 있었을까?

Why did the princess come to see the tree?
어쩌다 공주님께서 그 나무를 보러 여기까지 오게 되었을까?

Can you imagine what the princess looks like?
공주님은 어떻게 생겼을까?

What will happen to the owner of the tree and the princess?
공주님과 나무주인은 어떤 사이가 되었을까?

너서리 라임을 발전시켜 이야기를 만드는 예를 보고 싶다면 'Rhymes and Reasons'라는 사이트meddybemps.com를 참고한다. 영어로 된 너서리 라임이 많기 때문에 그 중 아이가 흥미를 가질 만하고 아이의 영어수준에 맞는 것을 골라서 이처럼 정교성 훈련 연습을 하면 된다.

같은 내용, 다른 표현 : 신데렐라 프로젝트 ★★★★

우리가 살다보면 같은 말도 다르게 한다는 느낌을 받을 때가 자주 있다. 특히 문학작품을 보면 이 작가는 같은 느낌을 어떻게 이렇게 잘 표현했을까 하는 감동을 받을 때가 간혹 있다. 언어를 사용해서 내가 갖고 있는 느낌과 생각을 상대방에게 그대로 전달하기란 쉬운 일이 아니다. 언어를 더 정교하고 정확하게 구사할수록 상대방에게 나의 뜻이 더 잘 전달될 것이다. 그러면 같은 내용을 어떻게 다르게 표현하는지 그 차이점을 살펴보는 것으로 정교한 언어 사용에 대한 감각을 익혀보는 학습을 해보자.

이번 학습에서는 우리 모두가 이미 적어도 한 번 이상은 읽어봤을 《신데렐라Cinderella》를 가지고 살펴보겠다. 《신데렐라Cinderella》는 착하고 아름다운 여자가 갖은 고생 끝에 왕자님을 만나 행복하게 되어 인생을 보상받는다는 fairy tale의 원형에 가까운 이야기다. 그래서 우리나라의 《콩쥐팥쥐》와 같은 이야기들을 동서고금을 막론하고 찾을 수 있다. 전 세계에 흩어져 있는 이런 신데렐라 구조의 이야기들을 찾아서 비교해보는 것도 재미있는 과제가 될 것이다. 여기서는 '신데렐라'라는 제목으로 발간된 버전들만 비교하겠다. 이야기 내용은 같으

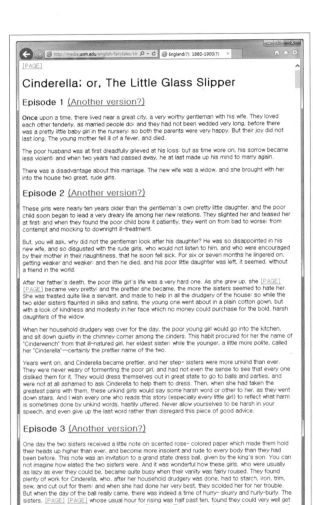

〈산문버전〉

나 표현이 다른 버전끼리 비교하는 것이 정교성 발달 학습에 더 효과적일 것이고, 또 언어의 섬세한 차이에 대한 감각을 익히는 데도 유용할 것이다.

《신데렐라Cinderella》의 여러 버전을 한 눈에 볼 수 있도록 만들어준 친절한 사이트usm.edu가 있다. 신데렐라 프로젝트라는 사이트이다. 서던 미시시피 대학에서 1700년대부터 영어권에서 쓰여진 신데렐라 이야기 12개의 다른 버전을 모아서 웹사이트에 올려놓은 프로젝트이다. 이 프로젝트는 버전 12개를 단순히 올려놓은 것이 아니라 각 버전을 에피소드로 잘라서 하이퍼링크로 연결해놓았다. 이렇게 해놓으면 이야기를 전통적인 책 읽는 방식으로 페이지별로 차례대로 읽는 것이 아니라 여기 저기 골라서 읽을 수 있다. 즉, 이 사이트에서는 12개의 이야기를 수평적 읽기와 동시에 수직적 읽기를 할 수 있도록 해놓은 것이다.

수직적 읽기를 통한 비교 읽기 ★★★★

첫 페이지에 버전 링크가 12개 있는데 이 링크 중 하나를 누르면 선택한 버전으로 이동한다. 각각의 버전을 그림과 같이 에피소드별로 자르고 에피소드마다 'another episode'라는 링크가 걸려 있다. 이 링크를 누르면 이야기의 같은 부분을 다른 버전으로 읽을 수 있는 것이다. 수평적 읽기는 우리가 보통 책을 읽을 때처럼 한 버전을 한 번에 죽 읽는 것이고, 수직적 읽기는 여러 버전을 에피소드별로 읽는 것이다. 수평적 읽기를 하면서 버전별로 비교를 할 수도 있지만, 여기서는 좀 더 세밀한 비교를 위해 수직적 읽기를 해보자. 에피소드별로 여러 버전을 비교하는 것이다. 앞에서 다르게 읽기의 예시로 나온 《Three little pigs》는 아예 스토리도 다르고 결말도 다르지만 이 신데렐라 프로젝트의 버전들은 기본적인 이야기 골격은 같고 다만 디테일이나 표현방식, 문체 등이 다르다. 그래서 한 번에 죽 읽고 비교하는 것보다 부분별로 보면서 어디를 어떻게 다르게 썼는지 비교하면 더 정교한 비교가 가능하다.

예를 들어 어떤 버전은 산문으로 되어 있고 어떤 버전은 운문으로 되어 있음을 알 수 있다. 각 버전의 이런 요소들을 비교하면서 읽어보는 것은 창의성의 정교성 발달에 도움을 줄 뿐만 아니라 언어학습에도 효과적이다. 우선 여러 버전을 읽으면서 다양한 문체에 대해서 배울 수 있다. 같은 말을 어떻게 다른 어휘나 문장구조를 사용하여 표현하는지를 배울 기회도 된다.

Prologue (Another version?)

On Cinderella's bridal day,
The Prince he gave a grand gala,
Drest in the splendor of the East,
The guests assembled at the feast,
The lovely fair one is here seen,
With modest and becoming mien,
Kind fortune did at last prevail,
But I'll relate the pleasing tale.
[PAGE]

Episode 1 (Another version?)

In early years of sire bereft,
To her step sisters she was left,

Episode 2 (Another version?)

But they cruelly did use her,
Made her a slave and oft abus'd her,

Each night they at the ball or play,
Would go drest out so fine and gay,
While she would to the cinders creep,
There sit down to sigh and weep.
[PAGE]

Episode 3 (Another version?)

There was a splendid ball at court,
To which the sisters did resort,
Poor Cinderella wish'd to go,
In fact she told the tyrants so,

She ask'd them for to lend a dress,
But they did cruel scorn express,
Yet she good natur'd did not pout,
And help'd to deck their persons out,

〈운문버전〉

삽화 비교하기 ★★★

신데렐라 프로젝트 사이트에는 각 버전의 오리지널 프린트를 스캔해서 올려놓았기 때문에 텍스트 비교뿐만 아니라 삽화와 타이포그래피까지 비교해볼 수 있다. 신데렐라라고 하면 대부분의 아이들은 금발머리에 파란색 옷을 입고 하늘색 머리띠를 한 디즈니의 캐릭터를 떠올릴 것이다. 그런데 이렇게 여러 버전의 신데렐라 모습을 보게 되면 디즈니 캐릭터로 정형화된 신데렐라의 모습을 털어낼 수 있는 기회도 된다. 디즈니 신데렐라는 정말 무수히 많은 신데렐라 이야기 중 하나일 뿐이라는 것을 깨닫는 기회가 될 것이다. 아이들이 한 가지 모습의 신데렐라만 상상하기보다는 다양한 신데렐라를 상상할 수 있으면 좋겠다. 여러 버전의 신데렐라를 보면서 신데렐라가 오랜 기간 동안 여러 사람들에게 여러 모습으로 상상되어 그려져 왔다는 것을 깨닫게 해주고, 아이만의 또 다른 신데렐라가 있을 수 있다는 점을 상기시켜 주자.

시각화 도구 활용하기 ★★★★

인간의 인지기능상 두세 개의 아이템을 비교하는 것은 가능한데, 12개를 한꺼번에 비교하는 것은 쉽지 않은 일이다. 이럴 때 앞 장에서 해보았던 시각화 도구를 활용해보자. 즉, 다음과 같이 표를 만들어 12개의 버전을 정리하면서 비교하면 효과적이고 더 정확하게 비교를 할 수 있다.

	version A	version B	version C									
story												
style												
word												
feeling												
picture												

신데렐라 프로젝트를 보면서 아래와 같은 부분을 비교해보도록 하자.

What's the difference?
이야기에서 어떤 차이점이 있는가?

Do you feel there is any difference when reading aloud?
소리 내어 읽었을 때 어떤 차이점이 느껴지는가?

How different are the words used in each story?
쓰인 단어의 느낌들이 어떻게 다른가?

Which story do you like most? Why?
어떤 버전이 제일 좋은가? 그 이유는?

Which story is the most difficult to read? Why?
어떤 버전이 가장 어려운가? 그 이유는?

Which picture(illustration) do you like most? Why?
삽화는 어느 것이 가장 마음에 드는가? 그 이유는?

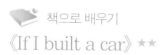 책으로 배우기
《If I built a car》 ★★

이번에는 상상력으로 가득 찬 재미난 책을 읽고 그 책에 나오는 상
상의 차를 정교하게 다듬어보는 활동을 해보자.《내가 차를 만든다면

If I built a car》는 어떤 남자아이가 아빠의 차를 타고는 왜 차가 이렇게 심심하게 생겼는지에 대해 불만을 가지면서, '내가 차를 만든다면 이렇게 만들테야!' 하고 상상하는 이야기이다. 상상력이 풍부한 아이들이라면 한번쯤 상상해볼 법한 차다. 자신이 원하는 기능을 모두 장착한 이 차는 하늘을 날기도 하고 바다 속을 여행할 수도 있다.

상상력 훈련을 하고 싶다면 이 책에서처럼 아이가 원하는 상상의 차를 구상해보게 하자. 아이에게 갖고 싶은 차를 그려보게 하든지 또는 만들어보게 한다. 여기까지는 상상력이다. 이를 정교성 활동으로 연결해야 한다. 아이에게 상상의 차를 다른 사람들에게 소개한다고(또는 판매한다고) 생각하고 차에 대한 소개글을 쓰게 하는 것이다. 소개글에는 차의 특징, 장점, 모양, 기능, 색상 등이 포함되겠다. 그러니 소개글을 쓴다는 것은 단순히 상상력으로만 되는 것이 아니고 정교하고 구체적인 생각을 필요로 한다. 만일 아이가 무엇을 써야할지 잘 모른다면 장난감차 소개글이나, 또는 실제 차 소개글(아주 쉬운 것으로)을 모델로 보여준다.

같은 작가의 책으로 《If I built a house》는, '내가 집을 짓는다면' 하는 상상을 하는 책이다. 《If I built a car》를 좋아했다면 이 책도 좋아할 것이다. 이 두 책을 읽고 할 수 있는 공통적인 활동으로는 설계도면을 그려보는 것이다. 설계도면을 그린다는 것도 상상을 정교한 아이디어로 구체화시켜야 하기 때문에 정교성 훈련에 좋은 활동이다.

묘사문과 이야기글 쓰기 ★★★★

언어학습과 정교성 발달 훈련을 동시에 하기에는 묘사문 쓰기가 안성맞춤이다. 흔히 영어 시간의 묘사문은 자신이나 자신의 가족, 내가 좋아하는 장소, 또는 가봤던 여행지 등에 대해서 주로 쓰게 된다. 이런 주제도 좋지만 좀 더 세밀하고 정교한 묘사를 하기 위해서는 머릿속에 그려진 이미지를 묘사하는 것보다는, 실제로 눈 앞에 보이는 것을 묘사하는 훈련이 필요하다. 어느 장소에 직접 가서 묘사를 하거나 어떤 사람을 눈 앞에 두고 묘사를 할 수도 있겠지만, 그림이나 사진을 보고 묘사를 해보면 어떨까? 재미있는 사진을 보여주고 그 사진에 대해서 묘사를 해보게 하자. 아니면 옆의 그림처럼 유명한 그림에 대해 묘사문을 써보는 것도 좋다. 'Google Art Project'라는 사이트에 가면 엄청나게 많은 명화들을 볼 수 있는데, 그림 한 부분을 확대해서 볼 수도 있다. 이렇게 보면 훨씬 더 상세하게 그림을 볼 수 있고, 때로는 화보로 볼 때는 보이지 않았던 것들을 찾는 재미도 있다. 기술의 이런 장점을 최대한 살려서 책에서는 보지 못했던 부분에 대해서도 묘사하게 해보자.

그림을 이용하여 글쓰기를 하는 것은 묘사문 뿐만 아니라 이야기

Vincent van Gogh, 라 크로 평야의 수확, 1888

형식의 글에서도 가능하다. 여기 네 점의 그림이 있다. 앨프리드 테니슨Alfred Tennyson의 〈The lady of Shallot〉이라는 서사시를 바탕으로 여러 화가들이 이야기 속의 다양한 장면들을 그려낸 것이다. 〈The lady of Shallot〉은 카멜롯 성의 아서 왕 서사시를 바탕으로 쓰인 시이다. 시의 내용은 대강 이렇다.

성 꼭대기에 갇혀 밖으로 나오지 못하고 또 창밖조차 내다볼 수 없는 저주에 걸린 샬롯이라는 젊은 여인이 있었다. 그녀가 갇혀있는 성은 카멜롯 성으로 가는 번화한 길 가에 위치해 있어서 많은 사람들이 그 길을 지나다녔다. 샬롯은 밖을 내다볼 수 없었으므로 창문 반대편에 거울을 걸어놓고 거울에 비치는 바깥 풍경을 보면서 그 풍경을 천

에다 수놓는 것을 소일거리로 삼으며 살았다. 그러던 어느날, 그 길로 잘 생긴 기사가 지나가게 되었는데, 그 기사는 바로 그 유명한 아서 왕의 원탁의 기사 중 한 사람인 란슬롯이었다. 란슬롯을 본 샬롯은 한눈에 사랑에 빠지게 되어 자기도 모르게 창밖을 내다보게 되는데, 그 순간 저주가 내려서 거울이 깨진다. 저주를 받은 샬롯은 성에서 내려와 강가에 있는 보트를 타고 카멜롯 성을 향하여 하염없이 흘러 내려갔다.

스포일러가 되고 싶지 않으니 내용 소개는 이쯤에서 마무리하겠다. 앞의 그림 네 점은 이 시와 관련 있는 그림들을 모아서 시의 이야기 순서대로 배열을 해놓은 것이다. 이 그림들을 아이에게 보여주고 그림을 바탕으로 이야기를 재구성하는 활동을 해보자. 이 활동을 전에 여러 학생들과 해보았는데, 같은 그림 세트를 가지고도 다양한 이야기와 결말이 나왔다. 앞서 설명했던 신데렐라 프로젝트와 비슷한 것이다. 꼭 이 그림들이 아니더라도 여러 그림들을 모아 아이에게 그 그림들을 조합하여 이야기를 만들도록 해보는 것은 창의력에 있어서 정교성, 그리고 언어에 있어서 표현력을 발달시킬 수 있는 좋은 방법이다.

언어에서의 유창성과 정확성

어떤 언어를 잘 한다고 할 때는 흔히 두 영역으로 평가를 하게 되는데, 바로 유창성과 정확성이다. 그런데 지금까지 이 책에서 유창성이라고 할 때는 주로 창의성에서의 유창성을 말하는 것이었다. 그렇다면 이번에는 언어에서의 유창성이 무엇인지 알아보자.

창의성에서의 유창성이란 짧은 시간 내에 많은 아이디어를 생성해내는 것이라고 했다. 이와 비슷하게 언어에서의 유창성은 주어진 시간 내에 '머뭇거리지 않고' 말을 하거나 글을 쓸 수 있는 능력을 말한다.

한편, 언어에서는 유창성 못지않게 정확성도 필요하다. 언어에서의 정확성이란 언어를 얼마나 정확하게 구사하는지를 보는 것이다. 즉 어휘나 문법 사용에서의 정확함을 말하는데, 올바른 문법의 사용과 밀접한 관련이 있다.

영어뿐만이 아니라 모든 외국어 교육의 목표는 언어를 유창하고 정확하게 사용할 수 있도록 하는 것인데, 이 두 가지 목표에 동시에 도달하기엔 참으로 어려움이 있다. 다시 말해, 이 둘 간에 흔히 불균형이 생긴다는 것이다. 시간 내에 주저함 없이 영어를 하려면 문법과 어휘가 맞는지 생각할 겨를이 없어서 정확성이 떨어지는 경향이 있다. 반대로 문법이나 어휘의 정확성에 신경을 쓰면서 말을 하려고 하면 주저하게 되어 유창성이 떨어지게 된다. 그래서 이 둘을 한꺼번에 잘 하기가 어렵다는 것이다.

결국 둘 중 하나를 선택해야 하는데, 그 선택은 시대에 따라 계속 달라졌다. 80년대까지는 영어교육에서 정확성이 유창성보다 중요하게 여겨졌기 때문에 문법교육에 초점을 맞추었다. 그 시대에는 영어를 공부한다는 것은 단어를 외우고 문법을 공부한다는 의미였다. 그런데 문법 중심 영어교육의 문제점이 드러나게 되었다. 열심히 영어 공부를 했는데도 외국인을 만나면 영어로 대화가 안 되는 것이었다. 그래서 이런 단점을 보완하고자 90년대 이후부터는 정확성보다는 유창성에 초점을 둔 쪽으로 영어교육의 트렌드가 바뀌었다.

트렌드는 유창성 쪽으로 기울고 있지만, 그래도 마음 한편에는 문법에 대한 미련을 버릴 수가 없다. 게다가 학교에서는 여전히 문법이 강조되는 상황이라 이를 무시할 수도 없다. 결론적으로 말하자면 둘 중 하나를 버릴 필요도 없고 그래서도 안 된다. 언어를 잘 구사하려면 유창성과 정확성 둘 다 필요하기 때문이다. 가장 중요한 것은 둘 간의 균형이다. 영어를 능숙하게 말하는 것 같지만 잘 들어보면 브로큰 잉글리쉬broken English이거나, 문법은 정확하게 말하고 있는데 너무 더듬거려서 영어를 못 하는구나 하는 느낌이 드는 것은 둘 다 문제다. 그래도 둘 다를 똑같이 한꺼번에 잘 하기는 어려우니, 이럴 때는 영어를 사용하게 될 상황을 생각해보라. 만일 여행을 다니면서 사용하는 서바이벌 영어 정도라면 정확성보다는 유창성 쪽에 무게를 두는 것이 낫다. 그러나 중요한 자리에서 발표를 한다거나 글을 써야 하는 상황이라면 언어의 정확성이 훨씬 더 많이 요구될 것이다.

아직은 아이가 어리다면, 어느 상황에서 영어를 사용하게 될지 섣부르게 추측할 수 없다. 그러므로 안전하게 양쪽의 균형을 잘 맞추어가면서 지도하자. 다만, 아이의 연령이 어리다면 정확성보다는 유창성에 무게를 좀 더 두는 것이 효과적이다. 또한 이 연령대에서는 책을 읽을 때도 문법이나 어휘에 너무 얽매이지 말고 읽는 재미를 알아가도록, 그리고 빨리 많이 읽을 수 있도록 '읽기의 유창성'에 좀 더 초점을 두고 학습을 진행하는 것이 좋겠다. 그러다보면 자연스럽게 문법이나 어휘도 많이 늘 것이고, 아이가 준비가 됐다고 느껴지는 시점에서 문법이나 어휘에 대한 학습을 시작하면 된다.

LESSON 11

지식과 경험

가상현실 속의 여행자가 되어보자

앞에서 창의성에는 다양한 요인들이 영향을 미친다는 점을 언급했다. 이런 요인들에는 지식과 경험, 지능, 성격, 환경, 교육 등이 있는데, 이번 장에서는 경험과 창의성에 관해 알아보자. 앞서 창의성에 대한 여러 이론들을 소개하면서 창의성은 자라면서 발달될 수 있는 것으로 보는 시각이 많다고 했다. 예를 들어 '지식'과 같은 요인은 얼마나 더 많이 학습하고 공부하느냐에 따라 그 넓이와 깊이가 달라지고, 이것은 결국 창의성 발달에 큰 영향을 미치게 된다. 뉴턴과 아인슈타인이 만일 과학 분야를 전혀 공부하지 않아 그 분야에 아무런 지식도 없었더라면 과학사에 그렇게 큰 발자취를 남긴 천재들로 기억되지는 않았을 것이다. 타고난 천재성에 지식이 보태어졌기에 오늘날 우리가 알고 있는 뉴턴과 아인슈타인이 등장한 것이다.

경험이 창의성을 낳는다

지식과 마찬가지로 '경험'도 창의성에 큰 영향을 미치는 후천적, 환경적 요인으로 알려져 있다. 창의성에 관한 책을 읽다보면 창의적 인재들이 어떤 경험을 통해 창의적인 생각과 작품을 남기게 되었는지를 말해주는 경우가 많다. 특히 문학이나 예술 분야의 인재들은 여행을 통해서 다양한 문화, 자연, 사람, 사회와 접하게 되고 거기에서 얻은 영감으로 작품을 탄생시키곤 했다. 고갱이나 바이런이 그런 사례다.

이전 장에서 셰익스피어의 풍부한 어휘에 관해 이야기하면서 팔레트의 예를 들었다. 이 팔레트는 문학가에게는 어휘일 것이고 미술가에게는 색상일 것이며 건축가에게는 다양한 선과 재질일 것이다. 결국 이 팔레트의 색상의 개수가 개개인의 지식과 경험의 양이 되는 것이다. 사실 조금만 생각해보면 지식이나 경험이 하나의 선상에 놓여 있다는 것을 알 수 있다. 우리는 인생을 사는 동안 끊임없이 무엇인가를 배우게 되는데, 이 배움은 지식이나 경험을 통해서 얻게 된다. 책을 통해서 배우면 지식인 것이고, 실생활을 통해서 배우면 경험인 것이다. 주위를 살펴보면 학력이 짧음에도 불구하고 나이 많은 분들이 경험을 통해서 많은 것을 알고 계시는 경우를 자주 볼 수 있다. 결론적으로 말하자면, 학습은 지식과 경험 모두를 통해서 일어난다고 할 수 있다.

경험으로 학습의 추상화를 넘어서자

경험을 통한 학습은 자연스럽고 어렵게 느껴지지 않는데, 책을 통해 배우는 학습은 왜 어렵게 느껴질까? 학습이 어렵게 느껴지는 이유에는 여러 가지가 있는데, 그중 하나가 학습 내용의 추상화 때문이다. 쉽게 말하면 우리가 배워야 할 것을 우리 눈앞에서 구체적으로 보고 경험해서 배우는 것이 아니라 그 내용을 책에 글로 담아서 '지식'과 '정보'라는 형태로 배우고 있기 때문이다. 옛날에 학교가 없던 시절에는 무언가를 배우려면 그 분야의 장인匠人이 하는 것을 직접 보면서 배우는 도제학습을 해야 했다. 구두 만드는 법을 배운다고 하면 구두장인 밑에서 일을 도우면서 구두 만드는 것을 어깨 너머로 배운 것이다. 처음엔 바닥도 쓸고 잔신부름도 하다가 실력이 조금 늘면 구두의 본도 만들고 무두질도 하는 과정을 통해 구두장인이 되는 식이었다.

옛날에는 모든 것을 이런 도제방식이나 직접 경험으로 학습하였는데, 학교가 생기면서 학습의 형태가 달라졌다. 학교에 가서 모든 것을 배우게 된 것이다. 물론 학교가 갖는 장점도 많다. 다양한 분야의 지식을 일일이 그 분야의 장인에게 가지 않아도 배울 수 있고, 직접 해보지 않아도 지식으로 알 수 있는 편리함이 생겼다. 그러나 그 편리함 못지않게 힘든 점도 생겼는데, 그게 학습 내용의 추상화다. 예전에는 직접 보고 배울 수 있던 것을 글자로만 배워야 하는 어려움이다. 나도 이 어려움을 겪었다. 중학교 시절 밥짓기에 대해 책에서 배우는데 글로 읽어서는 도무지 감을 잡을 수 없었다. 밥물은 쌀의 몇 배를 넣고 불은 처음에는 중불, 나중에는 약불이라는 식으로 설명하는데, 뭐가 중불이고 약불인지 도무지 감이 잡히지가 않았다. 이런 경우 실제로 한번 해보면 쉽게 알 수 있는 것인데, 학교에서는 해볼 기회가 없으니 책으로 배우는 것이다. 학교에서는 이렇게 공부하는 내용의 대부분을 구체적인 경험보다 추상화된 지식으로 배우다 보니 학습이 어렵게 느껴지는 것이다. 사람마다 학습능력이나 인지구조가 다른데, 언어나 논리보다는 실제로 경험하면서 배우는 능력이 더 뛰어난 아이들의 경우에는 지식을 말과 글로만 배우는 것이 정말 괴롭고 어려운 일일 것이다. 이렇게 모든 것을 경험하면서 배우면 좋겠지만, 그러기에는 시간이 너무 많이 걸릴 것이다. 게다가 21세기에는 배워야 할 것이 이미 너무나 많기도 하다.

그러면 절충안을 찾아보도록 하자. 직접 그 곳에 가보지 않고도 할 수 있는 것을 간접경험이라고 한다. 책을 읽는 것도 간접경험의 하나이다. 문학가들과 예술가들이 여행을 통해 많은 경험을 쌓았다고 했다. 여행을 자주 많이 다닐 수 있으면 좋겠지만, 시간과 비용이 들기 때문에 자주 다니기가 어렵다. 그럼 아쉬우나마 책과 인터넷 자료들을 통해 가상여행을 해보면 어떨까? 책도 그림이나 사진이 있어서 여행이나 다른 도시들에 대한 간접경험을 하기에 좋다. 특히 요즘에는 인터넷과 멀티미디어가 발달되어 있어서 다양한 자료들을 잘 활용하면 간접경험이라고 하더라도 좀 더 실제적이고 흥미로운 경험으로 만들 수 있다.

책 안에서의 여행

✓ 다른 도시로의 여행 : 〈This is〉 시리즈 ★★★

　연령이 낮은 아이들을 위한 여행책으로 〈This is〉 시리즈를 추천한다. 이 시리즈는 《This is New York》을 비롯하여 〈Paris〉, 〈San Francisco〉, 〈London〉, 〈Munich〉, 〈Venice〉 등으로 구성되어 있다. 수채화 풍의 그림이 아주 예뻐서 그림만 보고 있어도 어쩐지 기분이 좋아지는 책이다. 각 도시의 랜드마크, 예를 들어 영국의 경우 빅밴이나 국회의사당 같은 건물들이 아이들이 좋아할만한 그림으로 그려져 있다.

　게다가 잘 들여다보면 그림 내에 그 도시의 랜드마크뿐만 아니라 전철 내 풍경이나 전철 티켓, 이층버스와 같은 사회문화적인 내용도 담고 있어서 그림에서도 많은 것을 배울 수 있다. 이 책의 그림은 타문화에 대한 호기심이나 민감성을 기르기에 좋은데, 우선 아이에게 가벼운 질문을 해보자.

What's the difference between the scenery in the book and the scenery in our town?
이 그림에 나와 있는 거리의 풍경이 우리나라 거리와는 무엇이 다르지?

Look at the faces of the people sitting in the subway. What do you think about them?
전철에 앉아 있는 사람들의 표정을 보자. 어떤 표정들이지?

Look at the stroller. It looks different from those we use in Korea. Why do you think the strollers are different?
엄마가 유모차를 갖고 나왔네. 우리나라 유모차와는 좀 다르게 생겼지? 왜 그럴까?

이처럼 외국 풍경과 문화를 담고 있는 책을 많이 접하게 되면 그림을 보는 것만으로도 타문화에 대해 배울 수 있을 뿐 아니라 상상력과 융통성을 기를 수 있다. 글자가 꽤 많이 나오는 편이지만 영어도 상당히 쉽게 쓰여 있어서 영어공부에도 적합한 책이다. 내용도 풍부해서 각 도시에 대한 기본적인 정보, 예를 들면 런던의 인구이동에 대한 사실이나(런던은 약 600만 명이 살고 있지만 그보다 훨씬 많은 사람들이 낮 동안에는 이 도시에서 일을 하고 있다) 성당 건물의 역사적 사실 등의 정보를 알려주기도 한다.

이 책을 다 읽고 난 후에 할 수 있는 좋은 활동으로는 〈This is Seoul〉, 〈This is Busan〉과 같이 우리가 살고 있는 도시를 주제로 미니북을 만들어보는 것이다. 아이들에게 먼저 우리 도시에 대해 소개하고 싶은 장소나 건물, 문화 등을 몇 가지 생각하게 한다. 각 장소나 건물의 특징을 적어보고 왜 그곳, 또는 그것에 대해 소개하고 싶은지도 함께 쓰도록 한다. 물론 영어로 쓰면 좋겠지만, 우리말로 써도 충분히 훌륭한 창의력과 쓰기 공부가 될 수 있다. 쓴 내용과 잘 어울릴 만한 그림을 그리든지 아니면 원하는 이미지를 인터넷에서 찾아서 콜라주 형태로 붙이면 나만의 〈This is〉 시리즈를 만들 수 있다.

지구 위에서 나를 찾아봐 : 《Follow that map》 ★★

그럼 이번에는 좀 더 친숙한 주제로 옮겨가보자. 《Follow that map》은 먼 나라를 여행하는 이국적인 느낌의 〈This is〉 시리즈와 달리 친근한 우리 동네를 돌아다니는 느낌을 준다. 이 책은 아이들이 마당에서 도망친 개와 고양이를 찾아다니며 동네를 헤매고 다니는

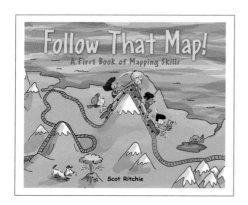

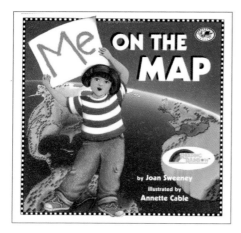

이야기이다. 텍스트도 적당히 있어서 영어를 읽어가면서 동네 지도를 따라다니게 구성되어 있다. 지도나 표지판에 대해서도 익힐 수 있으므로 여행 관련한 주제로 큰 과업을 시작하기 전에 워밍업으로 한번 보면 좋은 책이다.

이와 비슷한 책으로는 《Me on the map》이 있다. 이 책에서는 한 소녀가 처음에는 자신의 방을 지도 형식으로 보여주다가 점점 확장해 나가면서 더 큰 세계에서의 자신의 방을 보여주는 형식으로 꾸며져 있다. 집에서의 자기 방, 마을에서의 자기 집, 도시에서 자기 마을, 세계에서의 자기 나라… 이런 식이다. 마지막으로는 어떻게 독자들이 자기 나라, 도시, 마을, 집을 찾을 수 있는지, 즉 내비게이션 방법을 알려준다. 《Me on the map》은 다음과 같이 아주 쉬운 단어와 문장으로 되어 있다.

This is my room.
This is the map of my room.
This is my house.
This is the map of my house.

이처럼 문형이 계속 반복적으로 나오기 때문에 영어 초보 아이들도 쉽게 따라 말할 수 있다. 이 책을 읽은 후에 아이에게도 이 책에서처럼 자신의 위치를 방, 집, 마을, 도시, 나라, 세계 안에서의 나로 확장해서 말하는 활동을 해보도록 한다.

　이번에는 말하기 활동의 연장으로 쓰기를 해보자. 〈Where I live〉라는 시가 마침 《Me on the map》과 비슷한 방식으로 쓰여 있다. 이 시를 예시로 주고 여기에 아이 자신의 상황에 맞게 변형해서 시를 써보도록 하면 어떨까?

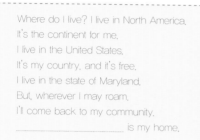

Where do I live? I live in North America.
It's the continent for me.
I live in the United States.
It's my country, and it's free.
I live in the state of Maryland.
But, wherever I may roam.
I'll come back to my community.
_____ is my home.

가상여행자가 되어보자

/ 구글 어스 ★★★

　지금부터는 책에서 벗어나 21세기의 기술을 만끽하며 가상의 여행을 해보자. 구글 어스Google Earth를 통하면 안방에서도 이것이 가능하다. 아마 여러분 중에도 인공위성에서는 내 집이, 우리 동네가 어떻게 보이는지 궁금해서 구글 어스에서 집 주소를 찍어본 분들이 있을 것이다. 구글 어스에서는 궁금한 장소를 실제처럼 볼 수 있도록 되어 있다. 원하는 곳의 이름이나 주소를 써넣으면 지도가 그 장소로 이동하고 우리는 그곳에서 커서를 이용해 이리저리 돌아다니며 거리를 탐방할 수 있다. 산책하듯이 돌아다니다가 근방의 유명한 장소나 랜드마크가 있으면 방문해보자. 이미 먼저 방문했던 각국의 방문객들이 사진과 함께 코멘트를 많이 붙여놓았을 것이다. 그 사진과 코멘트를 보면 그 곳에 대한 정보도 더 많이 알 수 있고 실감도 난다.

아이가 구글 어스를 처음 사용한다면 우선 익숙해지도록 구글 어스를 자유롭게 돌아다녀보도록 한다. 내가 살고 있는, 잘 아는 장소를 구글 어스에서 보는 것도 새로운 경험이 될 것이다. 우리 동네에 대해서는 내가 가장 잘 알고 있을 테니 아이에게 우리 동네 또는 자주 가는 장소에 대해 사진과 함께 짤막한 글을 써서 구글 어스에 올려보게 한다. 그러면 아이에게 짧지만 글을 써야 하는 목적과 함께 동기를 부여하게 될 것이다. 자신이 다니고 있는 학교에 대한 소개 글을 올려보는 것도 좋겠다. 이렇게 하면 영어가 그냥 책으로 혼자하는, 머릿속에만 있는 지식이 아니라 실제 생활에서 사용하는 언어가 되기 때문에 한층 더 의미 있는 학습이 된다.

이번에는 가보고 싶은 새로운 장소를 선택해 탐방하게 한다. 탐방하면서 새로 알게 된 사실과 느낀 점을 기행문 쓰듯이 4~5문장의 짧은 글로 써보게 하자. 이런 활동을 아이가 흥미로워하는 여러 장소를 다녀보면서 몇 번 반복해서 하게 한다. 인상 깊게 봤던 건물이나 장소에 대해 본 것, 느낀 것, 생각나는 것, 좋았던 것, 예상치 못했던 점, 다른 사람들의 코멘트를 보고 느낀 점 등에 대해 간략하게 써보면 되겠다. 각각 다른 장소에 대해 하나씩 써보았다면 이번에는 그런 장소들을 묶어서 1주일짜리 여행을 계획해보면 어떨까? 그냥 되는대로 묶기보다는 어떤 주제를 하나 정해서 그 주제 아래에 묶일 수 있는 장소들을 몇 개 골라 여행지로 선정한다. 예를 들어 반 고흐 발자취 따라가기, 초콜렛의 역사 알아보기, 바로크 음악기행, 레고랜드 투어와 같이 주제를 정하고 그에 맞도록 일정을 짜본다.

혹은 우리가 보통 여행을 다니는 것처럼 유명한 도시 몇 개를 정해서 돌아다니는 방식으로 일정을 짜는 것도 좋겠다. 구글 어스나 구글맵을 활용하여 동선을 짜보고 일정을 확정한 다음 인터넷 사이트에서 정보와 사진을 모은다. 모은 정보를 활용하여 1주일 동안의 여행일지travel log를 써본다. 일기 형식이나 기행문 형식으로 써도 좋고 아예 블로그를 하나 만들어서 진짜 여행일지처럼 만들어도 좋을 것이다. 블로그를 만들게 되면 여러 사람이 보게 되므로 자신의 글에 독자가 생기게 되어 글을 쓰는 입장에서는 글쓰는 재미나 동기가 생기게 된다.

/ 가상현실 박물관 탐방하기 ★★

부모들이 체험학습을 위해 아이들을 데리고 가장 자주 가는 곳이 아마 박물관일 것이다. 박물관에 가면 다양한 주제에 대한 신기한 것들을 많이 볼 수 있다. 그러나 멀리 떨어져 있는 다른 나라의 박물관들을 다니기는 쉬운 일이 아니다. 대신 가상현실 박물관에 다녀보면 어떨까?

세계적으로 유명한 박물관들은 그들의 웹사이트에서 다양한 정보를 제공한다. 그중에서도 구글 어스처럼 3D로 체험할 수 있는 가상현실 박물관 사이트를 찾아가 보자. 저자가 가장 좋아하는 사이트는 우리에게도 유명한 미국 스미소니언Smithsonian의 가상박물관mnh.

si.edu/panoramas이다. 여기서는 실제 스미소니언 박물관의 모습을 파노라마 형태로 재현해서 보여주고 있다. 이 파노라마 사이트에 입장하면 실제 스미소니언 자연사 박물관에 방문해서 처음 마주치게 되는 대형 매머드를 볼 수 있다. 매머드 주위를 살펴보면 화살표와 함께 각 층으로 이동할 수 있는 지도가 펼쳐져 있는데, 커서를 움직이거나 클릭하여 박물관 내부를 돌아다닐 수 있게 되어 있다. 눈앞에 펼쳐지는 광경은 1인칭 시점으로 되어 있어서 마치 실제로 박물관을 돌아다니고 있는 느낌을 준다. 전시물에는 카메라 모양의 아이콘이 여기 저기 붙어있는데, 누르면 해당 전시물의 근접 촬영 사진이 제공되어서 전시물을 더 자세히 볼 수 있다.

스미소니언 박물관 사이트에는 파노라마 박물관 외에 다양한 주제의 흥미로운 정보가 가득하다. 특히 'Kids'나 'Educator'라는 탭을 눌

러보면 아이들과 함께 볼 수 있고 할 수 있는 것들을 많이 찾을 수 있다. 'Kids' 사이트에는 아이들이 흥미로워할 만한 주제를 비교적 쉬운 말로 풀어서 설명하고 있고, 또 재미있는 사진이 수록된 게임 활동도 제공하고 있다. 아이가 사이트의 영어 설명을 모두 이해하지 못해도 사진과 이미지를 보는 것만으로도 다양한 주제를 접해볼 수 있고 사고활동에 좋은 자극이 될 수 있다. 그리고 이미지와 함께 적은 분량의 영어라도 읽을 수 있다면 맥락 내에서 영어를 배울 수 있는 좋은 기회가 된다. 스미소니언 박물관 외에도 세계 여러 유명한 박물관들이 흥미롭고 멋진 사이트를 제공하고 있으니 아이가 좋아할 만한 박물관을 찾아서 탐방을 하게 도와주자. 박물관 탐방을 마쳤으면 탐방 후 활동으로 할 수 있는 두 가지를 소개하겠다.

박물관 소개 브로슈어 만들기 ★★★★

박물관에 가면 입구에 안내서들이 비치되어 있는 것을 볼 수 있다. 그 안내서를 만들어보자. 우선 아이가 가장 흥미 있어 할 박물관을 찾아서 탐방하게 한다. 돌아다니면서 안내서에 넣을만한 중요한 사항이나 재미있는 사실을 발견하면 간단하게 메모한다.

안내서를 만드는 방법은 여러 가지가 있겠지만, 가장 흔하게는 종이를 몇 단 접어서 2, 4 또는 6면으로 분할하여 박물관에 대한 정보를 담으면 된다. 안내서를 만들 때 기존 박물관 안내서를 참조하여 만들면 아이가 어떤 정보를 담아야 하는지에 대한 가이드를 얻을 수 있다. 안내서에는 기본적으로 이름, 위치, 간단한 소개, 역사, 박물관에 전시된 품목에 대한 설명 등을 넣으면 된다. 거기에 인터넷에서 사진을 다운받아서 오려 붙이거나 그림을 그려 넣어 완성한다.

안내서를 좀 더 전문적으로 보이도록 만들려면 인터넷에서 안내서 제작 사이트를 이용하는 방법이 있다. 구글에서 '프리 브로슈어 메이커free brochure maker'를 검색하면 예쁜 안내서를 만들 수 있는 무료 사이트를 여러 개 찾을 수 있다. 안내서 만들기 사이트에서는 다양하고 예쁜 글자체와 디자인을 선택해서 사용할 수 있고 그림, 사진을 삽입하기가 쉽기 때문에 편리하고 근사한 작품을 만들 수 있다는 장점이 있다. 사이트에서 안내서를 몇 면으로 디자인할 것인지, 어떤 템플릿을 사용할 것인지를 정한 후 내용을 넣으면 된다. 글자체나 이미지 삽입 등은 일반 문서작성 프로그램을 사용하는 것과 같은 방식이어서 사용하기 쉽다. 자신이 소개하고자 하는 박물관에 대한 정보를 다 쓰고 이미지를 삽입한 후에 저장을 하면 완성된다.

안내서 만들기는 쓰기 연습에 좋은 활동이다. 특히 많은 정보 중에서 필요한 정보를 선택해서 요약할 수 있는 능력의 신장에 도움이 된다. 읽고 요약할 수 있는 능력은 수능과 같은 시험뿐만 아니라 상급학교나 사회생활을 하면서도 꼭 필요한 능력이다. 그냥 쓰기만 시키는 것보다 읽기와 연계해서 쓰기 활동을 하면 쓰기에 훨씬 도움이 된다. 아이들에게 막연히 주제를 던져주고 쓰라고 하면 뭘 써야할지 단어도 떠오르지 않고 당황하게 되는 경우가 많은데, 읽기를 먼저 하면 이러한 어려움을 많이 줄일 수 있다. 아이들이 쓰기 활동을 가장 어려워하는데, 이처럼 재미있는 활동을 하면 훨씬 더 흥미롭게 쓰기 활동을 할 수 있다.

/ 오디오 가이드 활동 ★★★★

박물관 탐방과 관련하여 쓰기 활동을 해보았으니 이번에는 말하기 활동을 해보자. 공교육 영어학습 상황에서 제일 연습할 기회가 적은 것이 말하기와 쓰기이다. 학교 수업시간에 말하기 활동의 거의 대부분이 짝과 함께 하는 역할놀이이기 때문에 저자는 되도록 다른 종류의 재미있는 말하기 활동을 만들려고 노력하고 있다. 그중 하나가 오디오 가이드 활동이다. 오디오 가이드는 박물관이나 미술관에 가보면 흔히 접할 수 있다. 이어폰을 끼고 다니면서 각 전시물에 대해 설명을 듣는 것인데 외국의 유명한 박물관이나 미술관에 가면 이런 오디오 가이드가 여러 나라 언어로 제공되고 있다.

이 활동에서는 자신이 선택한 박물관의 가이드가 되어서 박물관에 대해 설명을 해보는 것이다. 이미 앞서 안내서 만들기를 하면서 아이는 자신의 박물관에 대해서 상당히 많은 정보를 갖고 있을 것이고, 쓰기 활동을 통해서 박물관의 중요한 사항과 특징에 대해 요약해 보았으니 말하기가 훨씬 더 쉬울 것이다. 사전 준비 없이 즉흥적으로 주제를 주고 말하게 하면 아이들이 너무 어려워하는데 읽기나 쓰기를 먼저 해보고 말하기를 하면 훨씬 쉽게 할 수 있다. 영어 교과서에서는 말하기 전에 항상 듣기가 나오는데, 꼭 그 순서대로 학습할 필요는 없다. 말하기 전에 듣기나 읽기, 쓰기 등 어떤 것을 먼저 할지에 대한 것은 상황에 따라 달라도 된다.

안내서가 박물관에 대한 아주 간단한 개요와 설명이었다면 오디오 가이드는 박물관에 대한 소개뿐만 아니라 소개하고 싶은 전시물 몇 개를 선택해서 방문객들에게 자세히 설명하는 것이다. 그러니 안내서 만들기보다 좀 더 세부적인 활동이다.

오디오 가이드 활동에서는 박물관에 대해 소개하고 싶은 부분을 약 2~3분 정도 분량으로 말하도록 한다. 2~3분이 짧다고 생각할지 모르지만 혼자 말하는 분량으로는 결코 짧지 않은 분량이다. 다른 활동과 달리 이 활동에서는 녹음을 한다는 것이 특징이다. 스마트폰을 활용해서 말하고 녹음하는 활동을 쉽게 할 수 있다. 녹음의 장점은, 일단 여러 번 녹음을 할 수 있다는 것이다. 또 녹음을 하면 다시 들어볼 수 있기 때문에 말하기에서 어떤 부분을 개선해야 하는지 스스로 깨달을 수 있다. 혹은 다른 누군가가 들어보고 지적을 해줄 수도 있다. 그리고 녹음을 하게 하면 좀 더 신중하게, 신경 써서 말하게 된다. 녹음이 다른 말하기 활동과는 달리 오래 남는다는 특징 때문에 그렇다. 이 활동을 했을 때 거의 모든 아이들이 한 번의 녹음으로 끝내지 않고 자신이 만족할 때까지 여러 번 녹음을 하는 것을 발견할 수 있었다. 이렇게 되니 말하기나 발음에 상당한 연습이 되었다.

말하기 활동을 좀 더 확장시켜 발표를 시켜보자. 발표는 녹음한 내용을 직접 말해보는 것이라 따로 더 준비할 필요는 없다. 안내서나 박물관 사이트를 열어놓고 보여주면서 발표를 하도록 하는 것이다. 박물관 가이드나 미술관의 안내인이 되어 보는 것이다. 한 가지 팁을 보탠다면, 이런 발표에는 작은 화면의 컴퓨터보다는 큰 TV 화면이 효과적이다. 나는 교실 상황에서는 대형 스크린에 스미소니언 파노라마 사이트를 열어놓고 커서를 움직여 박물관 내부를 안내하면서 설명을 하게 하는데, 이렇게 하면 정말 박물관을 돌아다니는 느낌이 들어서 발표하는 아이나 듣는 아이들의 몰입도가 모두 높아진다.

영어 스피치를 잘하려면

사람들 앞에서 말을 하거나 발표를 하는 것은 대개의 경우 쉬운 일이 아니다. 우리말도 어려운 일인데, 영어로 하는 것은 말해 무엇 하겠는가. 남들 앞에서 영어로 말하는 것은 많은 연습이 필요하다. 이때 영어능력만이 아니라 청중과 눈을 맞춘다든지 반응을 살핀다든지 하는 상호작용과 같은 여러 가지 기술이 필요하다.

대중연설은 고사하고 교실 상황에서 발표하는 것조차 쉽지 않다.

아마 독자들도 누구 앞에서 말을 해보라고 하면, 그것도 영어로 말을 해보라고 하면 "저요!" 하고 금방 손을 들기 쉽지 않을 것이다. 우리나라 교실 학습 상황에서는 남들 앞에서 발표를 하거나 말할 기회가 많지 않기 때문에 더 어렵다. 특히 영어 말하기라면 훨씬 머뭇거리게 된다. 어쩌다 외국인을 만나서 대화를 하는 상황도 마찬가지다. 그런데 영어 말하기에 항상 쭈뼛거리는 이유가 위에서 언급한 대로 꼭 영어실력의 부족에만 있는 것은 아니다. '저 정도는 말할 수 있는데…' 하고 생각되지만 말을 못 하는 경우가 있을 것이다. 이는 언어 외적인 부분에서 그 이유를 찾을 수 있다. 가장 대표적인 이유가 아마 '부끄러워서'일 것이다.

영어로 말하는 것이 부끄럽고 두려워서 잘 안 된다고 한다면 그 반대의 성격을 취하면 될까? 언어 외적인 영역에서, 즉 정서적 영역 측면에서 본다면 영어를 잘하는 데 도움이 되는 성격적 요건이 몇 가지 있다. 실수하는 것을 두려워하지 않고 틀리더라도 말을 해볼 줄 아는, 즉 위험감수를 잘하면 된다. 이것은 창의적 인재들의 성격적인 요인과도 부합하는 부분이다. 내성적인 성격보다는 친구를 잘 사귀고 잘 어울리는 외향적이고 사회성이 강한 성격이 외국어를 빨리 배울 수 있는 성격이다. '좀 틀리면 어때?' 하는 약간 뻔뻔스러운 태도가 말하기에는 확실히 도움이 된다.

혼자 말하기 연습

읽기, 듣기, 쓰기는 말하기에 분명히 많은 도움이 된다. 그러나 말하기는 말하지 않으면 늘지 않는다. 영어로 말을 잘하려면 말을 많이

해야 한다. 그런데 우리나라 상황에서는 영어로 말을 할 수 있는 기회가 많지 않다. 외국인과 대화할 기회가 자주 있는 것도 아니고 교사와 영어로 말하기 연습을 많이 할 수 있는 현실도 아니다. 이럴 때 차선책으로 쓸 수 있는 것이 소리 내어 읽기 read aloud 이다. 소리 내어 읽으면 아무래도 문장이나 단어가 입에 쉽게 붙는다. 읽으면서 귀로도 듣기 때문에 여러 감각 기관을 동시에 사용하게 된다. 이렇게 하면 더 오래 기억에 남는 효과적인 학습이 될 수 있다.

이번 장에서 소개한 녹음도 영어 말하기에 도움이 된다. 특히 말하기 시험이 녹음으로 진행되는 경우가 많아지고 있으므로 이런 활동은 시험 상황을 미리 연습해본다는 측면에서도 도움이 된다. 또 교실이나 발표와 같이 남들이 보고 있는 상황이 아니고 컴퓨터 앞에서 혼자 말을 하기 때문에 두려움이 많이 줄어든다. 대부분은 영어 말하기에 두려움이 많기 때문에 녹음 활동을 통하여 두려움을 좀 낮추고 자신감을 갖게 된 후에 사람들 앞에서 발표를 하거나 대화를 한다면 훨씬 더 수월할 것이다. 이런 점에서는 컴퓨터와 대화를 하고 녹음을 하는 웹사이트도 실제 말할 파트너가 없는 경우에는 괜찮은 대안이 될 수 있다. 간단하게 할 수 있는 활동이므로 말하기에 두려움을 많이 갖고 있는 아이라면 매일 작은 과제를 주어 조금씩이나마 말을 하고 녹음을 하게 하면 큰 도움이 될 것이다.

LESSON 12

다중지능

내 머릿속은 어떻게 생겼을까

모두를 위한 학습법은 없다

우리는 살면서 가끔씩 사람들의 머릿속이 궁금해질 때가 있다. '내 머릿속은 어떻게 생겼을까? 저 아이의 머릿속엔 (도대체!?) 뭐가 있는 것일까?' 이런 생각이 들 때가 있다. 이번 장에서는 머릿속을 탐구해보자.

여러분은 무엇을 새로 배우거나 공부할 때 어떤 방법으로 하면 가장 쉽게 배울 수 있는가? 다음 중에서 한번 골라보자.

① 책을 보고 배운다.
② 강의를 듣고 배운다.
③ 동영상과 같은 시각적 자료를 보고 배운다.
④ 친구와 함께 공부한다.
⑤ 내가 직접 경험해보고 배운다.
⑥ 혼자 깊이 생각하며 깨닫는다.

여러분에게는 이 중 어떤 방법이 가장 효과적인 공부법인가? "One fits all"과 같이 모두에게 다 효과적인 영어 학습법이 있다면 정말 좋겠지만, 아쉽게도 그런 학습법이란 아직까지는 없는 것 같다. 각자에게 어울리는 옷이 모두 다르듯이 각자에게 맞는 학습법도 모두 다르다. 왜 그럴까?

다중지능 이론

이 문제에 대한 대답을 하버드대학의 심리학과 교수인 가드너Howard Gardner의 이론에서 한번 찾아보자. 가드너는 다중지능 이론을 설명하면서 인간에게는 8가지의 다른 지능이 존재한다고 설명한다. 이 8가지 지능은 '언어, 수리/논리, 시각/공간, 청각/음악, 신체/운동, 대인관계, 개인이해, 자연탐구' 지능이다. 각각의 지능들을 잠깐 살펴보자. 언어지능이란 말 그대로 언어능력과 관계되는 지능이다. 언어적 지능이 높

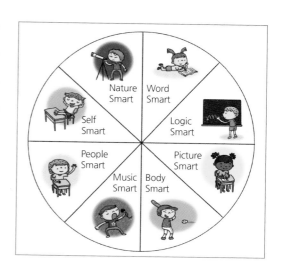

은 사람들은 독서나 글쓰기에 관심이 많고 말하기에도 재주가 있는 편이다. 이런 지능 유형은 책이나 강의를 통해 배우는 것이 가장 효과적인 학습법이 될 수 있다.

수리/논리적 지능은 숫자와 논리, 비판적 사고와 관련이 있는 지능이다. 수학, 과학 쪽의 능력과 연관된 지능인 것이다. 이런 지능이 발달된 아이라면 영어공부 역시 수리적이고 분석적으로 해야 실력이 향상되고 지치지 않을 것이다. 시각/공간 지능은 시각적 예술과 관련된 지능이다. 이 지능은 시각적 정보에 가장 민감한 지능이기 때문에 효과적인 학습법으로는 이미지와 그림, 동영상, 시각화된 자료 등을 통해서 개념을 익히고 이해를 하는 방법을 생각해볼 수 있다. 시각/공간 지능은 앞서 살펴보았던 창의성의 요소인 상상력, 심상화와도 관련이 깊은 지능이다. 음악이나 리듬, 듣는 것에 예민한 청각/음악 지능이 높은 사람은 학습내용을 음악이나 리듬에 맞추어 배우면 효과적일 것이다. 신체/운동 지능은 실제로 몸을 움직이고 체험하면서 배우는 것을 말한다. 이런 지능을 가진 사람은 신체활동과 운동하는 것을 좋아하고 무언가를 배울 때도 실제로 해보고 느끼면서 배우는 것을 좋아한다.

대인관계 지능*이 높은 사람은 혼자 공부하는 것보다 다른 사람과 같이 학습하고 일하면서 그 상호작용과 협력관계 안에서 효과적으로 학습을 할 수 있다. 이와는 반대로 개인이해 지능은 사색가 타입의 지능인데, 주위에 여러 사람이 있는 것보다는 혼자서 생각하고 깨닫고 논리를 발전시키는 형으로 독립적인 것을 좋아하는 지능형이다. 자연탐구 지능은 자연을 바라보면서 동식물 등을 이해하고 탐구하는

*대인관계 지능은 영어로 'interpersonal intelligence', 개인이해 지능은 'intrapersonal intelligence'라고 하는데, inter는 두 개체 '사이'의 관계를 말하는 것이고 intra는 한 개체 '안'에서의 관계를 말한다.

지능형을 말한다.

다중지능 이론에 따르면 인간은 이 중 한두 가지의 지능만 갖고 있는 것이 아니라 이 8가지의 지능을 모두 갖고 있다고 한다. 다만 이 8가지의 지능이 조합되는 비율은 각 개인마다 다르다. 그렇다면 이 지구상에 완전히 똑같은 지능구조를 가진 사람들은 거의 없다는 결론이 나온다. 이쯤에서 여러분의 다중지능 조합은 어떻게 이루어져 있는지 슬슬 궁금해지기 시작하지 않는가?

다중지능 테스트

다중지능 테스트를 해볼 수 있는 사이트는 여러 군데 있는데, 저자는 BGFL 사이트bgfl.org를 자주 이용하고 있다. 문항이 꽤 많긴 하지만, 시간이 날 때 아이와 함께 한번 해보는 것도 아이를 좀 더 이해하는데 도움이 될 것이다. 저자는 수업시간에 학생들과도 가끔 테스트를 해본다. 학생들도 이 테스트를 통해서 자신의 인지구조를 좀 더 이해하게 되면 자신에게 더 효과적인 학습법을 고민해볼 수 있기 때문이다.

이제 다중지능 테스트 결과 예시를 한번 살펴보자. A의 테스트 결과를 보면 이 학생은 언어와 수리능력은 뛰어나고 시각적 능력은 좀 낮은 것으로 보인다. 개인이해 지능이 유난히 높지만 대인관계 지능은 상당히 낮은 편에 속한다. 이런 유형의 지능이면 사실상 학교 공부를 따라가기에는 유리한 편이다. 왜냐하면 학교 공부라는 것이 대부분 언어를 기반으로 하고 있거나 수리, 논리와 관련이 깊은 경우가

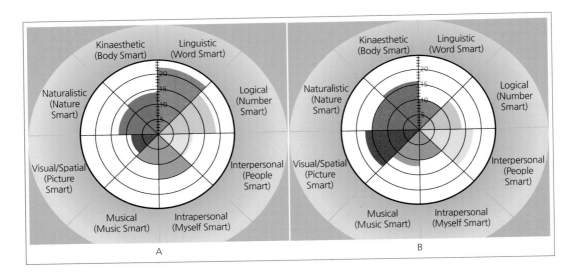

많기 때문이다. 또한 A는 개인이해 지능이 유난히 높은 걸로 나타나 있다. 이 테스트 결과만 놓고 본다면 A에게 가장 효과적인 학습방법은 책으로 혼자 공부하는 것이다.

B의 테스트 결과를 보면 A와 확연히 다른 지능구조를 갖고 있다는 것을 알 수 있다. B는 A와는 달리 시각적 지능이 뛰어나고 대인관계 지능이 높다. 이런 지능 타입의 사람은 지식과 정보를 글자로 배우는 것보다 그림이나 동영상, 시각적 자료를 통해 배우는 것이 훨씬 더 효과적이며, 혼자 공부하는 것보다 친구와 같이 협동학습을 하고 팀으로 과제를 수행하는 것을 더 좋아하는 경향이 있다.

다중지능과 학교 공부

이 두 가지 예에서 보는 것처럼 인간은 8가지의 지능을 각기 다른 비율로 갖고 있다. 그렇다면 한 학급에서 공부를 같이 하고 있는 아이들이 제 각기 다른 지능구조를 갖고 있고 학습하는 방법도 모두 다르다는 말이 된다. 아이들이 다양한 지능구조를 갖고 있다는 사실이 학교 학습에서도 충분히 고려가 되면 좋을 텐데, 불행하게도 현실은 그렇지 못하다.

나라마다 문화마다 조금씩 차이가 있기는 하지만, 학교에서 공부할 때 좀 더 유리한 지능이 있는데 바로 언어지능이다. 학교 공부의 대부분이 글자로 이루어져 있고, 중고등학교로 올라갈수록 책과 교사의 설명에 많이 의존하게 된다는 사실을 보면 별로 놀라운 일도 아니다. 언어는 국어나 영어, 기타 외국어를 공부할 때만 필요한 기술이 아니고 사회, 과학, 역사와 같은 과목뿐만 아니라 심지어는 음악, 미술을 공부할 때도 필요한 기초 기술이다. 기타 과목에서 나오는 지식들을 결국은 언어라는 매개체를 통하여 설명을 해야 하는 경우가 많기 때문이다. 언어지능과 함께 학교 학습에서 많이 쓰이는 것이 수학, 과학, 그리고 논리적 사고와 관련이 깊은 수리/논리 지능이다.

문제는 언어지능과 수리/논리 지능 외의 다른 지능이 월등히 높은 아이들이 종종 학교 공부 방식을 따라가기가 어려울 때가 있다는 것이다. 예를 들어 시각적 지능이 높은 아이는 상상과 공상을 많이 해서 교실에서는 딴 생각을 하는 아이로 지적을 받을 수도 있다. 음악적 지능이 유난히 높은 아이라면 멜로디를 흥얼거리거나 리듬에 맞추어 몸을 흔들거리며 걷거나 하는데, 이런 아이도 학습에 집중을 못 하는 아이로 여겨질 수 있다. 신체/운동 지능이 아주 높은 아이들은 가만히 앉아 있는 것 자체가 괴로울 것이다. 이런 아이들은 몸을 움직이고 몸으로 익혀야 하는데, 교실에 가만히 앉아서 선생님 말씀을 계속 들어야 하니 괴로운 일이 아닐 수 없다.

창의성 교육 분야에서 유명한 켈리David Kelly 교수의 창의성 강의를 TEDTechnology, Entertainment, Design. 미국의 비영리단체에서 운영하는 강연회에서 들은 적이 있다. 켈리 교수는 창의성과 학습 방법에 대해 이야기하면서 어떤 소녀의 예를 들었다. 이 소녀는 학교에서 끊임없이 부산스럽게 돌아다니거나 몸을 흔들거나 하면서 집중을 전혀 하지 못했다고 한다. 결국 그 아이는 집중력 장애 진단을 받고 정상적인 학교 생활을 못 하는 아이로 판정을 받게 되었다. 그런데 그 학교의 한 교사가 포기하지 않고 소녀를 유심히 관찰했고, 곧 이 소녀가 평범한 아이가 아니라는 생각을 갖게 되었다. 그후 교사는 소녀에게 맞는 방법으로 교육을 시켰고, 그 결과 소녀는 세계적인 무용수가 되었다. 이 소녀는 자신을 알아봐주고 자신에게 맞는 교육을 시켜줄 수 있는 선생님을 만난 행운아였다. 그러나 재능을 못 알아봐주는 어른들과 교육 시스템 때문에 얼마나 많은 아이들이 자신의 재능을 그냥 묻어 버려야 했을지 생각하면 참으로 안타깝다.

다중지능 이론을 처음 만든 가드너 교수는 교육학자가 아니라 심리학자이다. 다중지능 이론도 원래는 심리학 쪽의 이론이지만, 현재는 오히려 교육학에서 더 자주 인용되어 쓰이고 있다. 미국에서는 학교 교육에서도 다중지능 이론을 반영하려는 노력을 많이 하고 있다. 학교는 다양한 지능구조를 가진 아이들이 모여 있는 곳이므로, 다중지능을 반영하여 커리큘럼을 짜고 학습 활동을 해야 한다고 생각하는 학교와 교사들이 늘어나게 되었다. 심지어는 다중지능 이론 커리큘럼을 바탕으로 운영하는 학교도 생겼다. 우리나라 학교 교육에 다중지능 이론을 반영하는 것이 아직 무리라고 하더라도, 적어도 가정에서는 내 아이의 인지 성향에 대해 이해를 하고 있어야 한다. 그래야 아이의 잠재력을 키워주고 약점을 보완해줄 수 있을 것이다.

다중지능 이론과 영어학습

우리가 다중지능 이론을 받아들인다면 영어를 배우는 방법도 훨씬 더 다양하게 생각해볼 수 있다. 앞에서 설명했던 활동들을 보면 이미 다중지능 이론을 담고 있다. 영어라는 언어를 배운다고 하여 꼭 언어를 언어로만 배울 필요는 없다. 오히려 책만 보고 강의만 듣는 방법은 비효과적인 공부법일 것이다. 앞서 보았듯이 시각적, 음악적 자료도 활용하고 협동학습도 하면서 다양한 방법을 시도해보는 것이 좋다.

그럼 다중지능을 영어학습에 접목했을 때 어떤 유형들이 나오는지 살펴보자. 우선 언어지능이야 영어학습에서는 무엇을 해도 연관이 된다. 사실 언어지능이 뛰어난 아이는 언어로 영어를 가르치는 것도 괜찮다. 즉 듣기, 말하기, 읽기, 쓰기를 바로 시키는 것이다. 전통적인 영어학습 형태에 크게 거부감을 갖지 않고 영어를 배울 수 있는 지능이다. 단어게임, 일기쓰기, 이야기 만들기처럼 언어를 갖고 노는 활동들을 하는 것이 좋다.

시각/공간 지능 활동은 우리도 앞서 여러 활동에서 해보았듯이 이미 영어교육에서는 상당히 자주 접목되어 활용되고 있다. 사진, 이미지, 그림, 동영상과 같은 시각적 자료와 차트, 벤다이어그램, 표, 타임라인, 마인드맵과 같은 그래픽 오거나이저가 많이 활용된다. 시각적 자료를 그냥 보고 이해를 돕는 활동뿐만 아니라 아이들이 실제로 제작을 해볼 수 있는 활동들도 있다. 포토 에세이, 그림책, 스토리보드, 비디오 제작하기 등 시각/공간 지능과 관련해서는 할 수 있는 활동들이 아주 많다.

청각/음악 지능도 영어교육 활동에서 자주 나온다. 합창으로 읽기 choral reading, 운율 맞추기 rhyming, 챈트, 노래로 영어 배우기, 멜로디에 영어 가사 붙여보기, 박자 맞추어 읽기 echo clapping 등이 많이 쓰인다.

신체/운동 지능은 어린아이들과 함께 하는 활동으로 좋다. 가장 대표적으로 쓰이는 TPR Total Physical Response 은 선생님이 영어를 말이 아니라 행동으로 보여주고 아이들도 이를 보고 행동으로 답하는 것이다. 예를 들어 선생님이 앉아서 'Sit down'을 표현하면 아이들이 앉고, 일어서서 'Stand up'을 표현하면 아이들도 일어서는 것이다. 역할놀이, 율동하며 영어 배우기, 신체를 움직이며 하는 게임 등이 있는데, 신체활동이 활발한 어린아이들이라면 훨씬 재미있게 영어를 배울 수 있다.

한편, 수리/논리 지능에서는 내용 중심의 수학이나 과학 몰입교육을 하지 않는 이상은 영어에 수리를 접목시키기가 조금 어렵다. 논리적 지능은 논리적인 글을 쓰거나 토론을 할 때, 또는 추리물을 읽을 때 사용된다. 크로스워드 퍼즐, 문제해결 과제, 그리고 그래픽 오거나이저를 활용하면 논리적 지능을 활성화시키는 데 도움이 된다.

개인이해 지능에는 혼자 하는 모든 활동이 포함되는데, 저널 쓰기, 블로그 쓰기를 비롯하여 전통적으로 공부하는 방식인 혼자 책 보기, 강의 듣기 등이 모두 개인이해 지능이다. 이와 반대로 역할놀이, 드라마, 토론, 협동작문 등 무엇이든지 친구와 함께 하면서 상호작용을 하게 되면 대인관계 지능에 속한다.

이렇게 보면 영어공부라고 해서 꼭 언어지능만 요구되는 것이 아닌 것을 알 수 있다. 작가처럼 혼자 글을 쓰는 활동은 개인이해 지능에 속하지만, 토론을 하거나 다른 사람과 일상생활에서 말을 하는 것은 대인관계 지능이다. 이렇게 다양한 방법을 활용하면 영어공부를 훨씬 더 재미있게 할 수 있고, 자신의 지능구조에 잘 맞는 학습법을 활용한다면 더 쉽게 공부할 수 있다.

 책으로 배우기
《The very hungry caterpillar》

앞에서 이미 다양한 시각적, 음악적, 신체적 활동을 접목해서 영어학습을 해보았는데, 이번 장에서는 다중지능을 좀 더 활용할 수 있도록 모두 한 번 모아 보기로 하자. 이번 장에서 활용할 책은 우리에게도 너무나 유명한 《The very hungry caterpillar》이다.

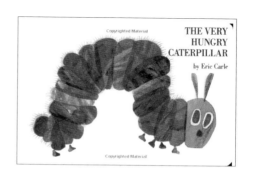

이 책은 아주 짧은 유아용 책이지만, 이 짧은 내용으로 할 수 있는 학습활동이 무척 많다.

/ 읽기 전 활동 : 귀와 눈을 모두 활용하자 ★★

먼저 이 책을 읽어주는 동영상이나 오디오북을 인터넷에서 찾아서 아이와 함께 들어본다. 그리고 나서 아이에게 어떤 느낌이 들었는지 이야기해보게 한다. 내레이터가 책의 감정을 전달하면서 읽어주기 때문에 아이가 영어를 알아듣지 못해도 책이 주는 느낌은 감지할 수 있을 것이다. 귀로 들었다면 이번에는 그림을 한번 살펴보자. 이 책의 삽화는 콜라주 기법을 이용했기 때문에 그림의 느낌이 다른 동화책과 좀 다르다. 아이에게 책의 그림이 어떤 느낌인지 물어보자.

How do you feel about this picture?
그림을 보면 어떤 느낌이 드니?

What do you think about the colors in this picture?
이 그림의 색은 어떤 느낌이니?

Why do you feel that way?
왜 그런 느낌이 들까?

What's the difference from the other books?
다른 책하고는 어떻게 다르니?

Let's look at the caterpillar. What do you think about it?
애벌레의 모습을 보자. 이 애벌레는 어떤 느낌이지?

벌레라고 하면 흔히 징그럽다는 생각을 갖게 되는데, 《The very hungry caterpillar》는 오히려 귀엽고 친근한 느낌이 든다. 애벌레가 어떻게 그런 느낌이 나게 그려져 있는지 살펴보는 것도 아이의 시각적, 예술적 민감성을 키우는 데 도움이 된다.

읽는 동안 활동 : 영어의 리듬을 익히자 ★★

이제 책을 읽어보자. 이 책은 같은 문장 형태와 어휘가 반복적으로 리듬감 있게 쓰여 있기 때문에 소리 내어 읽어보면 좋겠다. 영어는 우리말에 비해 좀 더 리드미컬한 언어이다. 어쩌면 단어 하나하나 발음을 잘하는 것보다 전체 문장의 어조가 원어민과 비슷한 것이 더 중요할 수도 있다. 그러니 어렸을 때부터 영어의 리듬을 익힐 수 있도록 도와주자. 오디오북이나 동영상을 여러 번 들으면서 언어의 리듬을 익히면 아이도 자연스럽게 영어의 리듬을 따라갈 수 있다.

읽기 후 활동 ①: 시각지능과 내용 점검 ★★

자, 이제 책을 다 읽었으면 내용 정리를 해보자. 그냥 텍스트만으로 정리하지 말고 그림으로 정리를 한다. 이 책에서 애벌레는 시간 흐름에 따라 여러 가지 활동을 하고 변화하는데, 이를 순서대로 그려본다. 직접 그리지 않더라도 인터넷에서 《The very hungry caterpillar》 활동 중 이벤트 그림카드를 찾아서 오린 뒤 아이에게 시간 순으로 배열하게 하면 훌륭한 내용 점검 활동이 된다.

이 책은 배고픈 애벌레 한 마리가 음식을 계속 먹고 성장하여 결국에는 아름다운 나비가 되는 과정을 그리고 있다. 이 과정을 흐름도 flow chart에 정리를 하는 것도 읽기 후 내용 점검 활동으로는 아주 훌륭하다. 이 과정이 이 책의 주제라고 할 수 있는데, 애벌레에서 나비가 되는 라이프 사이클 life cycle에 대해 좀 더 깊이 알아본다면 과학을 접목한 좋은 몰입교육 주제가 될 수 있다.

시각적 자료를 활용하는 또 다른 활동은 표를 이용하는 것이다. 요일별로 표를 만들고 각 요일별로 먹은 음식의 그림을 그려 넣거나 스티커를 붙인다. 이 애벌레는 날이 갈수록 많이 먹어서 살이 찐다. 책의 내용에 맞춰서 애벌레를 8개의 다른 사이즈로 그린 후 오려서 표에 요일별로 얼마나 자라고 있는지 붙여보는 것도 흥미롭다.

/ 읽기 후 활동 ②: 청각지능과 애벌레 라이프 사이클 노래 만들기 ★★

애벌레의 라이프 사이클에 대해서는 인터넷에서 좋은 자료들을 많이 찾을 수 있다. 그중에서도 애벌레가 나비가 되는 과정을 노래처럼 가사로 만들어놓은 것이 있는데, 이런 가사들을 우리가 흔히 아는 노래에 붙여서 부를 수 있다. 앞서 설명했다시피 노래로 배우면 훨씬 더 오래 기억에 남는다. 이런 가사를 찾아서 노래와 함께 불러보면 영어 표현뿐만 아니라 애벌레의 라이프 사이클에 대해서도 더 오래 기억할 수 있을 것이다.

/ 읽기 후 활동 ③: 시각지능과 애벌레 만들기 ★★

미술과 관련하여 만들기도 할 수 있다. 이 책의 주인공인 애벌레를 만들어보자. 집에 있는 여러 가지 소품들을 이용해서 어렵지 않게 만들 수 있을 것이다. 예를 들어 계란 박스로 애벌레의 올록볼록한 몸통을 만든다. 거기에 색칠을 하거나 그림을 그려 넣으면 된다. 나비도 만들 수 있다. 나비의 날개는 커피 필터 두 장을 붙여서 만들고 그 사이에 털 철사를 이용하여 더듬이를 붙인 후 예쁘게 색을 칠해보자.

인터넷에 보면 이 책을 소재로 한 다양한 만들기 활동을 찾을 수 있다. 애벌레 모양의 컵케이크, 막대 아이스크림과 같은 간단한 요리도 있으니 시간이 될 때 아이와 함께 만들어보면 좋은 추억이 될 것이다. 엄마와 함께 〈The very hungry caterpillar〉 컵케이크를 만들어본 아이라면 성인이 되어서도 이 책을 결코 잊지 못할 것이다.

읽기 후 활동 ④: 시각지능과 콜라주 ★★★

《The very hungry caterpillar》의 삽화가 유명한 이유는 콜라주를 활용하여 아주 예술적으로 내용을 표현했기 때문이다. 이 책의 삽화는 특히 유명해서 유아용 책으로는 명작으로 꼽는다. 인터넷에서 찾아보면 저자인 에릭 칼Eric Carle과의 인터뷰가 있는데, 저자는 인터뷰에서 어떻게 콜라주를 사용하여 이 책을 완성했는지에 대해 설명을 한다. 아이가 영어를 어느 정도 이해할 수 있다면 상위 수준 활동으로 이 인터뷰를 들어보면 좋겠다. 책에 대해 더 깊이 이해할 수 있다. 또한 아이와 함께 콜라주를 만들어보자. 이 책의 주제와 연결하여, 또는 아이가 좋아하는 동물이나 과일을 주제로 콜라주 미니북을 만든다.

읽기 후 활동 ⑤: 신체지능과 몸으로 표현하기 ★★

아직 아이가 유아라면 되도록 신체를 많이 움직이는 활동을 하는 것이 좋다. 음식 카드를 나열해놓고 애벌레가 되는 역할놀이를 해보게 한다. 애벌레의 라이프 사이클에 나오는 알, 애벌레, 고치, 나비를 몸으로 표현하게 하는 것도 즐거운 활동이다.

✏ 읽기 후 활동 ⑥: 수리지능과 셈하기 ★★

이 책은 특이하게도 내용상 수리와도 연관지을 수 있다. 유아용 책이므로 애벌레가 먹은 음식의 숫자를 세어보는 활동을 하면 된다.

> How many things did he eat on Saturday?
> 토요일에 애벌레는 몇 개나 먹었지?
>
> How many more things did he eat on Friday than he ate on Saturday?
> 금요일에는 토요일보다 몇 개를 더 먹었지?

✏ 읽기 후 활동 ⑦: 대인관계 지능과 설문 스티커 붙이기 ★★★

그룹학습 상황이라면 이 책에 나오는 음식 그림을 표에 그리고 선호 음식favorite food에 대해 서로 물어볼 수 있다. 이 활동을 확장시켜서 선호 음식에 대한 간단한 설문 활동을 할 수도 있다. 음식 그림 몇 가지를 붙여놓고 각자 좋아하는 음식에 스티커를 붙이는 형식으로 진행하면 된다. 말하기 활동으로는 친구들이 어떤 음식을 좋아하는지에 대해 설문 결과를 요약해서 발표하기를 할 수 있다.

지금까지 《The very hungry caterpillar》를 가지고 다중지능 이론에 접목한 다양한 활동들을 해보았다. 여기서 제시한 활동은 이렇게 짧은 동화책으로도 다양한 다중지능 활동이 가능하다는 것을 보이고자 한 예시들이다. 이외에도 다른 여러 책을 활용하여 이와 같이 다양하고 재미있는 활동을 할 수 있다. 또한 여기서 제시된 활동 중에는 영어학습과 직접적인 관련이 없어 보이는 것도 있고, 영어 수준이 낮으면 어려운 활동도 있다. 영어는 언어 그 자체에 대해 공부하기보다는 다른 활동 속에 녹여서 자연스럽게 접하고 사용하면서 배울 수 있도록 하면 더욱 효과적으로 익힐 수 있다. 특히 어린 아이들의 경우에는 맥락 없이 단어나 문장을 외우고 문법을 공부하는 것보다는 재미있는 여러 활동을 하면서 영어를 조금씩 거부감 없이 사용할 수 있도록 해주는 것이 중요하다. 물론 매시간마다 이렇게 다양한 활동을 하기는 어렵다. 평소에는 책을 읽으며 영어공부를 하다가 가끔씩 다양한 활동을 해주면 충분하다. 학부모나 교사가 다중지능 이론에 대해 이해하고 영어교육 방법의 다양성에 대해 인지하고 있다는 사실만으로도 아이와 하는 활동이 달라질 수 있다고 생각한다. 이제는 아마 아이에게 책을 읽어줄 때도 한번 더 생각하게 될 것이고, 아이와 책에 대한 대화를 할 때도 좀 다른 방법으로 접근하지 않을까 기대한다.

영어 단어 익히기 노하우

어휘 공부가 어려운 이유 가운데 하나는 외운 단어를 자꾸 잊어버리기 때문이다. 사람들은 읽어서 배운 것은 10%를 기억하고, 들은 것은 20%, 본 것은 30%, 보고 들은 것은 50%, 경험한 것은 80%를 기억한다고 한다. 우리나라와 같이 영어를 실제 생활에서 쓰지 않는 경우에는 학습한 것을 기억하기가 더욱 어렵다. 그러나 영어를 배울 때 여러 가지 감각기관을 한꺼번에 사용해서 직접 경험해볼 수 있다면 학습 내용이 훨씬 더 효과적으로, 그리고 오래 기억에 남을 것이다.

어휘 공부를 할 때도 오감을 충분히 활용하도록 지도하자. 단어를 그냥 눈으로 보고 외우는 게 아니라 소리 내어 읽으면 눈만이 아니라 입과 귀로도 기억을 할 수 있다. 단어를 연상할 수 있는 그림과 같이 외워도 훨씬 오랫동안 기억할 수 있다. 아이가 어휘의 뜻을 직접 정의해 보는 것은 어떨까?

예전에 우리는 단어를 오래 기억하기 위해 단어장을 만들곤 했다. 이 단어장은 글자로만 되어 있었는데, 요즘은 컴퓨터와 멀티미디어가 발달해서 더 다양한 방식으로 단어를 기억할 수 있게 도와준다. 아래의 그림은 인터넷에서 찾을 수 있는 단어장이다. 이 단어장에는 아이가 직접 어휘의 뜻을 만들어 써넣고, 그 어휘와 연관되는 그림을 삽입할 수 있도록 되어 있다. 그리고 직접 발음하여 녹음을 한 후에 다시 들어볼 수도 있다. 이런 단어장을 잘 활용하면 여러 가지 감각기관과 다중지능을 골고루 사용할 수 있고 어휘를 훨씬 오래 기억할 수 있다.

다중지능의 균형 있는 발달

아이들은 무궁무진한 잠재력을 갖고 있으므로 다중지능 중 어느 부분이 우세한지 아직은 파악하기 어려울 것이다. 아이들의 지능은 계속 발달하고 있기 때문에 여러 지능을 균형있게 사용할 수 있도록 기회를 열어주자. 초등학교 고학년 정도 되면 아이의 인지적 성향이 비교적 뚜렷하게 나타나게 된다. 이때 즈음은 자신이 우세한 인지를 사용해서 학습을 하면 학습 효과가 더 클 것이다. 즉, 학습 내용에 대한 이해도 빠르고 배운 것을 더 오래 기억할 수 있게 된다.

그런데 여기서 한 가지 주의해야 할 점이 있다. 아이가 자신이 강한 쪽 지능만 계속 쓰게 되면 다른 쪽 지능이 발달할 기회를 상실할 수 있다. 어른들도 일을 할 때 항상 자신이 편하고 강한 지능만으로 일을 할 수 있는 것은 아니다. 아이들이 학교에서 공부를 할 때도 마찬가지인데, 특히 학교라는 시스템 안에서 공부를 하다보면 더 많이 쓰이는 지능이 있게 마련이다. 언어와 수리/논리 지능은 학교공부를 하는데 가장 자주 쓰이는 지능이라 피해가기 어렵다. 아이가 이 부분이 약하다고 생각되면 강화시켜줄 필요가 있다. 그런데 자신이 취약한 쪽은 사용하기를 싫어하고 어려움을 느끼기 마련이라, 취약한 쪽의 지능을 발달시키기 위해서는 강한 쪽 지능을 사용할 기회를 충분히 주고 그 사이사이에 조금씩 약한 부분을 강화해나갈 수 있도록 해주어야 한다. 그렇지 않으면 아이가 자신감을 잃게 되고, 공부가 너무 어렵고 지루해져서 아예 공부 자체를 포기해버릴지도 모른다.

교실은 다양한 지능구조를 가진 아이들의 집합체다. 교사들이 다중지능에 대해 이해하고 동의한다면 이렇게 다양한 아이들이 모여 있는 환경에서 좀 더 많은 아이들이 재미있게 공부할 수 있도록, 물론 그것이 결코 쉽지는 않은 일이나, 배려해줄 수 있을 것이다. 그렇게 되면 공부를 포기하는 아이들이 많이 줄어들 것이고 교실이 조금 더 행복한 배움터가 되지 않을까.

다양한 표현방법

저는《코코넛 코브》취재기자입니다

학교 다니는 동안 방학숙제로 가장 자주 했던 활동이 무엇이었는
지 기억나는가? 아마 몇 개의 활동이 떠오를 텐데, 독후감도 그중 하
나일 것이다. 우리는 초등학교 입학에서부터 독후감 숙제를 늘상 했
던 것 같다. 그런데 독후감 쓰기가 재미있다고 생각하는 사람은 과연
몇 명이나 될까? 독후감 쓰기는 정말 여러모로 유익한 활동임에는 분
명한데, 대부분의 아이들이 어렵고 지루한 활동으로 생각한다. 자신
에게 재미없는 책은 읽을 때부터 재미가 없겠지만, 재미있게 읽었던
책이라도 독후감을 쓰는 것은 대부분의 아이들에게 즐겁고 쉬운 일
이 아니다.

독후감은 지루하다?

그럼 독후감은 우리가 항상 해오던 것처럼 꼭 똑같은 형식이라야 할까? 나 스스로 이 질문을 던지기 전에 아쉽게도 답을 먼저 보게 되었다. 다중지능 이론을 접하기 전에 미국 고등학교에서 일한 적이 있었다. 그때 우리나라로 치면 국어시간인 영어시간에(EFL 시간이 아닌) 영어 교사가 독후감을 쓰되 '각자가 표현하고 싶은 방법을 자유로이 선택해서, 읽은 글에 대한 감상을 표현해 오라'고 말하는 것을 보고 깜짝 놀랐다. 그때까지만 해도 나는 독후감은 꼭 글로만 써야 한다고 믿었다. 학생들이 독후감으로 제출한 것들을 봤는데 아주 다양한 형태의 독후감이 있었다. 한 반 아이들이 모두 같은 소설을 읽었는데, 제출한 독후감은 북 리포트 형식부터 그림, 콜라주, 레고를 이용한 3차원 디오라마, 소설의 느낌을 음악으로 표현한 것에 이르기까지 가지각색이었다. 이 정도면 정말 창의적인 독후감이고, 또 아이들이 각자의 다중지능을 한껏 발휘한 독후감이었다.

그후에 저자는 다중지능에 대해 공부를 하고 또 학생들을 가르치면서 꼭 전통적인 방식의 독후감을 고집하기보다는 학생들에게 선택권을 더 많이 주겠다고 생각했다. 그리고 지난 10년 동안 다양한 방식으로 학생들이 자신들의 느낌을 표현할 수 있는 기회를 주었다. 사실 앞 장에서 보았던 《The very hungry caterpillar》를 읽고 난 후에 했던 여러 활동들도 넓게 봐서는 일종의 독후감 활동으로 볼 수 있다. 앞에서는 유아들을 대상으로 다중지능을 접목한 독후감 활동을 살펴보았다면 이번 장에서는 초등학교 고학년 이상의 아이들을 대상으로 어떠한 활동을 할 수 있는지 살펴볼까 한다.

《Hoot》 읽고 신문 만들기

　　이번에 독후감 활동 예시로 볼 책은 《Hoot》라는 책으로 상당히 유명한 청소년 문학작품이다. 우리는 부엉이 울음소리를 '부엉부엉'이라고 하는데 영어로는 'hoot hoot'이라고 한다. 이 책의 제목은 부엉이의 울음소리를 딴 것이다. 이 책은 내용상으로만 본다면 미국 초등학교 5~6학년 정도 수준이다. 그러나 길이나 영어 수준으로 본다면 우리나라 학생들은 고급레벨 학습자advanced learner가 아니면 어렵다. 고급레벨이라면 5~6학년 정도의 학생들도 읽을 수 있을 것이고, 아직 이 책을 읽을 수준이 안 되는 아이라면 아이의 수준에 맞춰서 다른 책을 읽고 이번 장에 나오는 활동들을 응용해서 해보면 된다.

　　《Hoot》의 줄거리를 잠깐 살펴보자. 이야기는 플로리다의 어느 조그만 마을에서 시작된다. 이 마을에 팬케이크 하우스가 새로 생기게 되어 길을 닦고 하는 과정에서 부엉이 가족의 둥지가 발견된다. 길을 새로 내려면 부엉이의 둥지를 없애야 하는데, 로이와 그 친구들은 부엉이 가족을 지켜주고 싶어 한다. 그러는 과정에서 사건이 일어나고 어른들과의 갈등이 생기게 된다. 이 소설은 부엉이 사건을 통해 부엉이를 지키려고 하는 아이들이 어떻게 성장하는지를 보여주는 성장소설이다.

　　《Hoot》를 읽고 다양한 독후감 활동을 할 수 있는데, 여기서는 신문 만들기를 해보기로 하자. 다음 쪽의 그림은 당시 초등학교 6학년이던 저자의 딸과 그 친구들이 협동으로 만든 것이다. 신문의 설정이 재미있는데, 아이들은 자신들이 이 소설의 배경이 되는 플로리다의 코코넛 코브Coconut Cove에 산다고 상상을 하고 만들었다. 아이들 7 명이 각자 이 동네에 사는 신문기자 역할을 하면서 이 동네에서 일어난 일들을 취재해서 신문에 실은 것이다, 여기에 실린 이런 사건들은 모두 소설 속의 사건들을 기반으로 하여 취재기자 입장에서 다시 정리해서 썼다.

✎ 신문이란 장르 배우기 ★★★★

독후감이 그 장르가 가지는 특징이 있는 것처럼 신문도 그 장르가 가지는 특징이 있다. 신문을 만들겠다고 하면 우선 신문의 형식이나 내용, 어투 등을 따라야 하는 것이 순서일 것이다. 샘플에서 보는 신문은 《뉴욕 타임즈》의 형태를 본땄다. 《뉴욕 타임즈》의 전체적인 모양이나 신문 제목의 글자체 등을 본뜬 것이다. 사진 대신 필요한 그림을 아이들이 직접 그려 넣었다. 자세히 살펴보면 동네의 사건 사고에 대한 취재뿐만 아니라 다양하고 재미있는 코너들이 있다. 《Hoot》 책을 선전하는 코너, 발행일자, 일기예보 코너도 있다. 아이들은

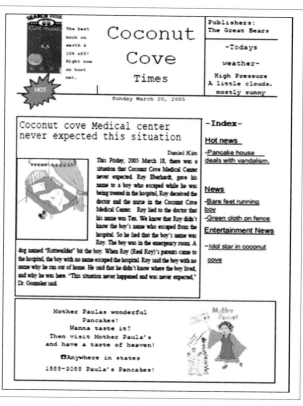

〈학생작품〉

7명이었던 자신들을 'The Great Bears(큰곰자리)'라는 닉네임을 써서 발행인으로 표시하였다.

작은 코너 외에도 전체적인 구성을 살펴보면 신문이 갖고 있는 다양한 코너와 섹션이 포함되어 있다. 이 코너들 중에 특히 재미있는 것은 신문 첫 페이지 하단에, 소설에 등장하는 팬케이크 하우스의 광고를 실었다는 것이다. 이것은 아이들이 소설의 주인공 관점에서만 신문을 만들지 않고 진짜 신문 발행인의 입장에서 신문을 만들었다는 증거가 된다. 만일 로이와 그 친구들의 입장에서만 본다면 팬케이크 하우스는 악의 시작이라고 할 수 있는데, 이 팬케이크 하우스의 광고를 실어주었다는 것은 소설 속의 누구의 편도 들지 않는, 상당히 객관적인 입장에서 신문을 만들었다는 증거이다. 다른 신문 기사들을 살펴보아도 전반적으로 객관적인 톤을 유지하고 있는 것이 눈에 띄었다.

✎ 신문기사 써보기 ★★★★

신문의 주요 내용은 기사이다. 아이들은 소설 속의 사건들을 기사 형식으로 재구성하여 썼다. 병원 응급실에서 탈출한 소년 이야기, 팬케이크 하우스 공사 현장에 침입해서 기물을 파손한 사건, 그 이후에 기물 파손에 대해 경찰이 조사를 하고 있는 상황 등 소설에 나오는 중요한 사건들을 중심으로 기사를 썼다. 신문기사라는 것이 결국은 사건을 재구성하여 기자의 입장에서 쓰는 것이라 아무리 객관적으로 쓴다고 하여도 100퍼센트 객관적인 기사를 쓸 수는 없다. 아이들은 기사를 쓰면서 소설에 나타나지 않은 부분까지 상상력을 발휘하여 상당히 자세하게 기술하였다. 전통적인 독후감을 쓸 때는 보통 책의 줄거리를 간단하게 요약하고 자신이 느끼거나 배운 점들을 쓰는데, 신문기사를 쓸 때는 1인칭이 확실하게 드러나는 독후감과 달리 자신의 입장은 배제하고(또는 배제한 것처럼 보이도록 교묘하게) 사건에 대해 정확하고 분명하게 독자에게 전달하는 것이 더 중요하다. 그러므로 신문기사 쓰기 활동을 하면 독후감 쓰기와는 다른 글쓰기 기술을 배울 수 있다는 장점이 있다.

상상력 동원하기 ★★★★

또 다른 재미있는 섹션은 연예entertainment 란이다. 이 섹션에서는 그 당시 아이들이 아주 좋아했던 아이돌 그룹이 코코넛 코브Coconut Cove로 공연을 온다는 가상의 기사를 실었다. 이런 식으로 자신이 좋아하고 원하는 것들을 과제 중에 하나씩 끼워 넣는 재미도 쏠쏠하다. 이와 함께 흥미로운 섹션이 구인구직란의 기사이다. 구인구직 기사 또한 공연 기사처럼 소설과 직접적인 관련은 없다. 그러나 아이들은 신문이라는 장르에 어떤 섹션들이 포함되어야 하는지를 인지하고 있기에 구인구직란도 포함시킨 것이다. 그리고 코코넛 코브에 구인구직 광고가 난다면 어떤 식일지 상상하여 글을 완성했다. 구인구직 광고를 내기 위해서는 그 마을의 경제적 구조나 상업, 마을 주민들의 필요 등에 대해 이해를 해야 하니, 이런 광고를 제대로 내는 것은 독후감을 쓰는 전통적인 과제보다는 더 어려운 것일 수 있다.

신문의 마지막 페이지에 실은 코코넛 코브의 관광안내 또한 기발하고 창의적인 글이다. 소설을 읽고 그 마을을 상상하여 관광안내 기사를 썼는데, 마을의 관광 투어를 두 종류로 나누었다. 하나는 코코넛 계곡을 관광하는 것이고, 다른 하나는 부엉이 길Owl Street을 따라 걷는 관광이다. 부엉이 길 관광에서 재미있는 것은 부엉이 길에서 부엉이 고기로 만든 음식을 맛볼 수 있는 레스토랑이 있다는 것이다. 생각하기에 따라서는 엽기적일 수도 있지만, 아이들의 재치가 엿보이는 부분이다.

6학년 아이들이 《Hoot》를 읽고 난 후 만든 신문을 이렇게 자세히 설명하는 이유는 이 안에 전통적인 독후감을 대체할 수 있는 다양한 읽기 후 글쓰기 활동들이 포함되어 있기 때문이다. 지금 살펴본 것처럼 신문 안에는 사건을 소개하는 기사 이외에도 광고, 공연안내, 구인구직, 관광안내 등과 같은 다양한 장르의 글이 실릴 수 있다. 따라서 신문 만들기 활동을 하면 여러 가지 장르의 글을 연습해볼 수 있다. 또한 소설을 읽고 난 후 독후감 대체 활동으로 신문 만들기를 하면 글쓰기 활동뿐 아니라 창의성과 관련된 여러 가지 사고능력을 키울 수 있다. 예를 들어 사실을 객관적이고 정확하게 전달해야 하는 신문기사를 쓸 때는 논리적/수렴적 능력을 사용하게 되고, 소설 속에 나타나 있지 않은 부분까지 상상력을 동원하여 쓰는 관광안내나 구인구직 같은 글을 쓸 때는 확장적 사고 능력을 사용하게 된다.

다양한 독후감 대체 활동

이 외에도 독후감을 대체할 있는 활동은 정말 무궁무진하게 많다. 저자가 특히 좋아하는 독후감 대체 활동을 몇 가지 소개하자면, 일단 독후감이라고 하면 책 전체를 아우르는 줄거리가 담겨 있어야 한다는 고정관념에서 벗어날 필요가 있다. 전체 줄거리를 파악하고 요약하는 능력도 물론 중요하지만, 때로는 아이가 책을 읽으면서 가장 감명 깊게 보았던 부분을 집중적으로 조명하여 글을 써보는 것도 좋다. 특히 책이 너무 길거나 전체를 요약하기 부담스러운 경우에 이런 방식을 사용해보자. 《The three little pigs》에서 했던 것처럼 짧은 사건 하나를 두 가지의 다른 시각으로 구성해서 기사를 써보는 활동도 좋겠다.

미니북 만들기 ★★

이야기의 주요 장면을 강조하여 그 부분에 대해 글로 표현할 수도 있고, 주요 장면을 그림이나 콜라주로 표현해볼 수도 있다. 만약 그룹학습이라면 각각 다른 장면에 대한 그림을 순서대로 나열하고 각 그림에 간단한 영문 설명을 만들어서 미니북 형태의 독후감을 만들어 볼 수 있다. 미니북 만들기는 독후감 대체 활동으로나 읽기 후 이해 점검 활동으로 좋다. 긴 이야기를 요약해서 짧은 미니북으로 만들어보자. 글쓰기에서 중요한 기술 중 하나인 요약하기를 연습해볼 수 있는 좋은 활동이 된다.

🖉 광고 만들기 ★★★

　신문 만들기 활동에서 나온 것처럼 광고 만들기도 읽기 후 활동으로 적절하다. 신문 만들기 활동에서는 소설 속에 나오는 팬케이크 하우스에 대해 광고를 만들었다. 이렇게 이야기 속에 나오는 어떤 항목을 하나 선택해서 가상의 광고를 만들어볼 수 있다. 또는 읽은 책에 대한 광고를 만들어보는 것도 재미있다. 책을 광고하려면 책의 전반적인 내용이나 분위기, 느낌을 충분히 이해해야 하므로 읽은 책에 대한 이해나 느낌을 표현하기에 적합한 활동이다. 책 광고의 종류도 다양하다. 책의 내용을 간략하게 한두 줄 정도로만 표현하는 대신 그림으로 더 많이 표현하는 포스터 광고가 있다. 글을 더 많이 포함하고 싶다면 팸플릿 광고 형식을 활용할 수 있다. 예를 들어 서점에 비치된 새로 나온 책 광고 팸플릿을 만든다고 가정하는 것이다. 앞 장에서 설명했던 박물관 소개 팸플릿 만들기와 비슷한 형식이 되겠다. 책 내용, 저자 소개, 추천글 등을 실으면 훌륭한 책 소개 팸플릿을 만들 수 있다.

🖉 영화 예고편 만들기 ★★★

　다년간 아이들과 학생들을 가르치면서 함께 해본 활동 중 가장 인기가 많은 것을 꼽으라면 영화 만들기를 들 수 있다. 소설의 줄거리를 요약하여 영화를 만들 수도 있지만, 그렇게 하기에는 시간이 너무 많이 걸린다. 그보다 쉽게 할 수 있는 것이 영화 트레일러trailer 만들기이다. 책을 읽고 그 책에 대한 광고를 트레일러 형식으로 만드는 것이다. 소설의 주요 장면을 몇 개 보여주고 내레이션과 자막을 삽입하면 훌륭한 영화 트레일러를 만들 수 있다. 요즘은 간단하게 사진 몇 장 가지고 음성이나 음악, 텍스트를 삽입하여 쉽게 동영상을 만들 수 있는 소프트웨어가 많이 나와 있다. 아마 컴퓨터를 좋아하는 아이라면 이미 동영상 편집 소프트웨어 하나 정도는 다룰 줄 알 것이다. 모바일 폰으로도 간단하게 동영상을 만들 수 있는 어플리케이션도 많이 있으므로 잘 활용하면 영화 트레일러쯤은 어렵지 않게 만들 수 있다. 영화 만들기와 같은 활동은 다중지능 이론이나 언어학습 이론 모두에 비추어 훌륭한 통합적 활동이다. 다중지능 이론에서 본다면 시각, 음성/음악, 언어, 논리, 신체적 지능을 모두 사용할 수 있고, 언어학습 면으로 보면 음성언어와 문자언어를 모두 활용할 수 있는 활동이다.

✐ 관광안내 책자 만들기 ★★★

신문 만들기 활동에서처럼 소설에 나오는 장소에 대한 관광안내 책자를 만들어보는 것도 아이들의 상상력을 자극할 수 있는 재미있는 활동이 될 것이다. 신문에 실을 간단한 광고부터 관광지 안내소에 비치될 만한 자세한 관광안내 책자까지 다양한 종류의 관광안내 글을 써볼 수 있다. 가상현실박물관 활동에서 했던 것처럼 투어가이드가 되어서 《Hoot》의 코코넛 코브Coconut Cove 마을을 소개하는 활동을 해보면 어떨까? 그러면 글쓰기에만 집중된 독후감 활동에서 말하기 활동까지 해볼 수 있다.

✎ TV 리포터 되어보기 ★★★★

　말하기 활동을 접목할 독후감 대체 활동으로 TV나 라디오 리포터 활동을 해보자. 신문기자가 글로 사건을 전달한다면 리포터는 말로 사건을 전달한다. 한 사건에 대해 두 가지 활동을 모두 해보면 같은 내용이 두 형식에서 어떻게 다르게 표현되어야 효과적인지를 비교할 수 있다. TV 리포터가 신문기사를 그대로 읽는 것은 아니기 때문이다. 시청자들에게 말로 전달하기 위해서는 내용도 간략해야 하고 단어도 쉬운 것이어야 효과적이다. 꼭 영어를 아주 잘해야만 이러한 차이를 구별해내는 활동을 할 수 있는 것은 아니다. 아이가 자기 수준의 영어로도 쉽게 말로 전달하는 방법과 사전을 찾아가면서 수준 있게 써보는 연습을 동시에 한다면 차이를 느낄 수 있을 것이다. 혼자 터득하기는 어려울 수도 있으니 아이가 관심을 가질만한 이슈에 대한 쉽고 짧은 기사와 TV 리포트를 찾아서 샘플로 보여주는 것도 도움이 될 것이다.

✎ 저자와의 인터뷰 ★★★★

　사건을 취재하는 외에 저자와의 인터뷰 역할놀이를 해보는 것도 훌륭한 말하기 활동이다. 리포터가 될 수도 있고, 독자의 입장에서 인터뷰를 진행할 수도 있다. 역할놀이 형식으로 한 명은 저자, 다른 한 명은 리포터가 되어볼 수 있고, 또는 저자와 독자의 자리나 포럼 같은 역할놀이를 할 수도 있다. 아이들이 바로 질문을 만들고 답하기는 어려울 테니 미리 질문을 준비하고 또 저자 역할을 하는 친구에게도 질문을 미리 주어서 생각할 시간을 준 후 역할놀이를 하는 것이

쉽겠다. 인터뷰는 꼭 말하기로 진행할 필요는 없고, 두 명의 질의응답에 대해 아이가 혼자 책과 저자에 대해 조사하고 상상해서 인터뷰 신문기사를 써도 된다.

✏ 인형극 해보기 ★★★★

인형극이라고 하면 거창하게 들려서 엄두가 안 날 수도 있겠다. 그런데 막상 해보면 그렇게 어려운 일도 아니다. 이 야기책을 읽고 전체 혹은 부분을 골라 대사를 쓰고 인형극을 해보면 되는데 아이들이 아주 좋아하는 활동이다. 나는 내가 가르치던 6학년짜리 아이들과 함께 《나니아 연대기The chronicle of Narnia》

〈학생작품〉

를 읽고 난 후 독후감 대체 활동으로 인형극 활동을 했었다. 이야기 속의 등장인물을 하나씩 맡아서 한다는 점은 역할극과 같지만, 인형을 손에 끼고 무대 위에서 말을 한다는 점이 다르다. 아이들은 펠트지와 폐품들을 활용하여 위 그림처럼 귀여운 인형과 무대 세팅을 만들었다. 이 인형은 손가락에 낄 수도 있고 아이스크림 막대에 붙여서 사용할 수도 있다. 아이들은 시나리오를 먼저 쓰고 바뀌는 장면에 따라 무대 뒤의 그림을 바꾸면서 인형극을 진행했다. 이 활동은 만들기와 그림 그리기를 좋아하는 시각적 지능이 뛰어난 아이들, 신체활동을 좋아하는 아이들, 그리고 협력활동을 좋아하는 대인지능이 높은 아이들이 영어학습을 더 재미있게 할 수 있는 방법이다.

인형극은 한 번 공연하면 사라지는 활동이지만 아이들과 한 이 인형극이 너무 아쉬워서 저자는 인형극을 촬영하여 보관해두었다. 촬영한 뒤 앞뒤에 간단한 타이틀과 크레디트 페이지를 만들어서 붙였더니 근사한 동영상이 완성되었다. 이렇게 동영상으로 아이의 작품을 촬영해 두면 나중에 아이의 포트폴리오를 만들 때도 유용하게 사용할 수 있다.

《나니아 연대기》 이야기의 세팅은 무한한 상상으로 가득 차 있다. 이렇게 상상할 것이 많은 세팅을 인형극 무대 세팅으로 만들면서 그림을 그려보거나 3차원 디오라마를 만들어보면 아이도 이야기 속의 상상을 따라가게 되고 또 그 상상을 구체화시킬 수 있다. 이런 식으로 무엇을 만들거나 글을 쓰는 활동은 결과적으로 머릿속에서만 존재하던 것을 형상화시켜서 눈에 보이는 무언가로 만드는 작업인데, 이런 과정이 창의성을 신장시키게 돕는다. 상상력, 정교성, 유용성과 같은 창의성의 핵심 요소를 이러한 활동들을 통해 발달시킬 수 있다.

스토리보드 만들기 ★★★

스토리보드도 여러 연령대와 영어 수준에서 자주 쓰이는 읽기 후 활동이다. 그림과 함께 영어로 설명을 하는 방식이라 영어 능력이 낮은 아이라도 그림으로 하고 싶은 말을 보충할 수 있기에 충분히 완성도 있는 스토리보드를 만들 수 있다. 전체 이야기를 요약하여 만들 수도 있고 가장 흥미롭거나 인상적인 장면을 골라 만들 수도 있다.

스토리보드는 그 자체로도 충분히 훌륭한 독후감 대체 활동이 되지만, 다른 활동의 전 단계로 활용해도 좋다. 이전에 말했던 인형극의 시나리오를 스토리보드에 만들어도 편리할 것이다. 좀 더 발전시켜서 스토리보드를 바탕으로 만화나 애니메이션을 만들 수도 있다.

만화는 종이에 펜으로 그려도 되지만, 인터넷에 있는 무료 카툰 메이커를 사용하면 훨씬 더 편리하고 완성도 있게 만화를 만들 수 있다. 또 스토리보드를 바탕으로 무료 애니메이션 툴이나 무비 메이커movie maker를 이용하여 애니메이션이나 동영상을 만들 수 있는데 아이들이 굉장히 몰입하는 활동이다. 다만 처음부터 너무 긴 대작을 계획하면 시간이 많이 걸리므로 2~3분 정도의 애니메이션이나 동영상을 제작하도록 한다. 이러한 계획을 미리 세울 때 사용하는 것이 바로 스토리보드이다.

〈학생작품〉

책의 저자 되어보기 ★★★★

책의 저자가 되어서 이러저러한 활동을 해보는 것도 책에 대한 이해를 더 깊이 할 수 있고 상상력을 기를 수 있는 활동이다. 책의 저자로서 할 수 있는 활동도 여러 가지다. 우선 내가 소설을 쓴 저자라고 상상하고 영화 제작자에게 이메일을 보내는 것이다. 내 소설이 이러이러한 줄거리인 흥미로운 소설인데, 영화로 만들기에 적합하니 영화로 만들면 어떻겠느냐는 제안을 하는 것이다. 이 경우는 상대에게 자신의 작품을 홍보해야 하는 상황이므로 설득문을 연습할 수 있는 기회가 된다. 또는 서점이나 TV에서 오늘의 책을 소개하면서 저자가 나와서 설명을 하는 활동도 할 수 있다. 위에서 설명한 것처럼 저자와의 인터뷰를 할 수도 있다.

기타 독후감 대체 활동의 예시 ★★★

이 외에도 독후감 활동을 대체할 수 있는 재미있는 활동들이 참 많다. 몇 가지만 간략하게 소개한다.

- 이야기의 사건을 시간 순으로 타임라인에 정리하기
- 마인드맵에 사건 및 등장인물의 관계 등을 요약하기
- 이야기가 끝난 다음의 일 상상하여 써보기
- 주인공들이 나이 든 후 자서전 써보기
- 시점을 바꾸어 써보기
- 대상 독자를 바꾸어 이야기 재구성하기
  (예 : 독자층 연령을 낮추거나 높여서 써보기)
- 신문에 기고할 서평 쓰기

독후감 시작하기

처음 이 장을 시작하면서 독후감이 지루하고 어려운 쓰기 활동이라고 했다. 어느 날 저자의 둘째 아이가 처음으로 학교에서 독후감을 써오라는 숙제를 받아왔는데 어떻게 시작을 해야 할지 몰라 난감해 하고 있었다. 그래서 아이에게 우선 읽은 이야기가 어떤 내용이었는지 물어보았다. 그리고 아이가 이야기를 다 마치고 난 후 몇 가지 질문을 했다. '넌 이 책이 재미있었니? 왜 재미있었니? 뭐가 재미있었니?'와 같은 질문이었고 아이는 간단하게 대답을 했다. 저자는 아이에게 지금 엄마에게 한 말을 그대로 글로 써보라고 권하며 그것이 바로 독후감이라고 말해주었다. 아이는 비로소 어설프나마 독후감 숙제를 해갈 수 있었다.

독후감이라고 하면 그 장르가 가지는 특성이 있기 때문에 우리는 형식에 얽매이게 된다. 아이들마다 지능구조가 다르므로 언어로 자기의 느낌을 표현하기가 쉽지 않은 경우도 있다. 이런 아이들에게는 책을 읽고 독후감을 써야 하는 것이 괴로운 과제일 것이다. 이런 아이들에게는 지난 장과 이번 장에서 살펴본 것처럼 다양한 표현방법을 열어주어야 한다. 물론 아이가 전통적 방식의 독후감도 쓸 수 있어야 하겠으나 독후감을 쓰기 시작할 때 그 장벽이 너무 높은 경우 우회해서 시작해볼 수 있다. 형식을 약간씩 바꾸어 하는 활동들은 어디서부터 독후감을 시작해야 할지 모르는 아이들에게 좋은 출발점이 될 수 있다. 일단 한 쪽 길이 트이면 다른 방법도 수월해질 가능성이 크다. 아이는 평생 독후감을 꽤 여러 번 쓰게 될 텐데, 다양한 활동을 해보면 창의성이나 다중지능 발달을 촉진시킬 수 있을 것이다. 고정적인 생각의 틀에서 약간만 벗어나면 이번 장에서 살펴본 것처럼 얼마든지 재미있고 창의적인 독후감을 만들어낼 수 있다.

수렴적 사고

CHAPTER

3

토론

색색깔 모자를 써보자

    우리는 창의성에 대해 이야기할 때 수렴적 사고보다는 확산적 사고를 더 자주 언급하게 된다. 이는 전통적인 학교교육이 수렴적 사고에 대한 활동에 주로 초점이 맞추어져 있어서 상대적으로 확산적 사고를 훈련할 기회가 없기 때문에 창의성 교육에서 확산적 사고를 더 강조하게 된 것이지 수렴적 사고가 덜 중요하다는 의미는 아니다. 특히 과학 영역에서는 수렴적 사고를 아주 많이 필요로 한다. 상대성 이론이나 벤젠링화학자 케쿨레Kekule가 발견한 벤젠의 분자 구조과 같은 과학적 발견은 확산적 사고보다는 수렴적 사고에 더 많이 의존한 것이다.

    수렴적 사고는 확산적 사고를 통해서 생성해낸 많은 아이디어들을 정제하고 골라낸 후 최선책을 찾아 실천할 수 있도록 해준다. 창의성의 핵심능력 중 하나인 문제해결 능력도 수렴적 사고와 연관이 깊다.

어떤 일과 현상에서 문제를 찾아내는 것 자체가 논리적·분석적·비판적 사고를 요하기 때문이다. 따라서 수렴적 사고가 없이는 창의성이 완성될 수 없다. 많은 분야에서 마지막에 제대로 된 결과물을 내고 그것을 다시 사회적 가치를 지닌 혁신으로 만들기 위해서는 결국 수렴적 사고의 과정을 거쳐야 하기 때문이다. 지금부터는 영어학습에서 수렴적 사고를 촉진시킬 수 있는 방법에 대해 알아보자.

토론 : 두 가지 사고를 모두 쓰는 활동

언어학습에서 토론은 빠질 수 없는 학습 방법이다. 토론은 언어 발달뿐 아니라 사고를 촉진시키는 데도 아주 중요한 학습 기법이다. 또한 사회에서도 유용하게 쓰이는 기술이다. 토론은 확산적 사고와 수렴적 사고를 모두 촉진시킬 수 있는 활동으로, 토론에서는 여러 사람들이 한 주제에 대해 의견을 나누기 때문에 확산적 사고를 촉진시킨다. 그리고 토론의 마지막에는 의견들을 종합하여 어떤 결론을 내려야 하는 경우가 많은데 이때는 수렴적 사고를 사용하게 된다. 따라서 토론은 대체로 '확산적 사고 → 수렴적 사고'의 순서로 사고의 흐름이 진행되는 경우가 많다.

다시 쓰인 동화로 토론 입문하기

TV 토론이나 토론대회에서 토론자들은 어떤 주제에 대해서 자신의 의견을 그 자리에서 피력하는데, 이렇게 다른 사람들의 논점에 대해서 바로바로 자신의 의견을 말할 수 있으려면 많은 연습과 준비가 필요하다. 토론에 좀 더 쉽게 접근하기 위해서 책을 먼저 읽고 그 책의 내용에 대해 토론하는 훈련을 하도록 한다. 아무 준비 없이 주제에 대해 생각하는 것보다는 책을 읽고 그 내용을 생각해보는 것이 좀 더 쉬울 것이다.

그러나 여전히 책을 읽고 하는 토론이라고 하면 영어를 잘하는 아이들만, 그리고 책도 뭔가 심오한 주제를 다루는 내용이라야 할 것 같다는 생각이 들 텐데, 꼭 그렇지는 않다. 앞에서 동화에 나오는 '나쁜 늑대'를 다른 시각으로 다시 보기를 했던 것을 기억할 것이다. 이렇게 유명한 동화들을 다른 시각에서 재구성한 이야기를 fractured fairy tale이라고 한다. 이런 fractured fairy tale은 토론 소재로 이용하기 좋다.

 책으로 배우기 ①
《Trust me, Jack's beanstalk stinks》 ★★★

《Jack and the beanstalk》은 우리에게도 잘 알려진 동화이다. 이 이야기의 원래 주인공인 잭 대신 거인을 화자로 풀어낸 색다른 책이 있다. 《Trust me, Jack's beanstalk stinks》라는 책인데, 제목에서 이미 잭에 대한 반감이 느껴진다. 사실 거인 입장에서 보면 잭은 도둑인 것이다. 생각해보면 우리는, 거인이 모두 힘이 세고 인간에게 뭔가 해를 끼칠 존재라는 선입견을 가지고 있다. 그러나 거인 입장에서 보면 이야기가 달라진다. 이 책에서 우리는 그동안 생각해보지 않았던 거인의 이야기를 들을 수 있다. 거인은 인간들이 얼마나 자기를 괴롭히고 자기가 거인이라 얼마나 불편하게 살아가고 있는지에 대해 이야기한다.

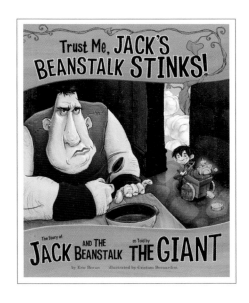

책에 대해 토론을 할 때도 다양한 방법이 가능하다. 등장인물 간의 상반되는 입장에 따라 편을 정하고 누가 더 옳은지에 대해 토론을 할 수 있다. 또는 아이가 직접 등장인물이 되어 일인칭으로 토론을 진행하는 방법도 있다. 책을 읽고 바로 토론을 하기보다는 약간의 준비를 먼저 시켜주자. 예를 들어 특히 어떤 부분에 있어서 자신의 의견을 중점적으로 펼 것인지, 왜 그런 일을 하게 되었는지에 대한 이유 등을 미리 생각해보게 하면 좋다. 토론은 논리적인 대답을 요하는 활동이지만, 한 걸음 더 나아가 모두가 생각할 수 있는 뻔한 대답을 내놓기보다는 남들이 생각하지 못했던 창의적인 대답과 의견을 낼 수 있으면 훨씬 더 좋다. 아이가 좀 더 창의적인 생각을 할 수 있도록 질문을 유도해 보자. 일단 전통적인 동화 내용에서 탈피한 fractured fairy tale을 읽는 것 자체가 생각을 창의적이고 다양화할 수 있기 때문에 토론에서도 좀 더 창의적인 의견이 나올 수 있다.

꼭 fractured fairy tale이 아니라 전통적인 동화를 읽고도 다른 시각에서 질문을 한다면 그것만으로도 아이가 다른 방식으로 그 이야기를 다시 생각할 수 있는 계기가 된다. 가령 《Goldilocks and the three bears》에서 골디락스의 죄에 대해 물어보자. 골디락스는 남의 집에 들어가 음식을 훔쳐 먹고 기물도 파손했으니 여러 가지 죄를 물을 수 있다. 그러면 다른 편은 골디락스의 편에 서서 골디락스를 변호해야 한다. 간단하고 쉬운 이 동화를 가지고도 두 가지의 다른 입장에서 토론을 해볼 거리가 있다.

 책으로 배우기 ②
《Old McDonald had a dragon》★★★

토론 연습을 하기 위해서 꼭 심각한 주제의 어려운 책을 읽을 필요는 없다. 아이들이 쉽게 읽고 나서 자기 주장을 해볼 수 있도록 쉬운 책을 한 번 살펴보자. 유명한 노래 〈Old McDonald has a farm〉이라는 노래를 변형해서 만든 이야기책 《Old McDonald had a dragon》을 골라봤다. 이 책은 어떤 농부가 난데없이 농장에서 용을 키우고

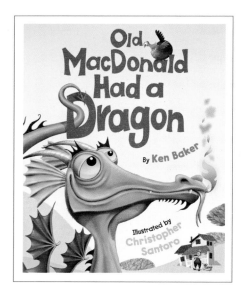

싶어 하는 것으로부터 이야기가 시작된다. 그런데 모든 농장 동물들이 농부의 생각에 반대를 하고 나선다. 처음에는 소가 반대하고 다음에는 돼지, 그리고 양 등등 차례대로 용이 농장에 오면 안 되는 이유를 대면서 반대한다.

이 책을 읽고 동물들이 왜 반대를 하는지에 대해 정리를 해본다. 그리고 각각의 동물들을 대변하여 토론을 하는 것이다. 동물들뿐만 아니라 농부의 입장도 대변해주어야 한다. 농부는 무슨 이유 때문에 농장에서 용을 키우고 싶어하는 것일까? 도대체 왜 농장에 용이 필요한 것일까? 토론의 마지막에는 용이 농장

에서 살 수 있는지 없는지에 대해 최종 결정을 내리도록 한다. 이런 토론 과정을 간단하게라도 경험해보면 확산적 사고와 수렴적 사고, 그리고 언어발달에 도움이 된다.

용에게 보금자리 찾아주기 ★★★

만일 토론의 결과로 용이 더 이상 농장에서 살 수 없게 되었다면 이번에는 용에게 새로운 집을 찾아주어야 한다. 이 비슷한 활동을 《Where the wild things are》를 읽으면서 했던 기억이 나지 않는가? 그렇다. 우리는 《Where the wild things are》에서 괴물의 서식지를 찾아준 적이 있었다. 그때 했던 것처럼 이번에도 용에게 집을 마련해주기 위해서는 용의 특성을 먼저 알아봐야 한다. 용은 실제로 있는 동물이 아니므로 아이들이 그동안 책이나 영화에서 봤던 용의 특징을 가지고 이야기를 해야 한다. 용의 크기, 행동, 생김새, 소리 등과 같은 특징을 생각해볼 수 있다.

그런데 혹시 동양의 용과 서양의 용이 많이 다르다는 것을 발견했는지 모르겠다. 동양의 용은 커다란 뱀 같이 생긴 반면, 서양의 용은 공룡처럼 생겼다. 서양의 용은 날개가 있고 걸어 다니기도 하고 불도 마구 내뿜는다. 대체로 동양에서의 용은 길한 짐승으로, 서양에서의 용은 악한 짐승으로 묘사된다. 동양의 용이 나오는 그림책과 서양의 용이 나오는 그림책을 읽어보고 비슷한 점과 차이점을 찾아보는 활동을 할 수도 있다.

같은 작가의 책인 《Cow can't sleep》도 재미있는 책이다. 쉬운 영어로 쓰여 있고 그림도 재미있어서 영어를 잘 못하는 어린아이들에게도 읽어줄 수 있는 책이다. 주인공인 암소 벨Belle이 도무지 잠을 잘 수가 없어서 이곳 저곳을 헤매고 다닌다는 이야기이다. 이야기를 읽고 난 후에 다음과 같은 간단한 질문을 해볼 수 있다.

Why couldn't Belle sleep?
벨은 왜 잠이 안 왔을까?

Which places did she try to sleep in?
벨이 자려고 어떤 곳에 가보았지?

Why couldn't she sleep in some of the other places?
벨은 왜 다른 곳에서도 잠을 잘 수가 없었을까?

Where would you recommend her to sleep?
벨이 어디서 자면 잠을 푹 잘 수 있을까?

Where do you want to sleep? Why?
너는 어디서 자보고 싶니? 왜 그렇지?

6색 모자 써보기

/ 다양한 사고유형 발달

토론을 꽤 잘하는 사람조차도 토론할 때 보면 한 가지 사고방식과 습관에 매여 있는 경우가 흔하다. 이 중에서 가장 나쁜 사고방식은 편견이다. 이 외에도 여러 가지 나쁜 습관적 사고방식이 있을 수 있다. 가벼운 사고, 조직화되지 못한 생각, 지나치게 감정적이거나 감정을 배제한 태도, 부정적인 사고, 혹은 근거 없이 긍정적인 사고, 너무 주관적인 사고 등 셀 수 없을 정도이다. 이런 사고방식에 얽매이게 되면 창의적 사고를 할 수 없고 토론에서 창의적인 결론을 이끌어낼 수도 없다.

그래서 이번에는 평소 갖고 있던 사고의 틀에서 벗어나 다양한 사고방식으로 생각하고 토론해보는 훈련을 해보기로 하자. 수평적 사고로 유명한 영국의 심리학자 드 보노De Bono는 6색 사고 모자 기법six thinking hats이라는 토론 사고방식 기법을 고안해냈다. 이 기법은 다양한 사고유형을 촉진시키기 위해 쓰이는데, 방법은 간단하다. 각기 다른 사고유형을 나타내는 여섯 색깔의 모자를 쓰고 이 모자가 갖고 있는 사고유형대로 생각을 하도록 훈련하는 것이다. 모자의 색깔이 여섯 개니까 여섯 가지의 서로 다른 사고유형을 연습해볼 수 있다.

아이가 지정된 모자를 쓰는 순간 평소 자신이 하던 사고의 형태를 버리고 그 모자가 의미하는 사고유형에만 집중해야 한다. 이것저것 다른 생각을하지 않고 그냥 한 시각으로만 문제를 보면서 사고를 단순화시키는 것이다. 이때 규칙은 한 번에 하나의 모자만 쓰는 것이다. 드 보노에 의하면 우리가 논리적인 말이나 글에서 혼란을 겪게 되는 이유는 한꺼번에 너무 많은 사고를 해서 사고가 혼돈스러워지기 때문이라는 것이다. 이런 사고의 혼돈에서 벗어나기 위해서는 한 번에 한 가지 사고만 하는 연습을 해보는 것도 좋은 방법이다. 그러나 여섯 개의 모자를 모두 써보기 때문에 결국에는 사고의 다양성,

유연성, 융통성이 늘어나게 된다.

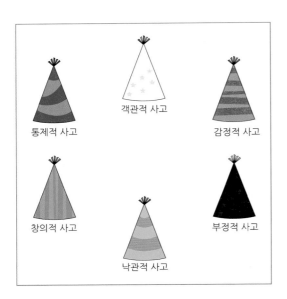

통제적 사고
객관적 사고
감정적 사고
창의적 사고
부정적 사고
낙관적 사고

6색 모자의 의미

6색 모자의 여섯 색깔은 백색, 적색, 흑색, 황색, 녹색, 청색이다. 이 여섯 색깔은 여섯 가지 사고유형을 의미한다. 먼저 백색은 객관적이고 중립적인 사고이다. 백색 모자를 썼을 때는 자신의 생각을 말하지 말고 마치 컴퓨터가 말하는 것처럼 객관적인 의견만을 내놓아야 한다. 적색은 백색과 완전히 반대이다. 자신의 직관과 감정을 많이 드러낼 수 있는 모자이기 때문에, 어떤 사건이나 주제, 사물에 대해 내가 어떻게 느끼고 있는지에 대해 말할 수 있다. 이때 직관에 의한 감정, 분노, 격한 느낌, 예감, 싫음 같은 것을 마음껏 표출할 수도 있다. 흑색은 부정적 사고를 의미한다. 흑색 모자를 쓰고 있으면 다른 사람의 의견에 반대 의견, 부정적인 의견을 내놓아야 한다. 그러나 반대를 할 때도 객관적이고 타당한 근거가 있어야 한다. 황색 모자는 흑색과 정반대로, 정적이고 낙관적인 사고를 하는 모자이다. 상대방 의견에 대해 긍정적인 반응을 보이는 것이다. 즉, 상대의 의견에 '그렇다, 맞다, 가치 있다, 도움이 된다'라고 말하는 것이다. 흑색모자와 마찬가지로 동조를 하는 근거가 있어야 하고 원래의 의견보다 더 구체적인 아이디어나 제안이 더해져야 한다. 녹색 모자는 창의적인 아이디어나 대안적, 탐색적 사고를 의미하는데, 상상력을 가미하여 새롭고 신선한 생각을 내놓아야 하는 모자이다. 녹색 모자가 보통 우리가 창의적이라 생각하는 사고유형의 모자이다. 마지막으로 청색 모자는 다른 모자들의 생각을 통제하고 조절하는 역할을 맡기 때문에 통제모자라고도 부른다. 토론의 방향을 점검하거나 문제를 재정리하고 논쟁의 초점을 명확히 하고 결론을 도출하는 역할을 맡고 있다. 사회자나 오케스트라의 지휘자와 같은 역할을 하는 것이다.

6색 모자를 쓰는 방법

이번에는 6색 모자를 쓰는 방법에 대해 알아보자. 사고의 틀을 깨고 사고의 유형을 다양화하기 위해서는 이 여섯 가지 모자를 한 번씩 다 쓰고 토론에 참여해야 하는데 딱히 정해진 순서는 없다. 다만 일반적으로 황색 모자(긍정)를 먼저 쓰고 흑색(부정)을 그 다음에 쓴다. 어떤 아이디어를 생성할 때는 '백-녹-황-흑-청-적' 순서로 많이 쓴다. 또 아이디어를 판단해야 하는 토론의 경우에는 '적-황-흑-녹-청-적' 순서를 선호한다. 토론의 참가자가 여러 명인 것을 감안하면 누구나 다 이런 순서로 모자를 쓸 수는 없다. 한 번의 수업이나 토론에서 모든 모자가 다 나와야 할 필요도 없다. 모자가 없는 경우에는 모자 대신 색종이를 주고 역할을 분담해도 된다.

어항 속의 토론

6색 모자 식의 토론에 하나 더 붙인다면 'fish bowl' 방식의 토론을 해볼 수 있다. fish bowl은 어항이란 말인데, 어항에 물고기를 넣어놓고 들여다보는 형태로 토론을 진행하는 것이다. 6색 모자를 쓴 토론자들이 가운데 앉아서 토론을 하고 나머지 아이들은 그 주변에서 토론을 보고 있는 것이다. 그냥 구경만 하는 것이 아니라 각각의 토론자에 대해서 분석을 하면서 본다. 즉, 자기가 맡은 모자 역할을 제대로 하는지, 어떤 부분이 적절하지 않은지 등을 평가하여 토론이 끝난 이후 토론자들에게 알려주는 것이다. 물론 6색 모자를 쓰지 않고 토론을 하는 경우에도 fish bowl 방법을 쓸 수 있다. 이렇게 하면 어항 안에 있던 토론자도 좋은 피드백을 받을 수 있고, 어항 밖에 있던 관찰자도 평가를 하는 동안 깨닫고 배우게 된다.

/ 《Otherwise known as Sheila the Great》 ★★★★

이번에는 책을 읽고 토론하는 데 육색 사고모자 기법을 활용해보자. 《Otherwise known as Sheila the Great》를 읽고 토론하는 두 가지 방법을 소개하겠다. 이 책의 주인공 쉴라는 겉으로는 용감하고 씩씩하고 활발해 보이지만 속으로는 두려움과 소심함을 갖고 있는 여학생이다. 쉴라는 이야기 속에서 여러 가지 내부적, 외부적 갈등을 겪는다. 아이들은 각각 다른 모자를 쓰고 쉴라에게 조언을 해줄 수 있다. 예를 들어 쉴라가 혼자 신문을 편찬하겠다고 고집을 부리는 대목에서 황색 모자를 쓴 아이는 혼자 작업함으로써 얻을 수 있는 장점에 대해 이야기를 해줄 수 있을 것이고, 흑색 모자의 아이는 그 일을 혼자 하는 데 따르는 단점과 부정적인 면에 대해 의견을 내놓을 것이다. 이렇게 하면 다양한 시각에서 문제를 바라보고 해결점을 찾아가는 사고 훈련을 할 수 있다.

또 다른 방법으로는 이 책에 나오는 등장인물의 특징을 살펴보고 그 인물들의 특징과 가장 잘 맞는 모자를 그 등장인물에게 씌우는 것이다. 그리고는 아이들이 각각 그 등장인물이 되어서 역할극식 토론을 한다. 이때 각각의 등장인물들은 쉴라가 갖고 있는 문제점에 대해서 조언을 주고받으면서 친구로서 같이 문제를 해결해나가는 일인칭 시점 방식의 토론이 되는 것이다. 이 방법은 일인칭이니 몰입 효과가 더 크고 소설의 등장인물에 대해서도 이해가 더 잘된다는 장점이 있다.

/ 실제 자료 활용하기 ★★★★

고학년의 아이에게는 신문이 정말 좋은 토론 학습 자료가 된다. 쉬운 영자신문 기사를 하나 골라 신문의 의견과 반대 의견을 써보는 것이다. 기사 형식으로 쓰거나 간단하게 댓글의 형식, 또는 신문사나 기자에게 보내는 반대 의견의 이메일 형식도 좋다. 쓰기 외에도 듣기와 말하기 연습을 함께 하고 싶다면 TED나 TV, 라디오 뉴스와 같은 자료를 활용하여 찬성/반대 의견을 말해보거나 녹음해보면 된다.

토론을 할 때는 자신과 생각이 같은 쪽의 토론자로 설 때가 토론하기가 편하다. 그런데 토론 상황이 항상 그렇게 주어지는 것만은 아니다. 영어 토론 심사를 하러 간 적이 있는데 8명의 학생이 어떤 주제에 대해 찬성과 반대 두 편으로 나뉘어 주어진 시간 동안 토론을 하는 대회였다. 그 자리에서 바로 추첨으로 편을 정했는데, 자신의 원래 생각과 다른 편이 될 수도 있었다. 자신의 평소 생각과 반대되는 입장에서 토론을 하기란 여간 어려운 일이 아닌데, 때에 따라서는 그렇게 해야 할 경우도 생긴다. 이런 상황에서도 토론을 할 수 있도록 훈련을 해두는 것도 필요하다.

비교와 대조

토론에서는 하나의 주제에 대해 두 개 이상의 다른 의견이 대립하는 경우가 많다. 이럴 때는 두 개의 다른 의견을 비교하고 대조해보는 것이 효과적이다. 비교와 대조는 교실 수업에서도 빈번하게 나오는 읽기 후 활동이다. 비교와 대조 연습으로 쉬운 것부터 시작해보자.

나방과 나비의 그림을 보면서 차이점과 유사점을 찾아서 쓰게 하는 것부터 하면 어떨까? 이 훈련을 할 때는 정보가 어느 한쪽으로 치우치지 않고 균형을 잡을 수 있도록 도와주어야 한다. 되도록 나비와 나방에 대한 정보가 비슷하게 나올 수 있도록 하는 것이 좋다. 비교를 할 때도 어떤 식으로 할지에 대해 생각해봐야 한다. 전체끼리 비교를 할 것인지 부분끼리 비교를 할 것인지 등에 대해서 정해야 한다.

그리고 나서 비교/대조한 것을 정리한

Moths and Butterflies

Moths
· fly at night
· rest with their wings flat
· thick bodies
· usually duller colours

· insects
· have wings
· have 6 legs

Butterflies
· fly during the day
· rest with their wings up
· thin bodies

다. 이때 표나 차트, 벤다이어그램 등을 활용하여 시각화해놓으면 훨씬 정리도 간편하고 나중에 보기도 편하다. 비교와 대조가 복잡한 기술은 아니지만, 혹시 좀 더 체계적으로 공부를 시키고 싶다면 Readwritethink 사이트readwritethink.org를 참고하면 좋다. 이 사이트에서는 비교와 대조에 대해서 차근차근 설명을 해준다. 사과와 오렌지를 예로 삼아 체계적으로 비교와 대조를 하는 방법, 유사점과 차이점을 쓰는 방법, 그래픽 오거나이저를 활용하는 방법, 생각을 조직화하는 방법 등에 대한 설명이 있다. 마지막에는 비교와 대조 에세이를 쓸 때 필요한 체크리스트까지 제공하고 있어서 좋은 가이드가 되어준다. 비교/대조 에세이를 쓸 때는 다음과 같은 표현을 잘 쓰면 한층 더 세련된 글을 쓸 수 있다.

To Compare	To contrast
also	although
as	but
as well as	even though
both	however
like	in contrast
likewise	instead
most important	on the contrary
same	on the other hand
similarly	unlike
the same as	while
too	yet

온라인 게시판

토론 수업에서 가장 애를 먹는 것은 아이들이 도무지 말을 안 한다는 것이다. 이해는 된다. 영어로 일상적인 대화도 하기 어려운데 토론을 하기란 더 어렵다. 게다가 토론은 시간의 제한이 있기 때문에 더 어렵게 느껴질 수 있다.

특히 영어로 토론을 하다보면 머릿속에 생각은 있는데 그걸 빨리 말하지 못하고 있다가 기회를 놓쳐 버리는 경우도 많다. 저자는 아이들이 토론 중에 머릿속에서 생각하는 시간을 줄여주기 위해 미리 생각을 하고 오게 한다. 면대면 토론의 주제를 미리 생각해보고 먼저 토론을 해본 뒤에 실제 토론을 하게 되면 말하기가 훨씬 쉬워진다.

온라인 게시판은 영어학습에 활용하면 장점이 많다. 우선 말이 서툰 아이들도 토론에 참여할 수 있다. 평소에는 말이 없던 아이들이 게시판에서 자신의 생각을 명료하고 논리적으로 쓰는 경우가 있다. 이것은 자신감 고취에도 도움이 된다. 또 이걸 보는 다른 아이들은 그 아이들에 대해 재평가도 하게 된다. 온라인 게시판 토론은 매체가 말이 아니고 글이기 때문에 시간이 더 많아서 생각을 정리하는 데도 좋다. 시간 제약이 없는 덕분에 참여자가 말을 할 기회를 놓치는 경우가 없다는 것도 장점이다. 게시판에서는 시간적 여유를 가지고 충분히 자기가 하고 싶은 말을 다 할 수 있기 때문이다.

6색 사고모자 토론 기법처럼 온라인 게시판에서도 역할을 지정해주면 훨씬 더 효과적으로 토론을 진행할 수 있다. 게시판 토론에서 '문제제기 → 문제탐구/찬반의견 → 종합 및 결론 → 게시판 밖 실제 삶에서 적용 및 실천'으로 흐르는 것이 가장 바람직하다. 그런데 계속 문제탐구에만 머무르고 있다든지, 찬반의견만 나오고 결론에 도달하지 못하든지 하는 경우가 생기는데 이때 효과적인 토론 진행을 위해서 역할을 정해주면 훨씬 더 도움이 된다. 문제 제기자initiator, 탐구자explorer, 결론을 맺는 자wrapper를 정해놓는 것이 좋고, 원활한 진행을 위해서 사회자moderator도 지정해준다. 면대면 토론과 온라인 게시판 토론은 모두 학습공동체 내에서 할 수 있는 협동학습이다. 아이들은 교사나 부모에게 배우는 것 이외에 또래에게서 아주 많은 것을 배운다는 점을 고려하면 이런 학습공동체 형성은 학습에서 중요한 요소이다. 아이들은 토론을 통해서 확산적 사고와 수렴적 사고 능력을 동시에 향상하는 방법을 배우게 될 것이다.

골디락스 효과

이번 장의 마무리는 골디락스로 할까 한다. 교육학에 '골디락스 효과Goldilocks effect'라는 것이 있다. 이야기 속에서 골디락스는 곰 세 마리의 수프, 의자, 침대에 대해서 "This is too hot, too cold.", "This is too big, still too big.", "This is too hard, too soft."라고 계속 불평을 하다가 마지막에 아기곰 것에 대해서만은 "This is just right(딱 적당해)!"라고 평가를 내린다. 골디락스의 이 대사를 본 따 학습 수준이 아이에게 딱 적당해서 학습 효과가 극대화되는 것을 골디락스 효과라고 한다. 원래는 아기들을 대상으로 한 실험에서 나온 말이다. 이 실험에서 아기들은 너무 쉽거나 어려운 과제에 대해서는 관심을 보이지 않다가 자신의 수준에 적절한 과제가 나올 때만 관심을 보였다.

영어학습도 마찬가지이다. 영어를 배울 때는 아이의 지금 수준보다 딱 한 수준 높은 것을 가르쳐야 학습 효과가 크다. 엄마 입장에서는 좀 더 수준 높은 것들을 가르치고 싶은 욕심이 나겠지만 현재의 아이 수준보다 너무 어려운 것들을 가르치게 되면 학습이 되기 어렵다. 그보다 더 위험한 것은 아이가 아예 학습에 흥미를 잃을 수도 있다는 것이다. 그러니 너무 욕심내지 말고 아이의 눈높이에 맞는, '딱 맞는just right' 수준의 학습을 할 수 있도록 도와주자. 이것을 영어교육에서는 'a+1'이라고 부른다.

LESSON 02

문제해결 능력 키우기

홈즈가 되어보자

창의성과 문제해결 능력

최근 십여 년 동안 문제해결 problem-solving이라는 말이 유행했다. 문제해결 능력은 학업이나 직장, 그리고 일상생활에서 반드시 필요한 핵심능력이고, 창의성과 밀접한 관계가 있다. 그러나 모든 문제해결이 창의적인 것은 아니다. 단순히 주어진 답이나 사실적 정보만 찾아서 답을 할 수 있는 문제도 많다. 수렴적 사고만 필요로 하는 문제도 있고, 때로는 확산적 사고, 독창적 사고를 요하는 문제도 있다. 특히 비구조화 문제ill-structured problem는 정해진 답이 없기 때문에 독창적인 해결 방법을 생각해내야 한다. 따라서 창의성에서 핵심요소로 다루었던 유창성, 융통성, 독창성, 정교성은 문제해결에도 꼭 필요한 요소이다. 창의적 문제해결은 결국 수렴적·확산적 사고와 같은 인지적 사고 기능, 지식·경험·동기·환경의 역동적 상호작용으로 이루어지는 복잡한 사고 과정이다.

창의성과 문제해결 간의 관계에 대해서는 세 가지의 관점이 있다. 첫 번째는 문제해결을 창의적 수행 과정 중 하나로 보는 관점, 두 번째는 창의성을 문제해결의 특별한 유형으로 보는 관점, 마지막으로는 창의성을 문제해결 그 자체로 동일시하는 관점이다. 이 중 어느 것이 맞는지를 여기서 논의할 필요는 없고, 창의성과 문제해결은 아주 밀접하다는 것만 짚고 넘어가기로 하자.

아이의 문제해결 능력을 키우기 위해서는 평소 대화에서도 다음과 같은 질문을 자주 던져보자.

What's the problem?
문제가 뭐지?(문제의 정의)

What caused this problem?
이 문제가 왜 생겼을까?(문제의 원인 진단)

What can be a solution to the problem?
이 문제에 대한 해결책(가능한 모든 해결책)으로 무엇이 있을까?(문제의 해결책 모색)

What will happen if you try the solution?
이런 해결책을 실제로 (실행)했을 때 어떤 일이 벌어질까?(예측)

What is the best solution?
이 중 최선의 해결책은 무얼까?(평가 및 판단)

문제를 정의하고 진단할 때는 수렴적 사고를 많이 사용하게 된다. 문제에 대한 해결책을 모색할 때는 확산적 사고가, 그리고 여러 해결책에 대해 종합적으로 판단하고 최종안을 결정할 때는 또다시 수렴적 사고가 주로 작용하게 된다. 그래서 문제해결 과제는 수렴적·확산적 사고가 반복적으로 사용되어 창의적 사고 증진 훈련에 도움이 되는 것이다.

추론하기 ★★

문제해결에는 여러 가지 사고 능력이 필요하다. 그중에서도 이번 장에서는 문제해결과 가장 밀접한 연관이 있는 사고 능력인 추론을 살펴보기로 하자. 추론이란 사실과 증거를 바탕으로 결론을 도출해내는 것이다. 추론은 문학작품을 읽을 때뿐 아니라 수능과 같은 영어시험을 풀 때도 필요한 사고능력인데, 아래 그림에서 보는 것처럼 책에서 찾아낸 증거를 가지고 머릿속에서 결론을 만들어내는 과정이다.

Detective Notebook 사이트pbslearningmedia.org는 문제를 하나씩 풀어나가면서 추론에 대한 개념을 잡을 수 있도록 도와주는 사이트이다. 초등학생이 추론 연습을 할 수 있도록 간단한 추론 문제들을 제공하고 있다. 예를 들어 '개미는 설탕을 좋아하고, 저기 설탕이 떨어져 있고 근처에 개미가 지나가고 있다. 이때 어떤 일이 벌어질까?'와 같이 아주 간단한 문제들이다. 쉬운 영어로 되어 있어서 풀기가 어렵지 않다. 텍스트를 읽어주는 기능도 있어서 듣기 연습용으로도 쓸 수 있다.

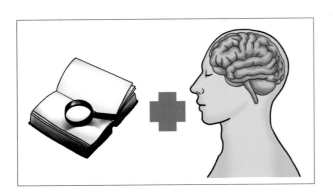

영어 동화로 문제를 해결한다 ★★

문제해결 과업이라고 해서 꼭 복잡하고 어려울 필요도 없고, 저학년 아이들이라고 못 할 이유도 없다. 아이의 수준에 맞는 과제를 만들어주면 되는 것이다. 앞 장에서 예로 들었던 《Goldilocks and the three bears》로도 추론과 문제해결 연습을 해볼 수 있다. 책을 읽으면서 중간 중간에 멈추고 다음에 어떤 일이 일어났을지 예측하고 이유를 설명해보도록 하는 것은 쉬운 추론 연습의 시작이다.

이 책을 읽으면서 여기서의 문제가 무엇인지를 판단하고(예를 들어 무단 가택 침입), 왜 이런 문제가 생겼는지(골디락스가 배고프고 피곤해서? 엄마, 아빠 곰이 집을 비운 채 문단속을 잘 하지 않아서?), 그리고 이런 문제가 다시 생기지 않으려면 어떻게 해야 하는지(골디락스와 같은 무단침입자를 혼내준다? 경비업체를 고용한다?)를 생각해보게 한다. 이때 질문을 하면서 그냥 막연히 생각해보라고 하는 것보다는 곰을 도와줘야 하는 입장을 만들어주자. 곰의 옆집에 살고 있는 이웃이 되어 보는 것도 좋은 방법이다. 또는 문제점을 발견하고 뭔가를 해야 하는 입장, 즉 경찰이나 기자의 입장에서 문제를 해결해보는 것도 재미와 몰입도를 높일 수 있다. 다른 동화책으로도 이와 같은 활동이 가능하다. 《Jack and the beanstalk》, 《Cinderella》, 《Snow White》와 같은 동화로도 예측과 추론, 그리고 문제해결 훈련을 할 수 있다.

탐정이야기로 문제를 해결한다

탐정소설은 문학작품에서 문제해결의 가장 대표적인 예이다. 탐정소설은 사건을 해결하기 위해서 계속 문제를 살펴보고 풀어나가기 때문이다. 탐정소설이라면 셜록 홈즈가 가장 먼저 떠오른다. 셜록 홈즈와 같은 고전적인 탐정소설도 좋고, 또는 아이들을 위한 좀 쉬운 탐정소설인 《Nancy Drew》 시리즈를 읽어보는 것도 좋다. 탐정소설을 읽으면서 문제해결을 위한 증거evidence를 찾아보게 한다. 책을 읽으면서 증거가 된다고 생각하는 부분에 색깔별로 밑줄을 긋는 것이다. 즉, 6하원칙에 따라 '누가'는 파랑, '무엇'은 노랑, '어디서'는 빨강 식으로 표시를 하면서 읽는 것이다. 표시를 다 했으면 한눈에 볼 수 있게 표로 정리를 해보자. 그러면 누가 범인인지, 사건의 전모가 어떻게 되었는지 등에 대한 아이 나름대로의 추론을 만들어낼 수 있을 것이다. 그리고 나서 책의 결말과 비교를 해본다.

책으로 배우기 ①
《Jack Russell : Dog detective》★★

《Jack Russell : Dog detective》는 잭이라는 개가 탐정으로 활약하는 탐정이야기이다. 이 책은 초등학교 저학년용 이야기 책으로 셜록 홈즈나 낸시 드류처럼 시리즈로 되어 있다. 잭은 견공답게 뛰어난 감각의 코를 무기로 내세우며 동네에서 생긴 여러 문제들을 해결해 나간다. 시리즈 첫 권에서 잭은 주인과 함께 새로운 동네로 이사를 온다. 그런데 새 집 근처에서 사소한 물건들이 자꾸 없어지고, 어느날 잭의 물건도 없어지는 사건이 생긴다. 이렇게 되자 잭이 없어진 물건을 찾아 나선다. 이 책에서는 'Jack's Facts'를 자주 제공하고 있는데, 이를 통해 잭이 단서가 될 만한 사실들을 독자들에게 알려주는 기능을 하고 있다. 예를 들어 《Dog den mystery》에서는 울타리 근처에서 발견한 구멍에 대해 잭이 다음과 같이 말하고 있다.

Fences are there to be jumped over.
Fences are there to be scrambled through.
Fences are there to be burrowed under.
This is a fact.
울타리는 타넘을 수도 있고
울타리는 허둥지둥 헤집어 놓을 수도 있고
울타리는 아래에 파헤쳐 놓을 수도 있지
그게 사실이야

잭은 객관적인 사실을 말하기도 하지만, 때로는 아주 주관적이기도 하다. 《The phantom mudder》에 나오는 'Jack's Facts'를 보면 이러하다.

Dogs understand what humans say.
Humans think they understand what dogs say.
Therefore, dogs are smarter than humans.
This is a fact.
개는 사람들이 말하는 것을 알아듣지.
사람들은 개가 말하는 것을 알아듣는다고 생각하지.
그러므로, 개가 사람들보다 더 똑똑하지.
그게 사실이야.

이 부분에서 잭은 삼단논법까지 써가며 사실에 대해 이야기하고 있는데, 그 사실이라는 것이 상당히 주관적이다. 아이에게 책을 읽으며 어떤 부분이 객관적으로 신빙성이 있는 사실이며, 어떤 부분이 잭의 주관이 너무 많이 개입되어 있거나 사실이라고 보기 어려운지를 가려내도록 해보자. 그리고 판단의 근거에 대해서 물어보자. 사실과 의견을 구분해내는 것은 학습에서 아주 중요한 기술이므로 책을 통해서 훈련도 함께 해본다.

잭은 후각을 사용해 사건을 해결하는 단서를 찾는 경우가 많다. 그래서 잭의 지도는 때로는 후각 지도로 나타난다. 그림에서처럼 잭이 단서로 찾은 그림들을 보면 모두 후각을 이용해서 찾은 것이다. 여기서 잭이 찾은 것은 페인트, 그리고 더 많은 페인트, 개 비누, 개 사료, 개 비스킷, 목재 등이다. 후각 지도를 보면서 어떤 단서를 찾았는지, 어떻게 찾게 되었는지, 또 각각의 단서가 어떻게 실마리를 제공할 것인지 등에 대해 생각해보게 한다. 즉, 잭이 제공한 단서를 활용하여 아이가 스스로 문제를 해결해나가는 탐정 역할을 할 수 있도록 지도해준다. 이 시리즈는 어린아이들이 '개'라는 친숙한 주인공과 함께 문제해결의 과정을 탐구해볼 수 있는 입문서로 유용하다.

《The great cake mystery》★★★

초등학교 아이도 쉽게 읽을 수 있는 탐정 이야기책 하나 소개한다. 탐정이 되고 싶어 하는 보츠니아 여자아이 프레셔스Precious가 주인공인《The great cake mystery》라는 책이다. 탐정이 되고 싶어 하는 아이가 주인공으로 나오는 이야기인지라, 이야기 곳곳에서 추론을 할 수 있는 작은 사건들이 나온다. 이야기의 시작에서 프레셔스의 아버지가 자신의 모험담을 들려준다. 이 이야기를 해주면서 아버지는 프레셔스가 이 이야기가 과장이나 허위인지 혹은 진짜인지를 판단하게끔 유도한다. 프레셔스는 일단은 열심히 귀 기울여 듣는다. 그리고는 바로 결론을 내리기보다는 증거와 사실에 대해 많은 질문을 한다. 이런 프레셔스의 행동은 훌륭한 탐정의 특징인 동시에 추론을 위한 좋은 태도라 할 수 있다.

이 책의 제목에서처럼 어느 날 프레셔스의 학교에서 케이크가 없어지고 다음날에는 또 빵과 잼이 없어지는 사건이 연속으로 발생하게 되면서 케이크 미스터리 사건이 시작된다. 이런 일련의 사건 속에서 프레셔스의 탐정 자질이 빛을 발하게 된다.《The great cake mystery》를 읽으면서 아이는 이야기 내에서 생기는 사건들을 프레셔스와 함께 추리해나가는 것과 동시에 프레셔스가 하고 있는 행동과 추론 방법을 함께 배워나가는 것이다. 이런 방법이 결국은 문제해결이나 탐구학습에 필요한 능력이다.

책에 등장하는 미제 사건들에 아이가 나름대로 결론을 만들어나가는 과정에서 추론 연습을 할 수 있도록 가이드를 해주는 것이 이 활동의 포인트이다. 황당한 추론에 대해서도 꾸짖지 말고 왜 그렇게 생각하는지 물어본 후 다른 방향으로 생각할 여지가 있다는 것을 알려주자.

《The great cake mystery》에서 또 주목할 만한 것은 프레셔스를 비롯한 여러 등장인물들이다. 이 책을 읽을 초등학생 또래의 등장인물들이 아주 사실적으로 그려져 있어서 책을 읽는 재미를 더하고 있다. 즉, 책을 읽는 아이가 주위에서 쉽게 볼 수 있을 법한 등장인물들이 나온다는 것이다. 앞서도 강조했던 것처럼 이야기에서는 인물 설정과 묘사가 중요하기 때문에 책을 읽으면서 인물 분석을 하는 것도 중요한 과제 중 하나이다. 이 책을 읽으면서 등장인물들이 어떻게 묘사되어 있는지, 어떤 성격을 갖고 있는지 살펴보는 것도 좋은 공부가 된다.

짧은 탐정이야기 쓰기 ★★★★★

탐정이야기를 읽는 데서 한걸음 더 나아가 짧고 간단한 탐정이야기를 직접 써보는 것은 어떨까? 저자도 예전에 영어교육 게임 시나리오를 쓰면서 짧은 탐정이야기를 써본 적이 있는데, 구성을 하기가 만만치 않았다. 사건을 만들고 단서를 심고 여러 명의 용의자를 만들어 독자들을 교란시키기도 해야 하기 때문이다. 아주 짧은 구성이었는데도 상당히 정교한 작업이라 꼼꼼하게 머리를 써야 했다. 탐정이야기 써보기는 상상력, 논리력, 추리력, 정교성 훈련을 한꺼번에 할

수 있는 훌륭한 창의성 연습 과제가 될 수 있다. 탐정이야기를 쓰는
데 미리 생각을 해봐야 할 요소들은 대략 다음과 같다.

배경
인물(탐정, 용의자, 범인, 주변인물)
사건(범죄)
희생자
단서
결말

이때 가이드가 있으면 훨씬 더 쉽게 할 수 있다. readwritethink 사
이트의 'cube creator' 중 'mystery cube'를 활용해보자. 이 사이트
에서 가이드를 따라 계획을 완성하고 나면 출력해서 큐브를 만들 수
있도록 되어 있다. 어디서 사건이 벌어졌는지, 탐정은 누구이며 어떤
특징을 가졌는지, 어떤 사건인지, 희생자는 누구인지, 어떤 단서를 제
공할 것인지, 해결책은 무엇인지 총 6가지에 대해 구상한다. 완성된
큐브를 토대로 문장으로 엮어서 쓰면 간단한 탐정이야기를 쓸 수 있
다. 만일 그룹학습 상황이라면 마지막 엔딩을 제시하지 않은 채 친구
들과 나누어 읽고 누가 범인인지를 맞추어보는 게임을 해보는 것도
재미있을 것이다. 이 큐브는 전체 줄거리를 요약하고 추론하는 과정
에 가이드로 활용하기에 편리하다.

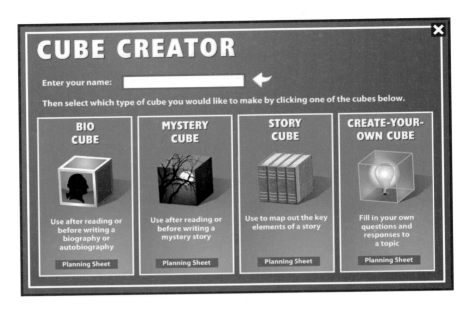

그림에서 보는 것처럼 Cube creator는 탐정이야기뿐만 아니라 어떤 인물에 대한 글을 쓸 때bio cube, 이야기를 만들 때story cube도 활용할 수 있다. 이 외에 다른 장르의 이야기를 쓸 때는 'create your own cube'를 활용하면 어디서부터 글쓰기를 시작해야 좋을지 모르는 아이에게 좋은 가이드가 되어줄 수 있다.

📖 책으로 배우기 ③
〈The magic school bus〉 시리즈 ★★★

이번엔 다른 탐구활동을 한번 해보자. 〈The magic school bus〉라는 유명한 시리즈는 직접 현장에 들어가서 사건을 보는 것처럼 탐구활동을 해보는 재미있는 책이다. 탐구하고자 하는 주제가 생기면 반 전체가 프리즐 선생님 Ms. Frizzle과 함께 매직 스쿨버스를 타고 그 장소로 가서 직접 탐구와 탐사를 해보는 이야기들로 구성되어 있다.

그중 한 편을 보자. 《Inside the human body》 편에서는 어느날 같은 반 친구 랄피가 아파서 학교에 나오지 못하자 왜 랄피가 아픈지를 알아보기 위해서 매직 스쿨버스를 타고 랄피의 몸 속으로 들어간다. 그리고 아이들은 랄피의 혈관을 따라 여기저기 다니면서 랄피의 병을 찾아 고쳐주려고 한다. 다른 에피소드에서는 매직 스쿨버스가 면역세포와 백혈구, 적혈구를 만나게 되고 면역세포가 매직 스쿨버스를 병균으로 인식하게 되어 잡아먹힐 위험에 처하기도 한다. 〈매직 스쿨버스〉 시리즈는 선생님과 함께 매직 스쿨버스를 타고 현장으로 직접 들어가서 문제를 파악하고 해결하는 직접경험 방식으로 짜여 있어서 재미있고 몰입 효과도 높다. 이 시리즈는 역사, 과학, 사회 등 다양한 영역과 다양한 주제로 구성되어 있으므로 아이가 좋아할 만한 주제를 골라서 읽고 탐구와 문제해결을 해볼 수 있다. 〈매직 스쿨버스〉 시리즈는 CD와 오디오북 등 여러 멀티미디어 매체로도 제작되어 있어서 영어공부를 하기에도 좋은 학습자료이다.

단어와 몰입학습을 한번에!
《Inside the human body》를 읽고 할 수 있는 재미있는 읽기 후 활동으로 body map 그리기를 해보자. 이 활동은 신체 부분의 이름을 배울 때 주로 하는 활동이다. 큰 종이에 아이가 누우면 아이를 따라 선을 그린다. 아이는 그 그림에 책에서 배운 단어를 이용하여 각 기관의 이름을 써넣는 것이다. 이렇게 하면 신체와 관련된 영어 단어를 학습하고 또 오래 기억할 수 있다. 또한 각각의 기관이 어떤 작용을 하는지도 요약하여 써본다면 과학과 관련한 몰입학습도 함께 할 수 있다.

일회용 나무젓가락의 문제 ★★★

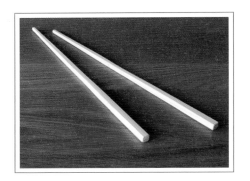

어떤 주제라도 영어로 문제를 해결해야 하는 과제면 모두 영어교육에서의 문제해결이라고 볼 수 있다. 그러니 영어교육에서의 문제해결 과제는 정말 그 주제와 방법이 다양하다. 방법만 몇 가지 알고 있다면 소재와 주제를 바꾸어가면서 얼마든지 활용이 가능하다.

학습에서 문제해결은 우리가 살면서 부딪히게 되는 실제적인 문제를 해결하는 방법과 본질적으로 같다. 앞서 설명한 대로 문제의 정의부터 해결책 모색까지의 과정을 생각하면 된다. 우선 문제가 무엇인지 파악하고 이런 문제가 왜 생겼는지 조사와 분석을 해야 한다. 그런 후에 아이디어와 해결책을 모색하고 가장 나은 해결책으로 결정을 하는 것이다.

그럼 우리가 흔히 쓰는 나무젓가락으로 문제해결 활동을 해보자. 아이에게 일회용 나무젓가락의 사용이 왜 문제인지를 먼저 생각해보게 하자. 그리고 좀 더 구체적인 질문을 해본다. 일회용 나무젓가락을 만들기 위해서는 무엇이 필요한지 물어본다. 우선 나무젓가락에 쓰인 나무가 필요할 것이고, 나무젓가락을 싸는 종이나 비닐도 필요하다. 이런 것들을 생산하기 위해 누가 어디서 어떤 노력을 하고 있는지, 거기에는 어떤 문제점이 있을지에 대해 생각해보게 한다. 이 부분은 생각만 하기보다는 실제로 인터넷이나 책에서 자료를 찾아보고 조사를 하는 과정이 필요하다. 그룹활동 상황이라면 각 부분별로 나누어서 조사를 할 수도 있고, 또는 일차적으로 나무젓가락의 나무를 생산하는 지역이나 나라를 먼저 조사한 후 그 유통과정에 포함되는 나라들을 나누어 조사한 후 의견을 교환해도 된다.

나무젓가락은 생산과정뿐만 아니라 유통과정에서도 여러 가지 문제점을 찾을 수 있다. 그래서 나무젓가락이 처음 탄생할 때부터 소비자, 즉 내 손에 쥐어지는 순간까지의 전 과정을 따라다니며 문제점을 살펴보는 방법으로 조사를 해보는 것도 좋은 방법이다. 아이가 삼인칭 시점에서 나무젓가락의 문제점을 살피고 글로 쓰는 것도 가능하지만 또 다른 방법으로는 아이가 나무젓가락으로 태어나서 버려질 때까지의 일대기를 직접 경험하는 방식으로 기술해보는 것도 창의적인 방법이 될 수 있다. 이런 일대기를 그림으로 나타낼 때는 앞서 배운 시각화 기법을 활용해보면 좋다. 흐름도를 활용하거나 지도 상에 나무젓가락의 이동경로를 표시하고 중요한 부분에 메모를 붙이는 방법으로 요약을 할 수 있다. 만일 현재의 이동경로보다 더 좋은 방법이 있다면 그것도 함께 표시하고 왜 그런지에 대한 메모를 붙인다. 이렇게 조사하고 요약해본 후 나무젓가락을 사용하는 것이 무엇이 문제인지를 종합적으로 판단하고 해결방법과 실천방안을 제시하도록 하는 것이다.

다른 다양한 소재와 주제를 가지고 이러한 문제해결을 해볼 수 있다. 예를 들어 연필, 운동화, 옷, 음식 등도 비슷한 유통경로와 문제점이 있을 것이다. 유통경로에 대해 조사를 할 때 'eco footprint'나 'CO_2 footprint calculator(footprintnetwork.org)'를 활용해보자. 그러면 이런 물건을 만들기 위해서 재료들이 유통되는 과정에서 생태계에 미치는 영향이나 탄소 배출 정도를 알 수 있다. 우리가 매일 살면서 배출하게 되는 CO_2 양을 계산해보는 것은 아이에게 환경오염 문제에 대한 경각심을 일깨워 주고 더 과학적으로 문제를 탐구하는 방법론을 알려준다.

과제 중심 영어학습으로 흥미를 높인다

과제 중심의 영어학습은 아이에게 영어를 단순히 외우고 반복하게 하는 것이 아니라 과제를 수행하고 문제를 해결하기 위해 영어를 창의적으로 사용하는 과정을 통해 자연스럽게 영어를 배울 수 있도록 하는 것이다. 과제 중심 영어학습의 장점은 실제적인 활동을 통해 더 흥미롭게 영어 공부를 할 수 있다는 점이다. 여기서 실제적인 활동이라고 하는 것은 우리가 일상생활에서 진짜로 하고 있는 활동을 말한다. 예를 들어 길을 찾고 물건을 사고 여행계획을 짜고 음식을 만들고 자동차를 고치고 하는 활동은 우리가 살면서 실제로 하는 활동이다. 반면에 빈칸을 채우고 영어 받아쓰기를 하는 것은 교실 밖에서는 이루어지지 않는, 즉 실제적인 활동이 아니다. 단순히 영어를 배우기 위해서 하는 공부인 것이다. 그래서 자연스럽지도 않다. 과제 중심의 영어학습은 영어공부와 실제 활동을 접목하여 좀 더 재미있고 자연스러운 방법으로 영어를 배울 수 있도록 해주는 것이다.

과제 중심의 영어학습에서 가장 중요한 것은 과제 수행 그 자체이다. 그러므로 너무 세세한 단어나 문법, 정확성에 신경쓰기보다는 아이가 의미 전달을 잘 하는 데 초점을 맞춘다. 영어의 너무 작은 부분까지 신경 쓰게 되면 진행 속도도 느리고 지루해져 과제를 수행하기 어려워질 것이다. 예를 들어 탐정소설을 읽는다면 모르는 단어나 문법, 또는 문장에 너무 신경 쓰지 말고 그냥 다 읽는 데 목표를 둔다. 그러니 읽을 책이나 과제를 처음부터 너무 어려운 수준으로 잡는 것은 절대 금물이다. 아이가 쉽게 할 수 있는 수준의 과업부터 시작해서 점차 높여가는 것이 좋다. 처음에는 오히려 아이의 수준보다 약간 쉽다 싶은 것부터 시작하는 것이 좋다.

LESSON 03

설득 능력 키우기

외계인을 위한 스낵 광고 만들기

〈금발은 너무해〉라는 오래된 영화에서 여자 주인공은 우리가 흔히 머릿속에 그리고 있는 우등생 스타일이 아닌데도 하버드 대학에 진학한다. 그렇게 할 수 있었던 것은 그녀가 만든 자기소개 비디오 덕분이었다. 그 비디오에서 주인공은 전통적인 모범생이나 우등생의 모습과는 다르지만 자신이 어떻게 그런 이들과 차별화되는 장점을 갖고 있는지, 그래서 무엇을 할 수 있을 것인지를 표현할 줄 알았다. 그것이 심사위원들을 설득한 것이다.

설득력과 창의성

이번 장의 주제인 설득persuasion 또한 창의성과 연관이 깊은 기술이다. 설득이라는 것은 다른 사람에게 나의 생각과 주장을 이해시키고 결과적으로 나의 뜻에 따라오게 만드는 기술인데, 이런 설득의 과정에 창의성이 가미되면 훨씬 강력해진다. 즉, '창의적 설득creative persuasion'이 되면 상대방을 설득하는 힘이 훨씬 강해진다. 이 말이 잘 와닿지 않는다면 광고를 떠올려보면 된다. 광고는 설득의 기술을 모두 담아서 소비자의 마음을 흔드는, 그야말로 설득의 최고봉이다. 자본주의 사회의 우리는 무수히 많은 광고 속에서 살고 있는데, 그 많은 광고 중에서도 우리에게 강한 인상을 남기는 것은 창의적인 광고들이다. 잘 만들어졌다고 생각하는 광고들을 보면서 우리는 흔히 "아 저 광고 정말 창의적이네", "저 광고 아이디어 참신한데!"라고 말하곤 한다. 이렇게 우리는 무의식중에 창의성을 잘 만든 광고의 핵심 요소로 생각하고 있는 것이다. 진부하지 않은, 참신하고 창의적인 설득이야말로 가장 강력한 설득이 될 것이다.

설득은 학업, 사회생활, 그리고 일상생활에서까지 광범위하게 쓰이는 중요한 기술이다. 설득의 기술은 연설문과 같이 구두언어에도 쓰이고 설득문과 같이 문자언어, 그리고 광고에서처럼 카피라이트 형식으로도 쓰인다. 이번 장에서는 이런 다양한 장르 안에서 설득의 기술을 훈련해보기로 하자.

설득문 쓰기의 준비 단계

/ OREO로 정리하기 ★★★

　설득문에서는 다른 사람을 설득해서 나의 의견에 동의하게 만들거나 적어도 이해하게 만드는 것이 관건이다. 그러므로 설득을 할 대상에 대해 먼저 생각을 해야 한다. 같은 주제를 가지고도 다른 대상에게 쓰면 전혀 다른 설득문이 될 것이다. 대상을 결정했으면 말하고자 하는 의도를 가장 잘 나타낼 수 있는 주제문을 하나 쓰게 한다. 그리고 그 아래에 세부적인 이유를 두세 가지 쓴 후 각각의 이유에 대해 설명을 하도록 한다.

　짜임새 있는 글을 쓰려면 생각을 조직화하는 것이 필요한데 설득지도persuasion map와 같은 그래픽 오거나이저를 활용해보자. 초등 저학년이라면 OREO 가이드가 좋다. 우리가 알고 있는 쿠키의 이름과 같다. 여기서 OREO는 'Opinion – Reason – Example – Opinion'의 머리글자를 따온 것인데, 이 순서대로 생각을 정리해보라는 의미이다. 사고를 조직화하지 못하고 그냥 자기가 원하는 것을 두서없이 말하게 되면 설득력이 없다. 자신의 의견에 대해 이유를 설명하고 결론에서 의견을 다시 되짚는 OREO 방법으로 글을 써보면 도움이 많이 된다.

　설득문을 쓸 때는 사실fact과 의견opinion이 다르다는 것을 인식해야 한다. 사실이란 참인지 거짓인지 증명이 가능하고 우리 마음대로 바꾸지 못하는 것이다. 이와 달리 의견은 어떤 것에 대한 생각이나 느낌으로, 나중에 바뀔 수도 있는 것이다. 설득문에서는 의견이 많이

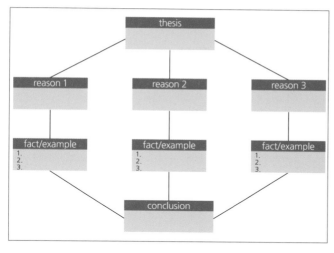

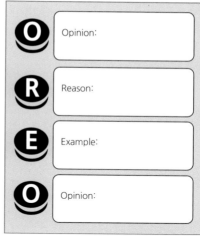

나온다. 그러다보니 설득문에서는 대표적으로 'I think that, I believe that, I agree that, because, In my opinion, For example' 등과 같은 표현이 많이 쓰인다.

✐ 논리, 감성, 그리고 신뢰

설득문에서는 주장이 확실해야 한다. 그리고 확실한 주장을 하기 위해서는 그 주장을 뒷받침할 수 있는 논리logos, 사실적 정보, 또는 유명 인물들의 주장이나 이론이 있어야 한다. 논설문은 논리에만 근거하여 풀어나가는데 반해, 설득문은 논리 외에도 독자나 청중의 감성pathos, 신뢰ethos에 호소할 수 있는 무언가도 필요하다. 다시 광고의 예를 본다면, 광고가 우리의 마음을 움직일 때 그것이 논리적이어서보다는 감성적으로 끌린다든지, 무언지 모르게 신뢰가 간다는 느낌을 받을 때가 있다. 즉, 광고는 소비자를 설득하기 위해 논리 외에

감성이나 신뢰에도 호소하고 있는 것이다.

 책으로 배우기 ①

《Click, clack, moo : Cows that type》

설득문persuasive writing이라고 하면 너무 어렵다고 생각하기 쉽다.
그러나 조금만 생각해보면 어린 아이들도 원하는 것을 얻기 위해 여
러 형태로 엄마를 설득한다(조른다)는 것을 알 수 있다. 그러니 설득
은 어릴 때부터 발달하는 기술인 셈이다. 어린 아이도 재미있게 읽을
수 있는 설득문이 담긴 이야기책을 몇 권 소개한다. 얼핏 보기엔 재
미있는 이야기책이지만, 살펴보면 설득문이라는 것을 알 수 있다.

도린 크로닌Doreen Cronin이 쓴 《Click, clack, moo : Cows that
type》는 초등 저학년 정도의 아이가 설득문 훈련을 시작하는데 안성
맞춤이다. 이 책은 농부 브라운 씨의 농장 소들이 추워서 전기담요를
달라고 농부를 설득하는 내용으로 되어 있다. 소들이 말을 할 수 없

으니까 글을 써서 브라운 씨에게 호소한다(소들이 글은 쓸 수 있었나 보다). 소들은 하고 싶은 말을 밤새 타이핑해서 브라운 씨가 볼 수 있도록 아침에 문 밖에 붙여놓는다. click, clack은 타이핑 치는 소리를 영어로 표현한 것이다.

읽기 전 활동 ★★

책을 읽기 전에 책의 표지와 제목을 보고 아이에게 소가 과연 무슨 내용을 타이핑 할지 생각하고 말하게 해본다. 세 마리의 소가 타자기를 들여다보면서 무언가를 치고 있는 표지 그림만 봐도 이야기에 대한 상상을 할 수가 있다. 제목에 대해서도 알려준다. 'click, clack'이 타이핑 소리라는 것, 'moo'가 '음매~' 하는 소의 울음소리라는 것, 그리고 타이핑을 치는 소가 제목이라는 것 등. 여기까지만 알려주어도 아이는 많은 것을 상상하고 말할 거리를 찾아낼 것이다. 요즘 아이들은 타자기를 본 적이 없을 테니 타자기에 대해서 설명을 해주는 것도 필요하다. 구식 타자기가 아이들에게는 오히려 새롭고 신기한 물건으로 보일 수 있다.

읽기 후 활동 ★★★

이 책에는 소들이 담요를 얻어내기 위해 농부를 설득하는 설득문이 포함되어 있다. 처음 소들이 쓴 편지로는 농부가 설득을 당하지 않고 소들은 전기담요를 얻지 못한다. 아이에게 어떻게 하면 더 잘 쓸 수 있는지를 생각해서 소 대신 농부에게 짧은 편지를 써

보게 한다. 이 책에 나오는 편지는 아주 쉽고 짧은 글이다. 이 편지를 가이드라인 삼아서 쓰면 설득문 편지 쓰기가 훨씬 쉽다. 이런 정도의 설득문은 영어 실력이 높지 않아도 쓸 수 있다. 이 책을 읽고 난 뒤 다음과 같이 질문한다.

How did the cows persuade Mr. Brown to get the electric blanket?
소들이 전기담요를 얻기 위해서 어떻게 농부를 설득하고 있니?

Do you think the cows can persuade Mr. Brown? Will the cows get the electric blanket?
소들이 농부에게 쓴 편지에 농부의 마음이 움직일까? 소들이 전기담요를 얻을 수 있을까?

If they can't get the electric blanket with the letter, what can be the reason?
이 편지로 농부를 설득 못 했다면 왜 그랬을까?

Do you have any good ideas on how to write the letter to Mr. Brown?
어떻게 편지를 쓰면 농부를 설득할 수 있을까?

Any ideas other than writing a letter?
편지보다 농부를 설득할 수 있는 더 좋은 방법이 있을까?

'Cows that type'과 같이 재미있는 제목을 만들어보자. 영화를 찍고 있는 부엉이owls that film, 기타를 치고 있는 악어Crocodiles that play the guitar와 같은 식이다. 책 제목의 click, clack은 타이핑 소리, 그리고 moo는 소 울음소리를 나타내는 의성어인데, 이처럼 영어는 우리말 의성어와 많이 다르다. 같은 소리를 어쩌면 이렇게 다르게 들을 수 있을까 싶어 신기하기도 하다. 외국어를 잘하려면 쉬운 의성어 정도는 알아들어야 하지 않을까? 사운드 워드sound words 또는 onomatopoeia라고 인터넷에서 찾아보면 의성어는 물론이고 의성어와 관련된 활동지도 많이 찾을 수 있으니 활용해본다. 아래에 몇 가지 의성어를 소개한다.

```
dog – bark          snake – hiss
cat – meow          bear – growl
cow – moo           frog – croak
horse – neigh       mouse – squeak
pig – oink          bee – buzz
```

이야기의 끝에서 농부는 결국 소들에게 전기담요를 준다. 소들이 편지를 잘 써서 설득을 당한 것은 아니고, 매일 밤마다 소들이 타이핑을 쳐대니 그 소리때문에 농부가 괴로웠던 것이다. 그래서 소들이 농부에게 내놓은 협상안이 타자기를 줄 테니 전기담요를 대신 달라는 것이었다. 그런데 여기서 문제가 발생한다. 농부와 소들 사이에서 오리가 중간 심부름을 했는데 이 오리는 타자기가 어찌나 마음에 들었던지 중간에서 그걸 슬쩍해버린다. 속편이 나올 것 같은 엔딩이다. 아이에게 그 다음 이야기가 어떻게 될지에 대해 상상해서 이야기하게 한다. 재미있는 이야기를 많이 만들 수 있을 것이다.

 책으로 배우기 ②
《Duck for president》

《Click, clack, moo》를 쓴 작가의 또 다른 책인 《Duck for president》도 초등 저학년생이 설득문에 입문하기 적당한 책이다. 제목에서 알 수 있듯이 이 책의 주인공은 오리이다. 《Click, clack, moo》에서처럼 농부 브라운 씨의 농장이 배경이고 거기에 살고 있는 특별한 오리(혹시 《Click, clack, moo》에서 소들의 타자기를 브라운 씨

에게 가져다주는 임무를 맡고 있다가 배달사고를 친 그 오리일까?)의 특별한 이야기이다. 브라운 씨의 농장에서 일하던 한 오리는 어느 날 매일 하던 농장일이 너무 지겨워졌다. 그래서 다른 일을 해봐야겠다 생각하고는 주지사로 출마하게 된다. 어찌어찌 하다가 이 오리는 점점 더 높은 자리로 출마하게 되고 마지막에는 미국 대통령이 된다는 이야기다.

✎ 읽기 후 활동 ★★★

오리는 출마를 할 때마다 연설을 하는데, 도대체가 오리들밖에 알아들을 수 없는 말을 한다. 책을 읽은 후에 아이에게 과연 이 오리가 출마 연설을 뭐라고 했을까를 써보게 (또는 말해보게) 한다. 오리가 처음에는 농장대표로, 다음엔 주지사, 마지막에는 미국 대통령으로 출마를 하니까, 거기에 맞도록 각각의 연설문을 만들어보라고 하면 좋겠다. 선거를 생각해보면 연설문 외에도 필요한 것들이 많다. 오리의 포스터, 동영상, 안내서 같은 것도 제작을 해야 한다. 선거철에 어떤 것들이 많이 사용되는지 생각해보고 이 이야기의 맥락에 맞추어서 아이와 함께 다양한 선거용 자료를 만들어보자.

만일 그룹학습이라면 여러 가지 말하기 활동을 해볼 수 있다. 신문이나 TV 기자 입장에서 오리와 인터뷰를 할 수도 있다. 선거라면 오리뿐만 아니라 다른 출마자들도 있을 테니 여러 아이들이 다양한 출마자들이 되어서 선거유세를 하거나 포럼을 열어서 토론을 하는 것도 좋을 것이다. 이때 어떤 동물이라도 재미있을 것 같다. 동물이 되는 경우에는 복잡한 토론이 아니라 간단하게 자신의 생각을 한두 마디만 해도 되니까 저학년 아이들에게 더 적합한 활동이다. 이런 말하기 활동을 바탕으로 쓰기 활동도 진행할 수 있다. 오리와의 인터뷰를 정리해서 인터뷰 신문기사로 쓰거나, 또는 선거나 선거 결과에 대한 기사를 쓸 수 있다. 책을 읽고 난 후 그 다음엔 어떤 일이 일어났을까를 상상하고 대통령이 된 오리에 대한 자서전이나 전기를 써본다.

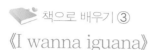
책으로 배우기 ③
《I wanna iguana》

《I wanna iguana》을 읽어봤다면 주인공인 알렉스를 사랑하지 않을 수 없을 것이다. 이 책에는 알렉스가 쓴 귀여운 설득문이 잔뜩 들어있다. 이구아나를 무척이나 갖고 싶어 하는 알렉스와 이구아나가 징그러워서 싫다는 엄마 사이에 주고받은 편지로 이루어진 책이기 때문이다. 알렉스는 자기가 이구아나를 가져야 되는 이유를 줄줄이 대면서, 이구아나를 사주면 자기가 이구아나에 대한 모든 책임을 다하겠다고 말한다. 이구아나의 집 청소도 하고 밥도 주고 밥값도 자기 용돈에서 내겠다고 하면서 엄마를 설득하는 편지를 계속 보낸다. 알렉스에게 편지를 받을 때마다 엄마는 조목조목 반박하는 편지를 다시 보낸다. 이 책은 알렉스의 설득문과 엄마의 반박문으로 되어 있다. 그래서 이 책은 설득문을 공부하기엔 그지없이 좋은 책이다.

/ 읽기 후 활동 ★★★

알렉스는 편지마다 엄마를 설득하기 위해서 여러 이유를 대고 약속도 한다. 그리고 엄마는 그 편지마다 반박 편지로 답한다. 이 책을 읽고 나서 각각의 편지 요지가 무엇인지 요약하는 활동을 해보자. 결국은 알렉스가 소원을 성취하게 되는데, 그 과정을 표나 차트로 그려서 시각적으로 쉽게 볼 수 있도록 해보자.

알렉스와 엄마는 이구아나를 다른 동물들과 비교하기도 한다. 알렉스가 이구아나는 햄스터보다 낫다고 하자, 엄마는 이구아나를 타란툴라와 비교한다. 앞서 토론 편에서 공부했던 비교와 대조 기법은 설득문에서도 요긴하게 쓰인다. 알렉스와 엄마가 비교와 대조를 어떤 식으로 사용해서 효과적으로 상대를 설득하려고 하는지를 눈여겨 볼 수 있도록 짚어주자.

알렉스는 이외에도 여러 가지 설득 기법을 사용하고 있다. 특히 서명을 보면 여간 귀엽지가 않다. 편지 끝마다 서명을 다르게 하고 있는데, 자신을 묘사하고 있는 이 서명도 엄마에게 하는 진한 호소의 일부분이다. 처음에 엄마의 감성에 호소할 때는 '사랑하는' 또는 '뽀뽀를 담아서 알렉스가'로 서명을 한다. 그 후에 자신이 이구아나의 밥값을 내겠다는 편지를 쓸 때는 '재정의 마법사 알렉스financial wizard Alex'라고 쓴다. 알렉스의 서명에 쓰인 단어들이 편지 전체 내용을 요약하고 있는 느낌이 든다. 이것은 귀엽고 흥미롭기도 하지만, 설득의 중요한 요소로 작용하고 있다. 그러므로 아이가 책을 읽으면서 알렉스의 서명에 쓰인 단어의 의미도 생각하도록 지도하자.

누군가를 효과적으로 설득하기 위해서는 단어 선택 하나에도 신경을 써야 한다. 이 책을 읽는 동안 아이가 알렉스와 엄마가 어떤 단어들을 사용하고 있는지 보고, 왜 하필이면 여기 이 단어를 썼을까를 생각해볼 수 있도록 해주자. 가장 자주 나오는 단어는 물론 'please'인데, 영어에서 부탁을 할 때 가장 많이 쓰이는 단어이다. 우리나라 사람들이 영어를 쓸 때 상대적으로 please란 말을 좀 적게 하는 편인데, 이런 책을 통해서 'please'를 어떻게 써야 하는지도 배우면 좋다.

이 책을 읽고 난 후 할 수 있는 확장 활동은 아이가 엄마나 아빠에게 원하는 것에 대해 써보는 편지글이다. 아이에게 원하는 것이 무엇인지 생각해보고 알렉스의 편지를 가이드라인 삼아 써보게 한다. 만약 엄마가 알렉스의 엄마처럼 반박하는 편지를 계속 써줄 수 있다면 정말 재미있는 활동이 될 것이다. 비슷한 활동으로 산타클로스에게 받고 싶은 선물을 정한 후 왜 그 선물을 받고 싶은지, 그것을 받을 자격이 되는지에 대해 카드나 메모 형태로 써보게 한다. 그룹활동 상황이라면 보드에 붙여서 다 같이 볼 수 있도록 하자.

광고 활용하기

설득의 최고봉은 뭐니 뭐니 해도 광고다. 다른 사람을 설득해서 무언가를 사게 만들기 때문이다. 광고문을 보는 것만으로도 설득의 기술과 기법을 많이 배울 수 있다. 인터넷과 미디어 시대에 살고 있는 우리는 광고의 홍수 속에서 학습자료로 활용할 수 있는 광고를 쉽게 찾을 수 있다. 게다가 광고문에서 재미있는 영어 표현도 많이 배울 수 있다. 예전에 같이 공부하던 중국인 친구가 자신이 소위 살아 있는 영어를 배우게 된 방법을 말해준 적이 있었다. 그 친구는 매일 오는 광고 이메일을 아무 생각 없이 지우던 어느 날, 광고 이메일에서 눈을 사로잡는 재미있는 영어 표현을 보게 되었다고 한다. 그 표현은 책으로 공부할 때는 보지 못했던, 진짜 원어민들이 쓰는 살아있는 영어 표현이었던 것이다. 그 뒤부터는 광고 메일을 지우기 전에 문구를 모두 읽어보는 버릇이 생겼는데, 그러면서 많은 영어 표현을 배울 수 있게 되었단다. 남들이 무심코 버리는 광고 이메일이 그에게는 재미있고 효과적인 영어 학습자료가 된 것이다.

✏ 광고 문구에서 설득 전략과 영어 배우기 ★★★

광고에 따라 문장과 글의 길이가 다르다. 광고로 처음 영어공부를 시작할 때는 짧고 쉽고 우리에게도 친숙한 광고를 활용한다. Sporcle 사이트sporcle.com에서는 문구와 상품을 연결시키는 활동을 하면서 영어 표현을 익힐 수 있다. 유명한 문구들은 짧지만 인상이 강하기 때문에 광고 문구로 영어 표현을 배워두면 오랫동안 기억할 수 있다. 그리고 광고의 이미지와 함께 기억에 저장되기 때문에 웬만해서는 잊혀지지 않는다.

문구 연결 활동으로 학습을 시작하였다면 이번에는 좀 더 긴 활동을 해본다. 먼저 아이에게 가장 좋아하는 광고가 무엇인지 물어보자. 그 광고가 좋은 이유를 말하게 한다. 이유가 두어 가지는 될 테니 간단하게 메모를 해두게 한다. 이번에는 흥미롭고 또한 생각할만한 소재가 있는 광고를 골라서 상표(상품) 이름을 가리고 아이에게 보여준다. 그리고 이 광고가 무엇을 광고하는지 추측해보게 한다. 아이가 추측한 것에 대해 이유를 물어보고 광고가 홍보하는 진짜 제품이 무엇인지 알려준다. 이어서 이 광고가 효과적인 광고인지 아닌지 판단하게 하고 그 이유를 간단하게 메모하게 한다.

이번에는 제품이 드러나 있는 광고를 보자. 광고에서 문구, 로고, 브랜드 명칭, 이미지가 어떻게 쓰였는지 살펴보게 한다. 여기까지는 광고에서 보이는 부분을 찾는 활동이다. 여기서 한 발짝 더 나아가 보이지 않는 부분까지도 찾게 하자.

Who is the target audience of this advertisement (Whom does this advertisement speak to)?
이 광고는 누구한테 말하고 있는 걸까?(광고의 대상)

What's the purpose of the advertisement?
이 광고는 왜 하고 있을까?(광고의 목적)

Which sound effect is used? Why do they use this sound effect?
어떤 소리가 사용되고 있지? 왜 그런 소리가 나올까?(광고의 사운드)

Which strategies (and techniques) does this advertisement use?
광고를 하기 위해 어떤 방법을 사용하고 있지?(광고의 전략과 테크닉)

이런 질문에 대한 답을 생각하게 한 후에 이 광고가 효과적이었는지를 판단하게 한다. 처음에 좋아하는 광고와 그 이유를 물었던 것은 그냥 주관적인 인상과 느낌에 주로 근거해서 답을 하도록 한 것이다. 위와 같이 여러 단계를 거쳐서 생각을 한 후에 효과성을 판단하게 하는 것은 비판적, 분석적, 종합적 사고와 같은 수렴적 사고능력을 증진시킬 수 있는 방법이다.

좋아하는 광고, 잘 만든 광고뿐 아니라 실패한 광고에서도 배울 것들이 있다. 왜 실패했는지에 대해 알아보면서 더 효과적인 방법으로 설득하는 방법을 생각해내야 하기 때문이다. 아이에게 싫어하는 광고 또는 실패했다고 생각하는 광고를 하나 떠올리게 한다. 그리고는 위에서 했던 것과 같은 방법으로 '광고에서 보이는 것 찾기 → 보이지 않는 것 찾기 → 광고가 효과적인지 판단하기' 순으로 생각해보게 한다. 성공했다고 생각하는 광고와 실패했다고 생각하는 광고 하나씩만 가지고도 광고의 설득 전략을 엿볼 수 있지만, 좀 더 확장해서 효과적인 광고 기법을 도출해내는 활동을 해볼 수도 있다. 좋아하는 광고/효과적인 광고와 싫어하는 광고/비효과적인 광고 몇 개를 골라서 표로 정리한 다음 무엇이 효과적인 광고로 만드는지 그 요소를 도출해내는 것이다. 광고에 흔히 활용되는 전략은 강한 인상을 남기는 슬로건이나 문구, 음악, 유명인, 이미지 메이킹, 감각적 마케팅 sensory appeal, 남이 다 갖고 있으니까 당신도 사야 한다는 느낌 주기, 타 제품과의 비교, 향수(노스탤지어), 유머 등이다. 이런 것들 중에서 아이가 몇 가지의 요소를 찾아내는지 보자.

/ 외계인을 위한 스낵 광고 만들기 ★★★

광고를 읽고 표현과 전략을 배웠다면 이번엔 배운 것을 바탕으로 광고를 직접 만들어 보자. 광고를 몇 개 보면서 비교를 해보았으니 이제는 잘 만든 광고의 기준을 대략 알게 되었을 것이다. 이 기준을 가지고 광고를 만들면 '좋은' 광고를 만들 수 있지 않을까?

우선 광고를 할 품목을 먼저 정한다. 실제 있는 주변 사물이라도 괜찮고, 아니면 상상력을 더한 품목, 예를 들어 달 관광, 해저 탐험, 타임머신 같은 것을 광고해도 좋다. 이렇게 상상력을 가미한 광고를 만들게 되면 확산적 사고와 수렴적 사고를 함께 쓸 수 있어 일거양득이다. 여기서는 외계인을 위한 스낵 광고를 만들어보자.

광고를 만들기 위해서는 대상을 먼저 알아야 한다. 우리는 이 스낵을 외계인에게 팔 것이므로 외계인에 대한 정의와 분석을 먼저 내려야 한다. 아이에게 막연하게 상상하고 있는 외계인을 좀 더 구체적으로 머릿속에 그리게 한다. 그 외계인은 주로 무엇을 먹으며, 무엇을 좋아하고 싫어하는지 등에 대해서 생각하게 한다. 대상의 특징을 결정했으면 다음에는 제품에 대해서 생각을 해본다. 외계인의 기호에 따라 제품의 모양, 맛, 냄새, 크기, 느낌, 소리 등을 먼저 정한다. 광고를 내보낼 매체도 생각해본다. TV, 라디오, 신문, 포스터, 인터넷, 팸플릿 등 다양한 매체가 있는데, 그중 어떤 것으로 할지를 정한다. 이제는 광고를 만들 준비가 되었으므로 미리 정해놓았던 좋은 광고의 전략을 적용하여 광고를 만들어본다.

Which logos will be effective?
어떤 논리(logos)가 효과적일까?

Which words will be effective in appealing to people's pathos and ethos?
소비자의 감성과 신뢰에 호소하려면 어떤 단어를 선택하는 것이 좋을까?

Which phrases or sentences will be effective?
어떤 문구가 강하게 와 닿을까?

Which image will be effective?
어떤 이미지가 적합할까?

Which sound effect will be appropriate?
사운드는 어떤 것을 사용해야 할까?

이런 것들을 생각해서 광고를 만드는데, 쉽게는 한 장짜리 포스터를 만들 수 있다. 좀 더 긴 활동으로는 만화, 짧은 동영상(무비메이커 활용), 애니메이션(GoAnimated 활용) 같은 것을 만들 수 있다. 이런 것들도 인터넷이나 모바일 앱에서 찾을 수 있는 툴로, 이들을 이용하면 어렵지 않게 광고를 제작할 수 있다.

/ SCAMPER 활용하기 ★★★

이미 있는 광고의 패러디를 만들어보는 것은 어떨까? 아이에게 비효과적이라고 생각하거나 현재보다 좀 더 잘 만들 수 있겠다고 생각하는 광고를 하나 고르게 한다. 그 광고가 왜 잘못 만들어졌다고 생각하는지 이유를 먼저 생각해보고 더 잘 만들 수 있는 방법을 제안하게 한다. 잘 만들어지고 유명한 광고도 상상력을 발휘하여 또 다른 광고로 변신시켜볼 수 있다. 기존 광고의 패러디나 수정본을 만드는 방법은 여러 가지다. 우선 이미지, 텍스트, 문구 등 일부를 수정할 수 있다. 또는 두 개 이상의 광고에서 아이템을 맞바꾸어보거나 다른 광고끼리 결합을 시켜서 새로운 것을 만들 수도 있다. 광고의 내용을 삭제, 축소, 수정, 확대를 해보면서 앞서 배운 SCAMPER 기법도 다시 한 번 써보자. 같은 내용으로 매체를 바꾸는 것도 전혀 다른 효과를 낼 수 있다. 가령 포스터를 동영상으로, 동영상을 만화 형식으로 바꾸어보는 것이다. 이렇게 하면 전혀 다른 광고처럼 보일 수 있고, 매체의 특징에 대해서도 체험할 수 있는 훌륭한 학습 기회가 될 것이다.

나를 선전하는 홍보물 제작하기 ★★★

광고를 만들 때 외계인을 위한 스낵 광고와 같이 상상력을 가지고 하는 활동도 재미있지만, 좀 더 실제적인 광고를 제작해보는 것도 유익한 활동이다. 가장 쉽게 할 수 있는 소재는 '나'이다. 실제로 저자가 가르치던 아이들은 초등학교 때부터 영상으로 자신에 대한 홍보물을 제작해서 포트폴리오를 쌓아나갔다. 상급학교에 지원할 때 심사위원에게 보낼 수 있는 홍보 동영상을 제작하는 것이 과제였다.

대부분의 광고는 1분 안에 제품을 어필해야 하기 때문에 나에 대한 광고도 그 정도면 적당할 것 같다. 그런데 짧은 시간에 나에 대한 광고를 하는 것은 쉬운 일이 아니다. 외계인을 위한 스낵 광고 제작 때 했던 것처럼 대상이나 목적 등 여러 가지에 대해 미리 스케치를 한 후 스토리보드를 만들고 동영상을 제작하면 훨씬 짜임새 있게 만들 수 있다.

누가 보게 될까?
나를 홍보하는 목적이 무얼까?
나의 어떤 점을 부각해야 그 목적에 맞을까?
나를 어필하려면 어떤 이미지, 문구, 사운드, 내레이션을 넣어야 할까?

저자와 함께 공부했던 아이 하나는 특목고에 지원할 때 만들어 두었던 홍보 동영상을 CD에 담아서 포트폴리오 형식으로 제출했다(그리고 합격했다!). 나에 대한 홍보물을 제작해보면 자신에 대해 성찰할 수 있는 좋은 기회가 된다. 내가 뭘 잘하는지 내 장점이 뭔지를 알게 되고 자존감을 키울 수 있는 동시에 자신의 약점에 대해서도 파악하고 어느 부분을 더 보강해야 하는지도 깨닫게 된다. 나에 대한 홍보물 만들기는 여러 모로 도움이 되는 활동이므로 꼭 한번은 아이와 함께 해보면 좋겠다.

 책으로 배우기 ④
《Buster's sweet success》★★★

우리나라에서도 출판되어 있는 〈아서 어드벤처Arthur Adventure〉 시리즈 중에 《Buster's sweet success》는 광고를 주제로 공부할 때 안성맞춤인 책이다. 이 책에서 버스터는 밴드의 새로운 유니폼을 사기 위해서 캔디 파는 일을 시작한다. 그의 친구들도 캔디와 초콜릿을 팔기 위해 여러 가지 방법을 동원한다. 각 등장인물들은 초콜릿을 팔기 위해 각각 다른 방법을 고르고 거기에 맞춰서 광고도 만든다. 아이에게 이 친구들이 어떤 방법을 썼는지, 그리고 어떤 것이 가장 효과적이었는지 물어보자.

PBS 사이트 중 〈Arthur's guide to media literacy〉를 방문해보자. 이 사이트에는 이 책과 관련한 좋은 자료가 많이 탑재되어 있는데 이 책의 등장인물들이 만든 광고도 포함되어 있다. 다음 그림에서 보면 각각의 등장인물들이 다른 전략으로 초콜릿을 팔고 있다. 럭셔리 아이템을 동원하기도 하고 근육을 뽐내기도 하고 온정에 호소하기도 한다. 각각의 광고를 비교해보자.

Which strategies did they use?
이 아이들이 어떤 전략을 쓰고 있는 거지?

Which advertisement is the most appealing to you? Why?
너 같으면 어느 광고를 보고 초콜릿을 사먹겠니? 왜 그렇지?

Which one is the most effective advertisement?
어떤 것이 가장 효과적인 광고 전략일까?

Which one is appealing to pathos?
어떤 것이 감성에 호소하고 있는 것이지?

Have you seen an advertisement similar to these? What was it? What are the similarities between them?
이 책에 나온 광고와 비슷한 실제 광고를 본 적이 있니? 어떤 것일까? 어떤 점이 비슷하지?

　마지막 질문과 같이 책에서 배운 내용을 실제 생활에 접목시키는 것은 아주 중요하다. 그냥 머릿속에 있는 지식으로 그치는 것이 아니라 아이가 실제로 경험하는 것과 연결하여 생각하고 행동할 수 있도록 해주어야 학습의 진정한 의미를 찾을 수 있다. 이 책을 가지고 광고가 갖는 힘, 소비자로 하여금 물건을 사고 싶게 만드는 전략을 분석해보고 실제 광고까지도 판단할 수 있도록 해주자.

광고와 비판적 사고

　바로 앞에서 살펴본 책 《Buster's sweet success》는 그 사이트의 이름, 〈Arthur's guide to media literacy〉에서 나타나듯이 미디어에 대한 비판적 사고를 기르기 위한 책이다. 즉, 〈아서〉 시리즈를 활용하여 초등 학습자에게 미디어나 광고가 어떤 전략을 교묘하게 써서 소비자를 설득하는지에 대해 공부하고 그것을 꿰뚫어볼 수 있는 비판적 사고를 기르도록 하는 것이 목적이다.

　광고가 살아있는 영어, 재미있는 영어를 배울 수 있는 좋은 학습자료이자 흥미로운 활동임에는 분명하다. 그러나 이와 함께 광고의 폐해에 대해서도 알아둘 필요가 있다. 우리는 과대 광고, 소비 과다, 광고의 현혹성을 걱정한다. 우리 아이들이 매일매일 얼마나 많은 광고에 노출되어 있는지를 생각해본다면 이런 걱정은 기우가 아니다. 그러므로 광고를 학습에 이용할 때 광고에 대한 비판적 사고도 함께 길러주어야 한다. 미디어나 광고에 관한 비판적 사고 함양이라고 하면 너무 거창하게 들리겠지만 간단하게 할 수 있다.

　아이에게 하루 일상을 떠올려보면서 아이가 쓰고 있는 물건이나 먹는 음식 중에 광고에 나오는 것들을 찾아보게 한다. 또 주로 가족이나 아이가 보는 TV쇼 시간대에 어떤 광고가 주로 나오는지 찾아서 적어보게 한다. 광고를 본 뒤 갖고 싶거나 먹고 싶어진 것은 무엇이었는지도 써보게 한다. 그리고 나서 왜 그것을 갖거나 먹어보고 싶었는지 이유를 쓰게 하는 것이다. 마지막으로 광고가 자신에게 미치는 영향에 대해 생각해보게 한다. 그러면 아이가 자신이 갖고 싶거나 먹고 싶다고 생각했던 것들이 무의식중에 광고의 영향을 받은 것임을 깨닫게 될 것이다. 이런 비판적 사고 능력은 창의력과 함께 21세기를 살아가는데 꼭 필요한 능력이다. 비판적 사고에 대한 더 자세한 논의는 다음 장에서 계속하기로 하자.

비판적 사고력 키우기

직립보행이 불가능한 바비 인형

디즈니에서 〈라이온 킹〉이 처음 나왔을 때 어떤 미국 엄마가 《뉴욕 타임즈》에 기고한 기사를 읽은 적이 있다. 〈라이온 킹〉을 정말 좋아하는 다섯 살 난 아들을 둔 엄마였다. 어느날 놀이터에서 아들과 함께 놀고 있는데, 몇 명의 십대들이 그들 뒤로 지나가면서 흑인 특유의 억양으로 자기들끼리 이야기를 했단다. 그러자 그 꼬마 아들은 그 십대들의 얼굴은 보지도 않았는데 "하이에나가 와요Hyenas are coming!"라고 하면서 울며 엄마에게 뛰어왔다는 것이다.

창의성과 비판적 사고

기억하는가? 〈라이온 킹〉에서 권력 주변을 어슬렁거리던 하이에나 세 마리를. 이 하이에나 세 마리는 할렘가를 떠도는 십대 흑인아이들의 행태를 묘사했다는 비판을 받기도 했었다. 실제로 영화에서 이 하이에나들은 흑인영어를 쓰고 있으며, 그 하이에나 성우 중 한 명은 유명한 흑인 여배우 우피 골드버그였다. 다섯 살 난 그 아이는 〈라이온 킹〉에서 나쁜 하이에나가 흑인영어를 쓰는 것을 들었고, 저런 억양을 가진 인물들은 나쁜 사람들이라는 생각을 은연중에 하게 된 것이다. 그러다 현실에서 흑인영어를 쓰는 십대들을 만났는데, 그들에 대해 아는바도 없이 바로 나쁜 하이에나와 동일시하게 된 것이다. 과연 이런 일이 드문 일일까? 우리 아이들도 저런 생각을 하게 되지 않을까? 비판적 사고가 없으면 아이들은 이처럼 주변의 일에 대해 여과 없이 받아들이게 된다.

이번 장 제목을 보고 '창의성 책에서 웬 비판적 사고?'라고 생각하는 독자들이 꽤 있을 것이다. 흔히 창의성이라고 하면 좁은 의미에서 확산적 사고만을 떠올리는 경우가 많은데, 진정한 창의성이라면 비판적 사고까지 포함되어야 한다. 비판적인 시각을 가지기 위해서는 우선 문제를 볼 줄 아는 능력, 해결책을 발견해내는 능력이 필요한데, 이것을 통찰력이라고 한다. 어떤 의미에서 무절제한 면이 있을 수 있는 확산적 사고에 비해, 통찰력은 절제된 상상력으로 볼 수 있다. 통찰력이나 비판적 사고 없이 확산적 사고만으로는 제대로 된 결론이나 결과물이 나오기 어렵다. 게다가 확산적 사고를 통해 얻어낸 여러 가지 아이디어를 실제로 사용 가능하도록 만들려면 그 아이디어를 정리하고 선택하고 다듬어야 한다. 니커슨Raymond Nickerson 은 창의성과 비판적 사고에 대해서 '비판적 사고와 창의적 사고는 완전히 별개의 것이 아니다. 훌륭한 비판적 사고는 그 성질상 창의적이며, 훌륭한 창의적 사고는 항시 진행중인 결과물, 즉 지식을 비판적으로 평가하고 향상시키는 것을 포함한다'라고 했다. 즉, 창의적 사고는 아이디어에 대해 분석, 비교, 평가하는 능력과 종합적으로 판단할 수 있는 고차원적인 사고 능력까지 동반하는 것이다.

남의 렌즈로 세상을 보지 말자

비판적인 사고가 없다면 우리는 보고 들은 그대로를 믿게 된다. 앞서 이야기한 '흑인영어를 쓰는 사람 = 나쁜 하이에나'라는 이상한 연상도 디즈니 영화에서 잘못 표상된 것을 아이가 비판적 사고 없이 그대로 받아들인 결과라고 할 수 있다. 이 현상은 비단 어린아이들에게서만 나타나는 것이 아니다. 어른들에게서도 흔히 볼 수 있는 현상인데, 많은 경우 깨닫지 못하는 것일 뿐이다.

자연이 아닌 인공적인 산물들, 특히 언어나 기타 미디어로 만들어진 산물들은 거의 모두가 어떤 가치를 대변하고 있다. 예컨대 같은 뉴스를 여러 신문에서 본다고 생각해보자. 각 신문은 같은 사건에 대해서 다른 시각으로 보도하고 있을 것이고, 사건에 대한 사진도 장면이나 각도를 다르게 해서 보여줄 것이다. 이게 우연일까? 절대 그렇지 않다. 같은 사건에 대해 다르게 보도를 하는 이유는 기사나 뉴스를 제작한 사람의 시각이 그 기사(뉴스)에 반영되었기 때문이다. 결국 우리는 이미 어떤 사건을 다른 사람의 가치 기준이라는 렌즈를 통해 보게 되는 것이다. 비판적 사고를 갖는다는 것은 결국 나와 현실(사건) 사이에 끼어있는 이 렌즈, 즉 다른 사람의 가치 기준을 제거하고 나의 시각으로 현실을 볼 수 있도록 하는 능력이다. 물론 내 시각도 완전할 수는 없겠지만, 적어도 다른 사람의 시각으로 현실을 보는 것은 피할 수 있다.

비판적으로 사고를 하기 위해서는 말하고 있는 내용의 진짜 의미가 무엇인지, 이 말이 이치에 맞는지를 먼저 판단해야 한다. 그러기 위해서 내용을 꼼꼼히 듣거나 읽고, 정확하게 분석하고 평가해야 한다. 이때 평가의 근거가 무엇인지 확실해야지 그냥 자기 주관대로 평가를 하면 비판적 사고라고 할 수 없다. 그리고 나서 이 내용이 누구의 가치를 담고 있는지를 판단하고 그 내용과 가치에 동의를 할 것인지를 결정하는 것이다. 그러면 비판적 사고를 어떻게 키울 수 있는지 예시를 통해 살펴보기로 하자.

비판적 사고 훈련하기

〈라이온 킹〉을 비판적 시각으로 본다면?

〈라이온 킹〉에 대해 비판적 시각으로 해석한 글들을 인터넷에서 많이 찾아볼 수 있다. 아이가 초등 고학년 이상이고 영어 실력이 꽤 된다면 이런 글들 중 쉬운 것을 골라서 읽어보게 한다. 아이에게 바로 〈라이온 킹〉을 보고 비판을 하라고 하면 이 영화가 뭐가 잘못 됐다는 것인지 전혀 감을 잡지 못할 것이다. 비단 아이들뿐만 아니라 성인들도 비판적 사고 훈련이 되어 있지 않다면 〈라이온 킹〉을 그냥 재미있는 애니메이션 정도로 생각할 것이다. 그러나 영화에 대해 비

판적 시각에서 쓴 글을 하나 읽고 나면 다른 각도에서 그 영화를 볼 수 있게 될 것이다.

　그러면 단순한 만화영화인 〈라이온 킹〉이 도대체 무엇이 문제라서 비판적 사고를 운운하는지 몇 가지 예를 들어보기로 하자. 이 영화는 제작자의 의도와 상관없이 인종차별과 성차별이 존재한다는 비판을 받고 있다. 인종차별에 대한 비판을 먼저 보자. 영화에서 착한 사자들, 즉 무파사, 심바, 날라는 몸통 색깔이 모두 옅은 색이고 갈기도 금발이다. 백인을 상징한다고 볼 수 있는 색이다. 반면, 나쁜 사자 스카는 몸통 색깔이 더 짙고 갈기도 까만색에 가깝다. 이는 유색인종을 나타내는 색이다. 이 장 처음에 이야기했던 다섯 살 난 미국 아이가 흑인영어를 쓰는 하이에나 캐릭터로 인하여 흑인영어를 쓰는 사람들은 무조건 나쁜 사람으로 동일시해버린 것과 같은 논리로, 색이 짙으면 나쁜 사람이라고 연상시킬 위험이 있는 부분이다.

　성차별의 경우는 어떤가? 아버지 무파사가 죽고 난 후 심바는 살던 정글을 떠나게 되는데, 수년이 흐른 후 날라를 다시 만나게 된다. 그러나 둘은 서로를 못 알아보고 결투를 벌이게 되고 날라가 심바를 제압한다. 그런 후에야 서로를 알아보고 날라는 심바가 떠난 후의 일을 말한다. 무파사도 심바도 없는 왕국을 스카가 다스리게 되었고, 그 후 왕국은 엉망이 되어버렸다는 말과 함께, 진정한 왕이 될 심바를 찾아 나서게 되었다는 것이다. 문제는 결투 장면에서 보다시피 날라가 심바보다 더 강하다는 것이다. 정글에서는 강한 자가 왕이 되는 것이 아닌가? 그렇다면 왜 날라가 직접 왕이 될 생각을 하지 않고 굳이 심바를 찾아나서야 했을까? 날라가 암컷 사자이기 때문에 왕이 될 수 없는 것일까? 이 부분이 성차별에 대한 비판을 받는 대목이다. 영화에 대한 이러한 비판적 시각이 있다는 것을 알고 나면, 영화에서 그동안 보지 못했던 것들, 생각하지 못했던 것들이 보이기 시작한다. 그러면 또 다른 의문점들이 생길 것이다. 아이에게 어떤 것이 새롭게 보이는지에 대해 물어보자.

비판적 시각으로 들여다보았을 때 여러 의문점이나 문제점이 보이는 것은 비단 〈라이온 킹〉만이 아니다. 어린이 프로그램에서도 올바르지 않은 가치관이나 편견이 자주 나타난다. 우리 아이들이 이런 식의 편견에 계속 노출되다 보면 자기도 모르는 사이에 건강하지 못한 가치관을 갖게 될 위험이 있다. 비판적 사고를 기르지 않으면 우리가 매일같이 접하는 수많은 미디어, 의견, 사건의 재현 속에서 우리는 누구의 가치기준으로 세상을 보고 있는지 모르게 될 것이다. 바로 이런 위험에서 아이들을 구해줄 수 있는 좋은 무기가 비판적 사고 능력이다.

✎ Fairy tales를 비판적 시각으로 보기 ★★★★

〈라이온 킹〉과 같은 디즈니 영화는 4세만 되어도 볼 수 있다. 하지만 영화를 비판하는 것은 다른 이야기이다. 초등 저학년 아이라면 〈라이온 킹〉에서 보이는 인종차별이나 성차별 문제에 대해 비판하기에는 아직 인지적으로 미성숙한 나이다. 초등 저학년 아이라면 긴 영화보다는 짧은 동화를 활용하는 것이 더 효과적이다. 어릴 때부터 흔히 보는 《신데렐라》, 《백설공주》와 같은 동화는 비판적 사고 훈련을 하는데 적절한 학습자료이다. 동화 중에서는 전통적인 성 역할이나 고정관념이 두드러지게 나타나는 것들이 많다. 아이도 이미 한 번 이상은 다 읽어봤을 법한 《신데렐라》를 가지고 살펴보자.

What if Cinderella had a job instead of marrying the prince?
신데렐라가 왕자와 결혼하는 대신 직업을 가졌더라면 어땠을까?

What if she went to school instead of working in the kitchen all day long?
신데렐라가 부엌에서 일만 하는 대신 학교에 다녔다면 인생이 어떻게 달라졌을까?

What if she met a mentor, who raised her confidence and self-esteem, instead of the fairy, who gave her a pretty dress and a carriage?
신데렐라가 예쁜 드레스와 마차를 주는 요정 할머니 대신 자존감과 자립심을 키워줄 수 있는 멘토를 만났더라면 어떤 다른 선택을 했을까?

✎ 동화 속의 인물 분석하기 ★★★★

　동화를 비판적 시각으로 볼 때 쉽게 할 수 있는 활동이 등장인물 분석이다. 《신데렐라》 식의 스토리 구조로 되어 있는 동화에 등장하는 인물들은 정형화된 이미지로 설정되어 있는 경우가 많다. 《백설공주》, 《라푼젤》, 《잠자는 숲 속의 미녀》, 《인어공주》 등이 모두 그렇다. 동화 속의 인물들을 분석함으로써 정형화된 이미지에 대한 비판적 사고 훈련을 할 수 있다.

다시 《신데렐라》로 돌아가 보자. 《신데렐라》는 영어만으로도 수많은 버전이 출판되어 있다. 이 중 아이의 연령에 맞는 책을 골라 읽은 후 등장인물을 묘사하고 있는 단어들을 모두 써보게 한다. 아마 'pretty, beautiful, blond, good, kind, nice, lovely, poor'와 같은 단어들이 나올 것이다. 그런 후에 아이가 느끼는 대로 신데렐라를 묘사하게 한다. 이때 나오는 단어들의 세트가 책에서 묘사하고 있는 단어들의 성격에서 많이 벗어나지 않는다면 아이는 아직 비판적 시각으로 이야기를 보고 있지 못한 것이다. 책에서 제시한 시각과 다른 시각으로 신데렐라를 바라본다면, 'boring, weak, uneducated, passive, traditional, one-dimensional'과 같이 다소 부정적인 단어들이 나올 것이다. 첫 번째 그룹의 단어가 전통적인 시각에서 《신데렐라》를 보는 것이라면 두 번째 그룹의 단어는 고정관념에서 많이 벗어나 있다. 비판적 사고까지 포함했다고 단정짓기는 어려워도 적어도 다른 시각으로 신데렐라를 보고 있다는 증거가 된다.

남녀 등장인물을 모두 분석하기에는 《미녀와 야수The beauty and the beast》가 좋겠다. 《신데렐라》나 《백설공주》에서는 왕자가 이야기의 끝부분에서 잠깐 나오기 때문에 왕자의 성격이 크게 두드러지지 않는다. 그러나 《미녀와 야수》에서는 야수가 거의 이야기 처음부터 나오기 때문에 남녀 등장인물을 비교하여 분석할 만하다. 《신데렐라》에서 했던 것처럼 미녀와 야수의 성격을 묘사하는 단어들을 찾게 한다. 그러면 남녀의 특징을 어떻게 규정하고 있는지, 어떻게 남녀를 전통적인 성 역할에 근거하여 정형화된 이미지를 만들고 있는지가 보인다. 이에 대한 아이의 생각은 어떤지를 말이나 글로 표현하게 한다.

나아가 등장인물의 어떤 부분을 바꾸어서 더 나은 인간으로 만들 수 있을지에 대해서도 써보게 한다. 동화책에 나오는 여자 주인공들은 대체로 예쁘고 착하고 외롭고 연약한 인물로 그려진다. 그와 반대로 남자 주인공들은 강하고 힘 있고 멋있게 묘사된다. 한마디로 말해서 일차원적인 인간형인 것이다. 이런 일차원적인 인물들에게 좀 더 복잡한 성격을 부여해서 사실적이고 현실감 있는 인물로 만들어 이야기를 다시 써보는 활동을 통해 비판적 사고를 증진시킬 수 있다.

동화 속의 그림을 보자 ★★★

텍스트만이 아니라 동화책의 그림도 비판적 시각으로 분석할 수 있다. 《신데렐라》나 《백설공주》는 그림책인 경우가 많은데, 등장인물들의 그림을 보고 묘사해보도록 하자. 이 활동은 인물에 대한 서술적 묘사를 읽어보기 전에 하면 효과적이다. 아이가 책에서 묘사한 단어를 보기 전에 나름대로 그림만으로도 등장인물의 성격과 특징에 대해 무언가를 읽어낼 수 있을 것이기 때문이다. 얼굴, 표정, 신체적 특징, 머리 모양, 입고 있는 옷까지, 그림에서도 분석할 것이 꽤 많이 있을 것이다.

우리나라 부모들은 아이가 책을 읽는 것을 글자를 읽는 것과 동일시하는 경향이 있는데, 그림책을 볼 때는 그림이 글자만큼이나 중요하다. 아이들이 그림을 통해 배우고 은연중에 각인되는 것이 무척이나 많다. 앞서 이야기했던 〈라이온 킹〉에 나온 사자들의 색깔처럼 말이다.

예전에 같이 공부를 하던 친구 중에 동화책에 나오는 그림의 중요성에 대해 특히 관심을 가진 친구가 있었다. 그 친구는 동화책에 나오는 여자 주인공들의 외모를 분석하는 연구를 했는데, 특히 주인공의 신체 비율에 초점을 맞춘 연구를 했다. 책에 그려진 여자 주인공들의 신체를 모두 자로 재서 비율을 계산해보았더니 아주 비현실적인 신체 비율이 나오더라는 것이다. 실제 인간 여자에 비해서 얼굴은 너무 작고 다리는 엄청 길며, 허리는 아주 가늘었다. 어려서부터 그림책에서 이런 여자 주인공들을 보고 자란 아이들은 여자의 외모에 대해서 어떤 인식을 갖게 될까?

바비 인형과 비현실적인 바디 이미지

이제는 왜 이 장의 제목이 '직립보행이 불가능한 바비'인지 대강 짐작이 될 것이다. 옆의 그림은 실제 여자와 바비 인형의 신체비율을 비교해놓은 것이다. 《뉴욕 타임즈》 기사에 의하면 실제로 어떤 여자가 바비 인형처럼 생겼다면 신체 비율이 너무 이상해서 직립보행이 불가능하고 기어 다녀야 할 것이라고 한다. 동화책에 나오는 아름다운 여자 주인공들도 결국은 이런 바비 인형의 비현실적인 바디 이미지와 비슷한 외형을 보인다.

바비 인형의 이런 비현실적인 신체 비율은 그림책이나 인형뿐만 아니라, 게임을 비롯한 많은 미디어에서 흔히 볼 수 있다. 아이들이 여성의 이런 바디 이미지에 계속적으로 노출되다보면 어느새 자기도 모르게 이것을 미의 기준으로 인식하게 되고 오히려 정상적인 자신의 외모에 대해 자신감을 잃게 될 수 있다. 미에 대한 가치관이 확립되는 시기에 접하는 이러한 그림책, 애니메이션, 미디어로 인해 아이

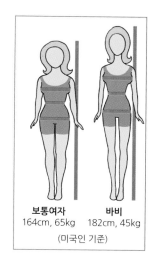

보통여자
164cm, 65kg

바비
182cm, 45kg

(미국인 기준)

는 건강하지 못한 미의 기준을 가지게 될 위험이 있고, 이것은 이차적으로 여러 가지 개인적, 사회적인 문제를 야기할 수 있다. 우리 주변을 둘러보면 이러한 문제들을 어렵지 않게 찾아볼 수 있다. 신데렐라를 부엌데기에서 공주님처럼 만들어준 요정은 현대에 와서는 성형외과 의사로, 호박마차는 고급 승용차로 치환되었다고 생각한다면 과연 지나친 생각일까?

신문 활용하기

비판적 사고 훈련에서 빠질 수 없는 것이 신문이다. 영어 표현을 배우거나 글로벌 이슈를 접하기에는 영어권에서 발행된 신문을 보는 것이 좋겠지만, 아이에게는 영어뿐만 아니라 내용도 생소할 수 있으므로 욕심을 내지 말고 우리나라 영자 신문을 먼저 읽히자. 영어도 어렵고 내용도 잘 모르는 것이라면 이중으로 어려울 것이기 때문이다. 영자 신문을 주고 아이에게 관심 있는 기사를 고르게 한다.

그리고 나서 기사가 공정한지, 기사의 시각과 내용에 동의를 하는지 묻는다.

Why are you interested in the article?
왜 그 기사에 관심이 갔을까?

Who wrote it?
이것은 누가 썼을까?

On whose side is the reporter?
쓴 사람이 누구의 편을 들어서 쓰고 있는 걸까?

Why?
왜 그랬을까?

Who do you think is right?
너는 어떤 입장이 옳다고 생각하니?

What is hidden here?
이 글에서 보이지 않는 부분은 무엇일까?

Why did the reporter use this specific photo from the scene?
(사진이 있다면) 왜 하필이면 사건에서 이 장면이 나왔을까?

What does this photo mean?
사진이 의미하는 것은 무엇일까?

What's the relationship between the photo and the text?
사진과 글의 관계는 무엇일까?

더 효과적인 학습 방법은, 앞 장에서도 언급한 적이 있는데, 같은 사건에 대해 두 개의 다른 시각으로 쓰인 기사를 비교하며 읽어보는 것이다. 마지막으로는 아이에게 자신의 시각으로 기사를 쓰게 한다. 신문을 가지고 하는 이런 활동은 비판적 사고를 키우고 어휘 능력을 키우는 데 도움이 되는 활동이다.

비판적 사고는 아직 우리나라 영어교육에서는 많이 시행되고 있지 않다. 그러나 21세기 들어 창의성 교육과 함께 비판적 사고의 중요성은 교육 전반에 걸쳐 계속적으로 강조되어 왔다. 이번 장에서는 비판적 사고의 개념과 중요성에 더 초점을 맞추어보았다. 비판적 사고가 아직은 우리나라 영어교육에서 생소하기 때문에 개념을 파악하는 것이 우선되어야 한다고 생각한다. 비판적 사고와 영어교육의 효과적인 접목은 그 후에나 가능할 것이다. 이번 장에서 살펴본 비판적 사고에 대한 개념과 기본적인 접근법, 훈련 방법 정도만 활용하여도 충분히 비판적 사고 훈련을 할 수 있다. 게다가 활용할 수 있는 미디어 자료들도 많다. 비판적 사고 능력은 특히 인터넷 정보 시대를 살아가는 아이들에게 핵심 능력 중 하나다. 비판적 사고 능력 없이는 자신의 삶을 주체적으로 이끌어나갈 수 없다. 만일 영어로 훈련을 하기 어렵다면 이 장에서 나온 방법을 활용하여 우리말로라도 시도해보길 바란다.

협동학습 능력 키우기

함께라서 더 잘할 수 있다

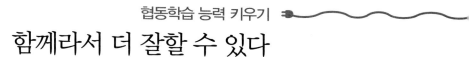

　온라인 게임이나 SNS가 왜 그렇게 인기가 많은지 생각해본 적이 있는가? 그것은 인간이 근본적으로 혼자 있는 것보다는 모여서 무엇인가를 하는 것을 더 좋아하는 경향이 있기 때문이다. 아이들도 마찬가지다. 유아기가 되면 사회성이 발달하게 되고, 타인과 상호작용을 통해서 세상에 대해 배우게 된다. 여기서 상호작용이란 그냥 평범한 일상생활이나 놀이를 통해 다른 사람과 소통하고 교감하는 것을 의미한다. 특히 유아기에는 학습을 너무 학습처럼 하면 쉽게 지치고 흥미를 잃게 되므로 또래들과의 놀이를 통하여 배우는 것이 더 효과적이다. 이 나이 또래의 아이들에게 놀이란 단순히 노는 것 이상의 의미를 지니고 있다. 이 연령의 아이들에게 놀이는 학습 그 자체가 될 수도 있고, 학습을 위한 맥락이나 환경을 만들어주기도 한다.

이처럼 유아나 초등기는 책읽기, 셈하기, 자연탐구, 언어학습 등 많은 것들을 놀이를 통해 배우는 시기이다. 이런 놀이는 혼자 하는 것보다는 여럿이 어울려 함께 할 때 더 재미있고 더 많은 것을 배울 수 있다.

창의성과 협동

역사적으로 유명한 창의적인 인재들은 혼자 무엇을 발견하거나 창조해냈을 것 같지만, 자세히 살펴보면 다른 사람들의 영향을 많이 받았다는 것을 알 수 있다. 같은 분야에 있는 사람들끼리 서로 영감과 피드백을 주고받거나 협력을 하는 경우도 많다. 피카소도 다른 예술가들과 문학가들의 작품에서 영감을 많이 받은 것으로 알려져 있고, DNA의 이중나선형 구조를 발견한 왓슨도 다른 과학자와의 협업을 통해 이런 위대한 발견을 했다. 수평적 사고의 창시자로 유명한 드 보노에 의하면 인간은 천성적으로 그룹활동을 좋아하고, 또 그룹으로 활동했을 때 자신이 성취한 것에 대해 더 자신감을 갖는 경향이 있다고 한다.

협동학습이란?

협동학습은 쉽게 말해서 혼자가 아니라 다른 사람과 같이 공부하는 것을 말한다. 인원 수로는 둘이서 하는 짝활동과 그 이상의 숫자로 구성되어 있는 그룹활동이 있다. 실행하는 방법면에서는

'collaboration'과 'cooperation'으로 나눌 수 있다. 'collaboration'은 여러 명이 협력으로 결과물 하나를 만들어내는 것이다. 예를 들어 아이들 여럿이서 진흙으로 〈The very hungry caterpillar〉를 하나 만들고 색칠까지 함께 하는 작업을 collaboration이라고 할 수 있다. 이와 달리 'cooperation'은 일을 분업하여 자기가 맡은 부분을 따로 만든 후, 마지막에 조합하여 결과물 하나를 만드는 것이다. 예를 들어 디오라마를 만들때 한 아이는 집을, 다른 아이는 등장인물을, 또 다른 아이는 배경을 각각 만든 후 나중에 이를 모두 하나로 합하는 형태이다.

한 가지 예를 더 들어보자. 미니북을 만들 때 collaboration 방법이라면 각자가 모두 책을 읽고 같이 논의하면서 미니북에 문장도 만들고 머리를 맞대고 그림도 그려 넣는 방식이다. 만일 cooperation 방법이라면 미니북을 만들면서 그림을 잘 그리는 아이는 그림만 그리고, 영어에 자신이 있는 아이는 글만 쓰는 것이다. 이 두 가지 방법은 각각 장단점이 있다. collaboration의 장점은 좀 더 긴밀한 관계 속에서 전체 학습내용과 과정에 모두 참여하면서 배울 수 있다는 것이다. 단점으로는 시간이 너무 많이 걸리거나 의견 충돌이 생길 수 있다는 것이다. cooperation은 시간이 절약되는 반면, 자신이 맡은 부분에 대해서만 자세히 알고 그 외 부분에 대해서는 얕은 지식만을 습득한다는 것과, collaboration에 비해 아이들 간의 관계가 덜 긴밀하다는 단점이 있다.

책을 읽을 때도 두 가지 방법의 협동학습을 할 수 있다. collaboration 방법을 택하는 경우 한 책을 모두 다 같이 읽고 토론이나 기타 활동을 함께 한다. 읽어야 할 책이 많거나 책이 너무 길 때는 cooperation 방법이 효율적이다. 책을 친구들끼리 나누어 읽고 맡은 부분을 요약하여 친구들에게 알려주어 전체 내용을 알게 되는 방법이다.

역할극과 같이 어떤 활동은 그룹활동으로만 가능하고, 일기쓰기처럼 개인활동으로만 가능한 활동들도 있다. 그러나 많은 학습활동들이 개인학습과 협력학습 두 가지 모두 가능하다. 예를 들어 신문도 혼자 만들면 개인학습이고 여럿이서 같이 만들면 협동학습이다. 요즘 같은 web 3.0 시대에는 전통적으로 개인활동이었던 것을 협동활동으로 바꾸어놓는 툴들이 많이 나와 있다. 이런 툴들을 협동학습에 활용하면 더 유연하고 흥미롭게 학습이 이루어질 수 있다. 지금부터 몇 가지를 소개한다.

협동작문

✎ 위키 : 이야기 글 ★★★

위키라고 하면 생소하겠지만 '위키피디아'라고 하면 "아, 그거!"라고 알아 챌 독자들이 적지 않을 것이다. 위키피디아는 wiki와 encyclopedia(백과사전)의 합성어이다. 위키는 여러 명이 하나의 글을 함께 쓸 때 사용하는 툴인데, 따라서 위키피디아는 여러 사람들이 위키라는 툴을 사용해서 어떤 것에 대해 함께 정의를 내리고 지식을 쌓아놓는 협동적 백과사전인 셈이다.

온라인 게시판과 위키를 비교해보면 여러 사람이 한 사이트에 특정 주제로 글을 올린다는 점은 같다. 다만 게시판은 최초의 한 명이 글을 올리면 다음 사람들은 계속해서 댓글을 다는 형식으로 이어나가게 되고, 다른 사람의 글이 아무리 마음에 들지 않아도 다른 이의 글을 수정하고 삭제할 수 없다. 이와 달리 위키는 처음 쓴 사람의 글에 다른 사람들이 계속 수정이나 삭제, 첨가를 할 수 있다. 다시 말하면 게시판에서는 10명이 글을 올리면 10개의 다른 메시지가 남아 있는 반면, 위키에서는 10명이 글을 올려도 한 개의 글만 유지되며 여러 사람이 계속 고치고 보태고 빼면서 발전을 시키는 형태인 것이다. 그러므로 위키는 cooperation이 아니고 collaboration 개념의 협동 작문을 가능하게 해주는 툴이다.

위키의 또 다른 특징은 'history' 기능이다. 위키의 메뉴에 있는 'history' 버튼을 누르면 누가 무엇을 고치거나 보태거나 뺐는지를 볼 수 있다. 또한 history 기능에서는 버전별로 비교를 해서 어디를 어떻게 고쳤는지 볼 수 있다. 따라서 위키에서는 내용, 문법, 어휘, 글의 구성 등에서 다른 친구들이 어떻게 쓰고 고치는지를 보면서 배울 수 있다.

게시판과 달리 위키에서는 자기가 틀렸다고 생각하거나 마음에 들지 않으면 원문을 삭제하거나 수정하는 것이 가능하기 때문에 의견 대립이 있는 글을 쓰기에는 적합하지 않다. 예전에 위키피디아의 '독도' 항목에서 일본인들과 우리나라 사람들이 경쟁적으로 수정을 반복한 적이 있었다. 두 나라의 독도에 대한 이해와 인식이 달랐기 때문에 서로의 글을 계속 삭제해버린 것이다. 이렇듯 위키는 의견 대립이 생길 경우 불필요한 부분까지 삭제나 수정을 할 수 있기 때문에 논술문이나 설득문보다는 이야기 글을 함께 쓸 때 활용하는 것이 좋다.

이야기 글을 시작할 때는 거창하게 할 필요도 없다. 간단하게 'Once upon a time there lived a frog'처럼 간단한 문장 하나로 시작해보자. 그러면 아이들이 상상력을 더하며 계속 이야기를 이어나갈 것이다. 다만 한 가지 유의할 점은 아이들이 위키에서 이야기를 만들어나갈 때 마무리를 잘 하지 못할 수 있으니, 어느 시점에서는 마무리를 짓도록 지도를 해야 한다. 또는 아이들 중 하나에게 그 역할을 맡길 수도 있다. 전체 이야기를 잘 살피다가 이야기를 매듭지어야 할 때가 되면 마무리가 될 수 있도록 조정하는 역할을 주는 것이다.

✎ 온라인 게시판 : 주장과 논설 ★★★

위키와 마찬가지로 온라인 게시판도 태생적으로 협동학습이다. 즉, 혼자 해서는 의미가 없는 활동이다. 토론을 혼자 할 수 없는 것처럼 게시판에서도 혼자 말하는 것은 별로 의미가 없다. 우리가 흔히 게시판을 토론 게시판이라고 부르는데, 그만큼 게시판에서는 토론을 많이 하기 때문이다. 위키가 이야기 글을 쓰거나 개념을 함께 정의할 때 유용하다면 게시판은 토론에 더 어울리는 툴이다. 위키에서처럼 마음에 들지 않는 다른 사람의 글을 삭제해버린다면 토론은 좀처럼 진행되지 않을 것이다. 그러나 게시판에서는 다른 사람의 글이 마음에 들지 않을 때 삭제나 수정을 못 하는 대신 반대의견을 댓글로 달아야 한다. 이런 특성 때문에 토론을 게시판에서 진행하면 효과적이다. 게시판에서는 전체 토론 내용을 한눈에 볼 수도 있고, 또 자신과 친구들의 글을 성찰해볼 수도 있다.

✏ 음성게시판 : 말하기 연습 ★★★

음성게시판도 활용해보자. 문자게시판에서는 다른 사람들이 쓴 글을 읽고 댓글을 다는 형식인데, 음성게시판에서는 음성파일로 올린 것을 들어보고 자신의 의견도 음성으로 녹음하여 파일로 올리는 것이다. 요즘은 휴대폰에서 간단하게 녹음을 할 수 있으므로 음성게시판을 사용하기 쉽다. 우리 아이들은 대개 환경과 교육 여건상 말하기 연습을 할 기회가 부족한데, 음성게시판을 활용하면 말하기 연습 기회를 확대할 수 있다.

영어로 말하기가 어려운 이유 중 하나는 '즉시성', 즉 그 자리에서 듣고 바로 말해야 하기 때문이다. 그런데 음성게시판을 사용하다보면 말하기의 즉시성이 없어지고, 말하기와 쓰기 중간 어디쯤 된다는 생각이 들 때가 있다. 우선 듣는 입장에서 본다면 즉시성은 없어지기 마련이다. 친구가 올린 즉시 그 파일을 듣고 답하지 않으니 시간적 차이도 생길 수 있다. 말하는 입장에서도 그렇다. 아이들은 음성파일을 만들 때 생각을 즉흥적으로 말하기보다는 말할 내용을 미리 써놓고 읽으면서 녹음하는 경우가 많다. 녹음을 한다는 것 자체가 면대면 말하기와는 달리 여러 번 말해서 제일 잘한 것을 고를 수 있기 때문이다. 게다가 녹음하고 게시판에 올리는 것은 진짜 말하기와는 달리 여러 번 들을 수 있고 또 삭제하지 않는 이상 계속 남아있게 된다. 그러니 아이들도 오류나 발음에 부담감을 느끼게 되고 좀 더 잘하려고 노력을 하여 얼굴을 맞대고 말할 때보다 더 다듬어서 게시판에 올리는 경향이 있다. 즉시성은 좀 결여되지만, 아이들이 좀 더 완벽한 말하기 파일을 올리기 위해 연습을 많이 하게 된다.

릴레이 작문 : 이야기글 ★★★★

협동학습을 하다보면 팀원들끼리 서로 미루거나 편승하는 경우가 있다. 때로는 너무 느슨하다는 느낌이 들 때도 있다. 그래서 저자는 협동학습 과제에 긴장감을 주고자 약간의 경쟁심을 부추기는 방법을 쓰기도 한다. 적절한 경쟁심은 학습에 도움이 될 수 있다. 그래서 생각 끝에 협동과 경쟁을 적절히 분배한 활동을 몇 가지 고안하였다. 그룹에서 릴레이 형식으로 작문을 하면서 이야기를 이어나가는 협동 작문이 그중 하나이다. 협동작문 활동 중에 그룹 간의 경쟁관계를 만들어서 협동과 함께 적절한 경쟁도 넣는 것이다.

혹시 〈Sliding doors〉란 영화를 아시는지? 이 영화는 중간쯤에 이야기가 두 갈래로 나뉜다. 구체적으로는 여자 주인공(귀네스 팰트로)이 퇴근을 하다가 전철역에서 벌어지는 이야기부터 두 갈래로 나뉘는데, 하나는 전철을 타고 집에 제 시간에 도착하는 경우에 벌어지는 이야기이고, 전철을 놓치는 경우에 펼쳐지는 다른 이야기가 또 하나의 스토리가 된다. 즉, 여자 주인공의 운명이 달라지는 두 개의 이야기를 보여주는 것이다.

〈Sliding doors〉는 당시로는 특이한 구성의 영화였는데, 요즘 들어서는 비슷한 소설도 여럿 나와 있다. 〈Sliding doors〉는 이야기가 두 갈래로만 갈라지지만, 소설은 이보다 훨씬 더 복잡한 구조로 되어 있는 것이 보통이다. 여러 갈래뿐 아니라, 여러 번 갈라지기 때문에 한 소설 내에 어떤 갈래로 가느냐에 따라 이야기가 완전히 달라지게 된다. 이런 구조의 읽기는 종이로 제본되어 있는 책에서는 불가능했지만, 지금처럼 인터넷에서 책을 읽을 때는 충분히 가능하다. 한 단락 끝에 링크만 여러 개 있으면 독자들은 그 링크를 누르면서 다른 갈래의 이야기를 계속 읽어나갈 수 있다. 이런 종류의 소설 읽기에서는 독자들이 각 갈래마다 어떤 선택을 하는지에 따라서 모두 다른 이야기를 읽게 된다. 이런 소설을 '하이퍼텍스트 소설'이라고 부른다.

다시 릴레이 협동작문에 대한 설명으로 돌아가자. 릴레이 협동작문은 위에서 설명한 하이퍼텍스트 소설에서 아이디어를 얻어 만든 활동이다. 아이들이 직접 하이퍼텍스트 소설을 쓰는 것인데, 여기에 재미를 더하기 위해 경쟁 전략을 가미해보았다. 우선 처음 한 단락을 아이들에게 제시한다. 그리고 두 번째 단락부터 아이들이 그룹별로 이야기를 만들어 오는 것이다. 가령 그룹이 5개라면 5개의 다른 단락이 두 번째 단락으로 붙는 것이다. 이 부분에서 경쟁 전략이 들어간다. 하이퍼텍스트 소설은 보통 한 명의 저자가 쓰기 때문에 나누어진 단락에 자기의 다른 단락을 계속 붙여가지만, 저자는 아이들에게 5개의 단락 중 자기 그룹이 쓴 단락을 제외한 단락을 선택해서 다음 단락, 즉 3번째 단락을 이어가라고 요구했다. 그러면 가장 재미있다고 생각하는 단락을 고르게 되어, 어떤 단락은 여러 그룹의 선택을 받아서 여러 갈래의 3번째 단락으로 이어지고, 어떤 단락은 아무 그룹도 선택하지 않아서 거기에서 이야기가 더 이상 진행되지 않고 끝이 난다. 이런 식으로 경쟁심을 불러일으키자 아이들이 상상력과 글쓰기 실력을 최대한 발휘하여 최선을 다해 단락들을 이어나갔다.

저자는 이 활동을 온라인에 탑재했는데, 문서작성 프로그램이나 구글 docs와 같은 간단한 툴을 이용해서도 쉽게 만들 수 있다. 이 활동을 더 쉽게 할 수 있는 방법을 하나 더 소개하겠다. 한 단락도 필요 없고, 한두 문장으로 시작하자. 그리고 아이들에게 다음 이야기를 각자 지어보게 한다. 이때 포스트잇을 활용하면 바로 릴레이를 만들기가 편하다. 만일 5명의 아이들이 그 다음 이야기를 만들었다면 5개의 포스트잇이 나온다. 그 5개의 포스트잇을 첫 부분 아래에 붙이고, 그리고 그 이후는 앞서 설명한 것과 비슷하게 진행하면 된다. 제일 잘 쓴 포스트잇을 골라서 계속 이어나가든지 또는 다른 아이들이 쓴 문장에 이야기를 이어나가도 된다.

경매 : 묘사와 설득 ★★★

경쟁과 협동의 균형을 잘 유지하는 방법을 생각하다가 고안해낸 또 다른 글쓰기 활동이 경매 활동이다. 릴레이 글쓰기보다 경쟁 전략이 좀 더 가미된 활동이다. e-bay 같은 사이트를 보고 착안했는데, 아이들이 글을 써서 물건을 팔도록 하는 것이다. 물건을 팔려면 자신의 물건을 소비자에게 정확하게 묘사하고 사도록 설득을 해야 하므로 묘사와 설득을 혼합한 글쓰기 과제이다.

우선 아이에게 자신이 팔고 싶은 물건을 하나 생각하게 한다. 그 물건이 실제로 아이가 갖고 있는 물건도 좋고 상상 속의 물건도 좋다. 그러나 상상 속의 물건 팔기는 '외계인을 위한 스낵'에서 해보았으니 이번에는 실제로 갖고 있는 물건을 팔아보기로 한다.

실제로 갖고 있는 물건이라면 물건의 외향을 묘사하거나 그 물건의 역사, 즉 어떻게 해서 내가 갖게 되었는지, 나에게 그 물건은 어떤 의미가 있는지, 왜 그 물건을 팔고 싶은지, 소비자는 그 물건을 사서 무엇을 할 수 있는지 등에 대해 더 구체적이고 실제적으로 쓸 수 있다. 팔고 싶은 물건에 대해 반 페이지 정도를 쓰게 한 뒤에 보드에 붙인다. 이 때 글 옆에 물건의 사진을 함께 붙여도 좋다. 아이들의 글을 모두 보드에 붙였다면 아이들에게 다른 친구들의 글을 읽어보고 사고 싶은 물건 아래에 스티커를 붙이도록 한다. 이렇게 하면 다른 친구들보다 더 많이 팔기 위해서 묘사도 더 잘 하려고 하고 더 설득력 있게 글을 쓰려고 한다. 나중에 가장 많이 파는 아이에게 상을 주면 더욱 성취감이 생길 것이다.

이 활동은 위에서 설명한 것처럼 아이들이 종이와 스티커를 이용해서 할 수도 있지만 온라인 게시판을 활용할 수도 있다. 온라인 게시판에 각자 자신이 팔고 싶은 물건에 대해 써서 올리면 다른 아이들이 읽어보고 사고 싶은 물건 아래에 댓글을 다는 형식이다. 저자는 이 활동을 할 때 아이들의 글을 받아서 아예 옥션 사이트를 만들었다. 각 물건 아래에 'BUY'라는 버튼을 만들고 그것을 누를 때마다 팔린 개수가 표시되도록 했다. 가장 많이 판 아이는 흥미롭게도 자신의 친구를 판 아이였다. 친구에 대해 자세히 설명하고 팔고 싶은 이유와 함께 '이 친구를 사면 숙제를 같이 할 수 있다. 쇼핑을 같이 다닐 수 있다. 심심할 때 같이 게임을 할 수 있다'는 설명을 덧붙였다. 학교 건물을 판 아이도 있었다. 학교 건물이 자기가 생각하고 있는 학교의 용도에 맞지 않아서 팔고 다른 건물을 사서 학교로 쓰고 싶다고 했다. 이런 식으로 아이들은 상상력을 더해서 물건 팔기 글을 더욱 재미있게 썼다. 이런 활동은 실제적이면서도 동시에 상상력을 불러일으켜서 글쓰기 연습 뿐 아니라 창의력도 신장시킬 수 있다.

이 활동을 대학생들과도 해봤다. 경매 사이트를 처음 학생들에게 공개했을 때 반응이 엄청났다. 보통은 영어 글쓰기를 정말 지루한 숙제로 여기는데, 이 활동은 그렇지 않았다. 누군가 내 글을 읽고 내 물건을 살 것이란 기대감(물론 실제로 돈을 받고 파는 것은 아니지만)에 정말 열심히, 그리고 재미있게 이 활동을 했다. 지난 10년 간 학생들과 아이들을 가르치는 동안 이 경매 글쓰기 활동이 가장 인기 있었던 활동 중 하나였다. 앞서 설명했던 collaboration이나 cooperation 개념의 협동학습은 아니지만 본질적으로 혼자서는 할 수 없는 활동이므로 좀 다른 종류의 협동학습이라 할 수 있다.

협동학습, 한 걸음 더 나아가기

이번 장에서 협동학습은 주로 협동작문에 초점을 맞추어 다루었는데, 쓰기뿐만 아니라 듣기, 읽기, 말하기에서도 당연히 협동학습을 할 수 있다. 쓰기에 할애를 더 많이 한 것은 이미 이 책의 앞 부분에서 다룬 많은 활동들이 협동학습 활동이었거나 또는 개인학습이라도 협동학습이 가능한 활동들이어서 앞서 다루지 않았던 부분에 더 초점을 맞추려고 한 것일 뿐이다. 협동학습으로 할 수 있는 활동은 무궁무진하다.

위키 작문에 이은 영화 만들기 ★★★

같은 주제 안에서 작은 활동들을 모아서 더 큰 프로젝트로 구성할 수 있다. 위키에서 만든 이야기를 가지고 동영상이나 애니메이션을 만들어 보자. 위키에서 만들어진 서술형 이야기를 시나리오 형식으로 만든다. 이 활동은 서술형 이야기에서 장르를 바꾸어 써보는 활동이므로 앞 장에서 다루었던 SCAMPER 기법을 활용할 수 있다. 이는 창의성 발달을 돕는 좋은 활동이기도 하다.

영화를 찍는 것은 시간과 노력이 많이 드는 작업이다. 영어로 대본을 외워야 하고, 연기를 하고, 찍고 다듬는 여러 가지 과정이 필요하기 때문이다. 일단 대본을 외워야 하니 시나리오 단계에서 너무 길게 쓰지 않도록 한다. 팀원들이 등장인물을 정하고 카메라 감독 및 편집할 사람도 정한 후 연기를 하면서 촬영한다. 영화 찍기 활동 역시 혼자서는 할 수 없는 협동학습인데, 이 활동은 서로 맡은 역할이 각자 다르다. 이때 자신이 가장 잘 할 수 있는 역할을 맡는다. 이런 활동에서는 평소에 영어에 좀 자신이 없던 아이들도 자기가 뭔가 팀에 공헌할 수 있는 것이 있고, 자기도 보여줄 수 있는 것이 있다고 생각하기 때문에 자신감과 성취감을 고취시킬 수 있다.

저자가 아이들과 이 과제를 했을 때는 생각보다 시간이 많이 걸렸던 작업임에도 기대보다 더 열심히, 그리고 훌륭하게 과제를 수행했다. 이것을 보면서 저자는 역시 학습에서는 자신이 즐겁고 몰입할 수 있는 과제를 하는 것이 가장 바람직하고 효과적인 방법이라는 것을 새삼 깨달았다.

영화를 만드는 것이 부담스럽다면 이미 만들어져 있는 영화나 애니메이션에 더빙만 하는 활동을 해보자. 더빙을 하는 방법도 여러 가지가 있는데, 가장 쉬운 방법은 픽사의 〈Birds〉와 같이 원래 소리가 없는 애니메이션을 하나 골라서 더빙하는 것이다. 영상을 보면서 거기에 맞게 대본을 쓴 후 영상을 틀어놓고 아이들이 voice acting, 즉 성우 역할을 하게 한다. 만일 컴퓨터에 능하다면 녹음을 해서 무비 메이커나 또는 모바일 앱을 이용해 원래의 영상에 아이들의 목소리 녹음을 합쳐서 더빙을 해볼 수도 있다. 무비 툴에 익숙하다면 사운드가 있는 영상에서 사운드를 지운 후 그 위에 아이들이 한 녹음을 더빙하면 된다. 무비 툴을 사용할 줄 몰라도 이 활동을 할 수 있다. 영상을 무음으로 해놓고 활동을 진행하면 된다. 더빙은 일종의 역할극인데, 기존의 역할극과는 다르게 비디오로 상황을 설정해주고 또 영상에 맞춰서 목소리 연기를 하기 때문에 역할극보다 더 재미있는 활동이다.

여러 영상물로 아이들과 이 활동을 해봤는데, 그룹마다 다른 내용의 대본을 만들었음은 물론이고 원래의 영상과도 전혀 다른 내용을 만들었다. 영상만 보면서 무슨 내용일지 상상하면서 더빙을 하는 것은 상상력도 자극하고 정교화 훈련도 함께 하는 활동이다. 더빙 활동을 마친 후에 사운드를 틀고 원래 영상을 보여주자. 아이들이 자기들 것과 아주 다른 원본을 보면서 재미있어 할 것이다.

이 외에도 협동학습은 무궁무진하게 많다. 이전 장에서 소개했던 타임라인, 마인드맵도 협동학습으로 할 수 있다. 협동학습은 장점이 많은 학습 방법이다. 서로에게서 많은 것을 배울 수 있고, 놀이처럼 재미있게 공부할 수 있다. 인간은 혼자 사는 것이 아니고 항상 다른 사람들과 협력을 하면서 사회 안에서 살고 있기 때문에 어려서부터 다른 사람과 협력하는 방법을 배워야 한다.

마치며

　창의적 인재를 키우기 위해서는 다방면, 즉 인지적, 정서적, 환경적 측면으로 아이를 지원해 주어야 한다. 인지적 측면으로는 아이가 창의성의 토대가 될 수 있는 지식과 경험을 축적할 수 있도록 도와야 한다. 이 책에서 나는 창의성이 한 가지의 정의나 요인으로 귀결될 수 있는 능력이 아니라 복합적인 능력이라고 설명했다. 창의성은 또한 여러 가지 다른 능력이나 성격과도 역동적으로 상호작용을 한다고 했다. 특히 지식과 경험은 창의성 발현과 발달에 큰 영향을 미친다. 창의적 인재들을 보면 한 분야에서 깊은 지식과 경험을 갖고 있기도 하지만, 동시에 다른 분야에서도 두루두루 경험이 많다는 것을 알 수 있다. 창의성은 세상에 전에 없었던 생각이나 결과물을 만들어낼 뿐만 아니라 이미 존재하던 것들을 새롭게 조명하고 그것들을 새로운 방식으로 사용할 수 있도록 해주기도 한다. 즉 지식과 경험의 조각 사이에서 새로운 고리를 만들어서 새로운 무언가를 만들 수 있게 해주는 것이 창의성이다. 그러므로 창의성 발달을 위해서는 폭넓은 지식과 경험을 쌓게 해주는 것이 중요하다.

또한 창의력의 꽃이라 할 수 있는 상상력을 키울 수 있는(적어도 저해는 하지 않는) 환경을 마련해주어야 한다. 창의성의 핵심 요소인 독창성, 유창성, 융통성, 정교성, 그리고 이와 함께 유추와 시각화 능력도 향상시킬 수 있는 기회를 제공해주어야 한다. 아이들 스스로 문제를 발견하고 해결해나가는 능력, 통찰력, 비판적 사고력, 그리고 자신을 성찰하는 능력도 키워나갈 수 있도록 환경을 마련해주자. 즉, 인지적 측면에서 확산적 사고와 수렴적 사고를 모두 신장할 수 있도록 해야 한다.

정의적 측면에서는 우선 아이 자신이 '나는 창의적이다'라고 믿고, 창의성에 대한 계발 의지가 있어야 한다. 그러자면 부모들이 먼저 그걸 믿어야 된다. '정말 우리 아이가 창의성이 있으려나?' 식의 반신반의 하는 태도로 임하면 아이도 자신을 믿지 않을 것이다. 이와 함께 우리의 아이들도 창의적 인재들이 갖고 있는 성격적 특성을 키워나갈 수 있도록 지원해야 한다. 독립성, 자발성, 모험심, 자신감, 자존감, 위험감수, 애매모호함에 대한 참을성, 타인에 대한 배려, 협동심 등은 창의적 인재들이 갖고 있는 성격적 특성이다. 특히 폭넓은 관심과 호기심, 열정, 그리고 내적 동기는 아이가 어떤 분야에 오랫동안 매진할 수 있는 원동력이다. 이러한 성격은 타고나기도 하지만 부모의 양육 방법에 따라 길러지기도 하고 사라지기도 한다. 아이가 자라면서 호기심과 흥미를 잃지 않도록 해주자. 새로운 경험을 많이 하게 해주는 것도 끊임없이 호기심과 흥미를 불러일으키는 한 방법이다. 아이에게 흥미로운 과제를 부여하고, 또 때로는 너무 쉽고 평면적인 과제보다는 복잡한 과제를 안겨주자. 창의적인 사람일수록 복잡한 과제에 흥미를 느끼는 경향이 있다. 아이가 창의적 인재의 특성을 발현시키고 발달해나가려면 부모의 세심한 배려가 필요하다.

마지막으로, 환경적인 측면이야말로 우리가 해줄 수 있는 여지가 가장 많은 부분이다. 부모의 양육 방법이나 가정의 분위기는 환경적인 특성에 포함되는데, 창의성에는 개인적인 특성뿐 아니라 이러한 환경적인 요인도 큰 영향을 미친다. 하이넬트G. Heinelt는 '가정은 창의력을 촉진시키는데 가장 중요한 요소'라고 했다. 전적으로 동감이다. 역사적으로 유명한 창의적 인재들의 가정을 살펴보면 부모가 비권위적이고, 아이들의 자율성과 독립성을 중요하게 여겼다. 그리고 성적보다는 성취와 상상력을 더 우선시하고 아이들의 자긍심을 높여주는 환경이었다.

가정과 마찬가지로 학교의 환경도 창의성 교육에서 절대적 역할을 한다. 학생의 창의성은 부분적으로 교사의 창의력과 관련이 있다고 해도 과언이 아니다. 창의성의 중요 요인인 지식과 경험을 키워주기 위해서 교사들은 여러 영역에서 지식과 기능을 가르칠 수 있다. 여기에서 더 나아가 창의성의 기술이나 사고 전략도 명시적, 비명시적으로 가르칠 수 있다. 창의성을 키우기 위해서는 학습 환경도 중요한데, 우리나라 교육 현실상 어려움이 따르지만, 평가와 통제를 보류하는 비형식적이고 진보적인 교육 환경을 만들 수 있다면 좋겠다. 내

경험으로도 내가 평가와 통제를 최소화했을 때 학생들이 자신의 목소리와 창의성을 가장 잘 드러낼 수 있었다. 긴장과 압력을 최소화하고 학생들의 독립성을 보장하는 학습자 중심의 교실을 만들어주어야 한다. 우리는 대개 배운 대로 가르치는 습성이 있다. 설사 우리는 전통적인 교사 중심의 교육을 받았다고 하더라도, 우리의 아이들을 창의적 인재로 기르기 위해서는 다른 방법, 즉 창의적 방법으로 교육해야 한다.

가정과 학교와 같은 미시적인 환경적 요인을 넘어 사회 분위기와 같은 거시적인 환경적 요인도 이 사회에서 창의적인 인재를 만들어내는데 긍정적인, 혹은 부정적인 영향을 끼친다. 사회, 문화적 환경까지 여기에서 논하는 것은 이 책의 목적을 넘어서는 것이라 이 부분에 대한 논의는 생략하겠지만, 창의적인 인재를 기른다는 것은 결국 가정, 학교, 사회에서 많은 노력과 관심을 기울여야 하는 복잡한 과정이다.

이 책을 탈고할 무렵 《뉴욕 타임즈》에서 《오리지널스》의 저자인 그랜트Adam Grant 교수의 창의성에 관한 짧은 글을 읽었는데, 나의 눈을 사로잡은 문장이 있었다. "Practice makes perfect, but it doesn't make new(연습은 완벽을 만들 수 있지만 새로운 것을 만들진 못 한다)." 우리는 얼마나 자주 연습과 반복학습만이 살 길이라고 외치면서 우리 자신을, 그리고 아이들을 닦달했는지 모른다. 물론 영어학습만을 생각하면 연습이 중요할 수도 있다. 그러나 한층 더 높은 차원을 생각한다면, 즉 창의성이나 상위 인지능력을 생각한다면 그것은 옳지 않은 교육 방법이다. 틀에 박힌 연습만으로는 창의적인 인재를 결코 길러낼 수 없다. 그랜트 교수의 말처럼 연습이 완벽하게 만들 수는 있겠지만 그것이 새로운 어떤 것을 만들지는 못하는 것이다.

창의성에서 가장 중요한 것은 아이 자신의 흥미와 관심, 열정, 그리고 호기심을 좇아서 공부를 할 수 있도록 도와주는 것이다. 엄마나 아빠의 의지나 희망을 따라가는 것이 아니다. 창의성이 모두 타고나는 것은 아니라고 얘기한 바 있지만, 그렇다고 절대 쉽게 길러지는 덕목도 아니다. 기르기도 어려운 능력을 어른들이 죽여서는 안 된다. 어른들이 만들어놓은 규칙과 틀이 많을수록, 그것을 많이 강요할수록 아이들의 창의성은 사라질 것이다.

경기를 즐기는 자를 이길 수 없다는 말이 있다. 아이가 배우는 것을 즐길 수 있도록 도와주는 것이 가장 중요하다. 어릴 때 엄마나 아빠와 같이 공부한 경험이 즐거웠던 아이는 그 즐거운 기억을 오랫동안 간직할 것이고, 이 아이에게 학습은 고통스럽거나 지루한 일이 아닌 즐겁고 신나는 일이 될 것이다. 영어공부도 즐거운 활동이 될 수 있도록 해주자. 너무 무리하게 아이에게 강요하지 않고 아이의 수준과 흥미를 잘 파악하여 아이가 좋아할만한 교재와 방법을 선택하자. 만일 아이가 지루해 한다면 방법을 바꾸어보자. 아니면 잠시 쉬는 것도 괜찮다. 영어학습에 완전히 흥미를 잃어서 영영 공부를 하지 않겠다고 하는 것보다는 훨씬 나을 것이다.

지금의 우리 사회와 교육 여건을 보면 창의성 교육에 역행하는 경우가 흔하다. 특히 영어교육에서 창의성 교육을 접목시키는 것은 어렵다. EFL이라는 환경 여건상 아직도 영어는 어휘와 표현을 외우고 문법을 공부하는 과목으로 생각하게 된다. 어휘와 문법이 중요하지 않다는 것도 아니고, 이런 방법이 완전히 틀렸다는 것도 아니다. 다만 이런 전통적인 방법에만 매달려 있는 것이 문제라는 것이다. 조금만 시야를 넓히고 노력을 하면(이 노력이 '조금의' 노력이라고 말할 수 없을지도 모르지만) 영어교육에서도 창의성을 발휘해 볼 수 있는 기회가 얼마든지 있다는 것을 말하고 싶다. 이 책이 학부모들과 교사들의 그 노력과 열정에 작은 도움이 되기를 바라는 마음이다.

창의성과 영어 능력, 이 두 가지는 21세기에서 요구되는 핵심능력이다. 두 가지의 능력을 모두 갖추는 일은 쉽지는 않겠지만 가능하다. 이 책에 수록된 활동들은 아주 많은 활동들 중에서 몇 가지 예시일 뿐이다. 이 활동들을 따라서 하다보면 이 책에 수록되어 있지 않은 이야기 책과 교재를 가지고도 응용하여 얼마든지 다양한 창의적 활동을 할 수 있을 것이다.

모든 아이들이 모차르트나 아인슈타인이 될 수 있는 것은 아니다. 하지만 이들처럼 사회적·역사적으로 영향을 끼칠 문화적 창의성은 갖지 못할지라도, 개인적인 창의성만으로도 훨씬 더 의미 있는 삶을 살 수 있다. 왜냐하면 칙센트미하이 교수의 말처럼, 창의성은 매일의 경험을 더 활기차고 즐겁고 보람되게 만들어주기 때문이다.

그리고 창의적으로 살아갈 때 삶의 지루함이 사라지고, 매 순간 신선한 발견을 하리라는 희망으로 가득 차게 될 것이다. 더 많은 아이들이 행복하게 배우고, 자신의 꿈을 이루며, 더 나아가 이 사회와 인류에 도움이 되기를 기원하며 마친다.

이상민 교수의 창의력 영어

초판 1쇄 발행 | 2017년 1월 5일
초판 2쇄 발행 | 2017년 8월 3일

지은이 | 이상민
발행인 | 한정희
발행처 | 종이와나무
출판신고 | 2015년 12월 21일 제406-2007-000158호
주소 | 경기도 파주시 회동길 445-1 경인빌딩 B동 4층
전화 | 031-955-9300
팩스 | 031-955-9310
홈페이지 | http://www.kyunginp.co.kr
이메일 | kyungin@kyunginp.co.kr

ISBN 979-11-957602-6-8 03740
값은 뒤표지에 있습니다.

종이와나무는 경인문화사의 브랜드입니다.